経営哲学とは何か

経営哲学学会編

文眞堂

巻頭言　更なる飛躍へ向けて

経営哲学学会代表理事　大　平　浩　二

　経営哲学学会（The Academy of Management Philosophy）は1984年に経営哲学研究学会として発足し，同年第1回大会を東洋大学において開催することによって活動を開始した。爾来，今年（2003年）は本学会の創立20周年となる。本学会は，会則第2条に「本会は，生命尊厳を最高の価値基準とし，人間性に基づいた「企業の指導原理」を確立するための経営哲学の研究を目的とする。そのために，次のことを行う。
　(1)「経営哲学」の創造と「いきがいのある産業社会」の実現。
　(2)「経営哲学」の調査・研究の発展とその実践的教育の普及。
　(3)「経営哲学」の研究者相互の協力と懇親。
　(4)「経営哲学」の研究に関する内外の学会その他の団体との連絡・交流。」
とあるように，こうした哲学・理念に基づいて今日まで活動を行ってきた。
　この学会が，他の経営関係の学会と異なるところは，現実の経営実践を踏まえ，その基盤にある哲学・理念を根本から問おうとするところにある。このような趣旨の下，現在会員は330名を超え，全国的な組織となって今日に至っている。
　今ここに経営哲学学会の創立20周年の記念事業として『経営哲学とは何か』を上梓することができ，経営哲学学会として大変喜ばしいことである。
　本書は，三戸　公前代表理事のもと，過去4年間に亘る全国大会での統一論題を経営哲学の「意義」「領域と方法」「課題」そして「新たなる探究」の4つの視点から集大成したものである。恐らく「経営哲学」に関して真正面から，これほど多くの研究者が時間と熱意を用いて取り組んだ著書は他に例を見ないであろう。

本書の内容からわかるように，経営哲学の論議は実に多様で多彩である。これは，経営哲学論議の広さと深さを意味するものに他ならない。従って，本書は経営哲学について，何らかの統一的な見解を目指したものではないし，本書が「経営哲学」のすべてを汲みつくしているわけでもない。その意味で本書は，まずはこの分野についての勇気ある第一歩を記するものである。と同時に，研究者であれ実務家であれ，経営哲学，経営理念，そして広く経営文化や企業倫理に関心のある多くの方々にお読み頂き，これを契機に「経営哲学」についての関心を持って頂きたいと期待している。そして，今後われわれの議論に参加していただけるならば，これに勝る喜びはない。

　本書の刊行に当っては，執筆者の会員諸氏には多くのご無理をお願いした。特に吉田民人先生（東京大学名誉教授）と村上陽一郎先生（東京大学名誉教授，国際基督教大学大学院教授）には昨年の早稲田大学での大会にご参加頂き，本書の作成に当たってもご協力を頂いた。また，本学会創立者である島袋嘉昌先生と三戸　公先生には本学会の20年の歴史の回顧をお願いした。また，本書の編集に際しては厚東偉介（記念事業委員長：早稲田大学）はじめ金山　権（櫻美林大学），三井　泉（帝塚山大学）の委員の先生方には特段のご尽力を頂いた。記して感謝の意を表したい。最後に，近年の出版事情の困難な折，本書のような学術書の出版をお引き受けいただいた株式会社文眞堂の前野眞太郎社長ならびに前野　隆氏に対しても深謝の念を表したい。

　経営哲学学会が創立20周年を経て，また本書の刊行を契機として，会員諸氏とともにさらに21世紀の社会に貢献していかれるよう努力していきたい。

　　　平成15年8月

『経営哲学とは何か』の刊行にあたって

編集委員会　厚　東　偉　介
　　　　　　　こう　とう　い　すけ

　『経営哲学とは何か』の刊行を心から喜びたい。

　第一に,『経営哲学』と題する学術書がこれまで, ほとんど無かったという大きな理由が一つである。経営者が自らの経営哲学を語るというタイプの著書は散見されるが, 経営哲学を真正面から取り上げ, これを論じた本格的な本は, 村田晴夫『管理の哲学』, 稲葉　襄『企業経営哲学』などの著書を除けば, ほとんど見られない。経営理念が議論された時には, 経営理念と題する著書が刊行された。現在では経営倫理に焦点が合わされ, 実務界でもおおいに検討され要請されているという事情もあり, 経営倫理と冠する良書も出版されている。経営理念や経営倫理はそれ自体として, 独立して取り上げ, 議論できる領域であり, おおいに議論すべきことは敢えてここで言を待たない。しかしこれらの領域の基礎に存在するのが, 経営哲学であろう。経営哲学はこれらの領域にしっかりとかかわり, さらには経営の実践, そして経営の理論や方法にもかかわる広大な領域でもある。そのためであろうが, このような広大な領域にかかわる著書は, これまでほとんど見かけなかったのである。

　第二に, 21世紀を迎えた今, 新たなる経営哲学が求められなければならないという時代的背景の中で, 本書が刊行されるという, そのタイミングである。20世紀の終盤に, IT化に伴い, 本格的なグローバリゼーションが進展してきた。古代の農業革命を第一次産業革命と呼び, 18世紀後半のイギリスに始まる産業革命を第二産業革命と呼ぶなら, 20世紀終盤のIT化・情報化革命とともに地球規模に及ぶ第三次産業革命が今, 進展している。これにつ

いては研究も進み，情報革命ではなく，むしろ知識資本主義と捉えるべきだとの議論も強く，組織を通じての知識創造に関する日本発の研究成果も世界的に注目されている。グローバリゼーション＝地球規模化は，他方ではローカライゼーション＝地域化・分権化を展開する。それゆえ，グローバリズムとローカリズムを合成して，"グローカリズム""グローカリゼーション"だとする議論も見られる。21世紀はいずれにせよ，20世紀をそのまま持続的に拡大すれば，繁栄するものではない。地球環境問題をもふくめて，大きく質的な変革を迫られていることは確かだという認識だけは世界的に共通している。ただし，どのような形で全体として変革し，新たに形成するのかというその基本的な部分については，現在模索している所である。

　このような混迷の時に基本的に問われるべきは，哲学である。西欧の中世社会が，イスラム社会・オリエントと相互関係をいっそう強めることにより，西欧の近代化が始まった。この時にスコラ哲学から脱却し，新たなる世界を目指して哲学が求められた。500年以上にわたる哲学的思索の中から，現在の社会の基礎になる科学や社会のモデルが育まれてきたのである。21世紀は近代西欧，そして北米のいっそうの進展としてのグローバリズムではない。そのような見方はむしろ19世紀の帝国主義的な考え方のニューバージョンというべきだろう。イスラム社会の動きが世界的に注目されていることは確かである。日本や中国をふくむ東アジア諸国そして東南アジア諸国，インド，オセアニア，中南米諸国やアフリカ諸国などまでもふくめた，地球規模の哲学こそが現在，強く求められているのである。

　21世紀の科学はニュートンの世界の科学ではない。新たな思考・方法・枠組の科学である。社会への視座の変革も同時に求められている。このような時代こそ，本格的に哲学を深めなければならない。本書が，内心では逡巡と迷い，弱気もあるが，このような大きな時代的変革の要請に邂逅し，この要請に向けての，本当に小さな，しかし勇気のある一歩を歩むことができるという，まさに絶妙ともいうべきタイミングがそれである。

　第三は，日本において島袋嘉昌先生を中心にして20年前に「経営哲学学会」が結成され，その後，三戸　公先生がこれを引継ぎ，発展させてきた。

『経営哲学とは何か』の刊行にあたって　v

　本年，2003年秋に「経営哲学学会」が20周年を迎えることができる。「経営哲学学会」が成人となる。成人式を迎え，これからさらなる飛躍の努力を地道に試みなければならない。学会として，これまでの成果は『経営哲学論集』として刊行され，会員の共有財産になっていたことは確かである。注目すべき研究成果も多かった。こうした研究の蓄積の中で，「経営哲学とは何か」が真摯に問われたのであった。経営哲学のいっそうの発展を求めるべく，ここでこれまでの「経営哲学学会」の成果の一部を，いっそう入手しやすくするために，ここでこのような形で，まとめることができた。20年にわたる研究成果のごく一部が，こうして著書として刊行されることは，慶ぶべきことであろう。

　『経営哲学とは何か』というタイトルで本格的に『経営哲学』を問うなら，本書のような内容以外に，経営哲学それ自体の過去・現在，そして未来の展望や経営実践それ自体との関係，経営倫理・経営理念などの関係をはじめ，ビジネス組織だけでなく，NPO までをもふくみこみ，各種の，そして各地域・各国の組織体の経営哲学をはじめ，もっと多くの問題が検討されるべきであろう。本書の刊行にあたって『経営哲学とは何か』と題するなら，本格的に検討課題を示し，それらを少なくとも検討してから出版すべきだという本来の声も多かった。

　本書の目次を一瞥すればお分かりのように，学会以外の方々で，広く社会や科学をもふくめて哲学的なレベルの議論も多く，広く社会的に共有されるべき知であるとする声が多かった。本書がほんとうに細やかであっても，しっかりとした「経営哲学」の探究の礎になれば，これ以上の喜びはない。

　本書の刊行はこのような意義を持つので，このようなかたちで刊行することにした。関係者諸氏に編集委員会を代表して心からの御礼を申し上げたい。

「経営哲学の新たなる探究―
総括的シンポジウム大会」構想の成立

三戸　公

　経営哲学学会が第19回大会（於早稲田大学・実行委員長厚東偉介・2002年）を，「第1部　経営哲学の意義」，「第2部　経営哲学の領域と方法」，「第3部　経営哲学の課題」，「第4部　経営哲学の新たなる探究―科学・哲学・文明―」の4部構成の「経営哲学の新たなる探究―総括的シンポジウム大会」として開催するに到った経緯について記する。

　経営哲学学会は，15回の大会を経過してようやく学会の名称である「経営哲学」の何たるかを問おうとする機運が高まり，第16回大会（於中央学院大学・実行委員長生田富夫・1999年）は，統一論題「経営哲学とは何か―方向と課題―」をもって開催された。報告者とその題は次の通りである。なお，この大会に先立つ関東部会での村田晴夫「経営哲学について―方向と課題―」は『管理の哲学』（文眞堂）の著者として有意義なるものとプログラム委員会はうけとめ，大会報告者に前もって配布された。

「経営哲学とは何か―方向と課題―」
1．中條秀治　　「経営」の概念とその文明論的意味
2．大平浩二　　科学としての経営学と経営哲学
3．村田晴夫　　経営哲学について―方向と課題―
4．日置弘一郎　子供のための経営哲学
5．小笠原英司　経営哲学研究の類型と経営学説研究
6．梅澤　正　　経営哲学への企業文明論からのアプローチ
特別講演　清水龍瑩　日本型経営と日本型経営者

　この大会は参加者に異常なまで知的興奮を起さしめ，大会終了時まで出席

者は減ることが無かった。シンポジウムは，経営哲学についての共通認識が余りにも少ないことを痛感せしめると同時に，あらためて経営哲学の困難性と重要性を知らしめるものとなった。

　第17回大会（於新潟経営大学・実行委員長関口功・2000年）は，続いて〈経営哲学とは何か〉を問うことになり，次の統一論題と報告者をもって開催されることになった。

「経営哲学を問う―21世紀を迎えて―」
1．三戸　公　　経営哲学における科学と哲学
2．厚東偉介　　新世紀の経営哲学を求めて
3．高　　巖　　経営哲学者に求められるもの―価値選択と企業倫理―
4．鈴木辰治　　経営哲学の役割と実践への適用原則
　　　　　　　　―21世紀における経営哲学の一方向の確立をめざして―
5．庭本佳和　　経営哲学の現在―21世紀の入り口にたって―
（6．吉田民人　大文字の第二科学革命―経営哲学との関連を含めて―）
特別報告者
特別講演　下山敏郎　新しい経営哲学を模索して
　　　　　　　　　　―デジタル革命の中のモノづくりの視点から―
討論　　　下山会長の報告を聞いて
討論者　　村山元英，石井脩二，蛯名保彦

　この大会は，シンポジウムを前回の経験から各報告者の報告を統一論題の主旨の方向に討論し総括することの困難が予想されたので，東大文学部哲学科卒のオリンパス光学工業下山会長に特別講演を願い，予め討論者を立てての討論会をもった。また，『自己組織性の情報科学』（新曜社）をもって瞠目すべき情報論を展開した吉田民人報告は，かねての野心的な科学パラダイム革命の主張を当学会において披露されたものであり，学的感動ともいうべきものを起した。この報告者を加えた諸報告による問題の深化，拡大は，次回の大会の統一課題を「経営学と科学―経営哲学の存在意義を問う―」となさしめた。そして，この大会もシンポジウムをもたず，19回大会はそれまでの

3回の大会を総括する大シンポジウム大会とすることに決まった。なお，『企業経営哲学』（文眞堂）他の著者稲葉襄神戸大学名誉教授の参加が健康上不能となったことが惜しまれる。

第18回大会（於関西大学・実行委員長広瀬幹好・2001年）の報告者とその題は，次の通り。

「経営学と科学—経営哲学の存在を問う—」
1．増田茂樹　経営学の研究方法と学的性格
2．村山元英　経営哲学の旅路—歩く学問：東西南北—
3．大滝精一　経営哲学と企業の社会性
　　　　　　—企業をNPOのコラボレーションを中心にして—
4．稲村　毅　管理の正当性—官僚制組織における支配権力の視点から—
5．大橋昭一　現代の経営を考える—現代の経営学を考える—
特別講演　中村雄二郎〈正念場〉を考える
　　　　　川上哲郎　日本型経営再生のための新理念
　　　　　石坂　巖　日本型経営と経営倫理

さて，第19回大会（於早稲田大学・実行委員長　厚東偉介・2002年）は既に過去3回の大会の全報告者を討論者として大シンポジウム大会とする事は予定せられていたが，それをいかなる構成をもって小括し総括するか，これは容易な作業ではなかった。プログラム委員会（厚東偉介，石井脩二，大平浩二，小椋康宏，飫冨順久，菊池敏夫，関口　功，増田茂樹，三戸　公，村山元英）が7回にわたって開かれたことによっても，そのことは示される。

第1回のプログラム委員会は，既に決まっていたシンポジウム大会の構成を議することを課題として集まったが，2日間の午前・午後の日程では全体を3部構成とし，それの総括というところまでは容易に決まったが，その後は難行した。〈経営哲学とは何か〉を探究すべく3つの統一論題の下に示された全報告者の多様・多彩は，3回の枠をはずして全報告を新たな3部構成に編制替えをせざるをえないことになり，ではどのような3部構成とし，それぞれの報告をどの部に配するか。委員それぞれにその案をもち寄って第2

回の会合をもつことにして散会した。

　率直に言って，全報告を理解し，それを全体としてどのように把握し，その全体の中に各報告を位置づけ意味づけるかは，極めて困難な作業である。だが，せざるをえない。

　報告者は，それぞれに独自の哲学観をもち経営哲学観をもって報告している。私はそれを，哲学とは如何なるものであり経営哲学とは何か，経営哲学にはいかなる領域があり，その領域をどのような方法をもって接近するか，そしてその結果いかなる成果が得られるか，そして21世紀を迎えた現代経営哲学はいかなる課題を抱えてそれにいかに立ち向かっていくかの3者に分けた。そして，各報告はそれぞれに，この3者の2ないし3つにわたって論じているが，シンポジウムにおいてはその3者のうちのいずれかに属して討論することになると考えた。第2回委員会において私はそれを試案として出した。他に出された案はなく，試案についてつっこんだ議論がなされることなく，各人がそれぞれに案を持ち寄って次の委員会において議することになった。

　科学的把握は正解が得られるが，哲学的把握には正解はない。全報告を全体としていかにとらえ，それをいかに再構成するかについて正解があるはずはない。〈経営哲学とは何か〉の把握に向って，より広く・より深い認識がえられるよう努力する以外にない。各人の異なった認識，理解，把握を異なったままより深く豊かな共通認識・共通理解にむかって努めるほかない。

　第3回委員会で三戸試案はかなりの長さの文書をもって再提出せられ，厚東委員も試案を示しながら三戸試案に収斂することの発言もあり，ようやく三戸試案でゆくことになった。なお，経営哲学の〈意義〉・〈領域と方法〉・〈課題〉の3部構成として示された体系は，次回に村山委員によって出された「経営哲学の現象を嗅ぎ分ける」と題された文書の内容とも少なからず符合するものとして受けとめられた。この文書は，学会会報 No.29, 2002年1月17日号に掲載されているが，その1部を引用しておく。

　「人間が多元的なように，哲学も多元的である。そこで，先ず，学問的方向性としては，混沌とした"経営哲学の現象"を，①〈基礎概念〉②〈研究領域〉③〈研究方法論〉④〈理論構築〉⑤〈政策展開〉の"5次元環節

研究カテゴリ"に整理することを考えてみた。

　だが，もっと広範囲にしかも，実務的要請に応える経営哲学研究の道標は，問題解決に向かい合う〈現実・現場の哲学〉であり，日常生活に沿った〈自己経営の哲学〉の存在である。

　それぞれに2つないし3つの部にまたがって論じられた報告を，そのどれかの部に納まって討論すべく，報告者各人に了解を求め，その部に焦点づけて原稿を出してもらい，予稿集と過去3回の各人の報告を1冊にまとめたものが厚東実行委員長によって作製配布された。なお，科学であると同時に哲学でもある吉田情報論を再度聞く機会をもつべく，また科学史の第1人者として村上陽一郎教授の報告を切望し，「科学・哲学・文明」と題して第4部とすることになった。

　さて，以上のように，〈経営哲学とは何か〉を明らかにすべく3回にわたって開かれた大会を総括するシンポジウム大会の構成は出来上がったが，3部の各小括そして総括が学会そして学界の共通財産として恃しうる見通しはもちえなかった。そこで，異例ともいえる3名の司会者を置き，報告を基礎としながらも，経営哲学の意義，領域と方法，課題のそれぞれについての共通認識が得られることを願った。その為には，報告者・司会者・プログラム委員による研究会それも出来れば合宿研究会を持とうとしたが，諸般の事情で実現しなかった。

　機能性を追求することを本質とする現代科学そしてその科学の意識的適用の体系としての技術が生み出している現代文明の真只中に生きるわれわれは，あらためて哲学とりわけ経営哲学の決定的重要性を痛感する。この大会の成果が，経営哲学学会のルネッサンスとなり，経営学者たちが自分たちの位置と意味を再認識する機縁となり，更には哲学者たちが経営哲学の探究こそ自分たちの現代における主戦場たるの認識をえられるものたりうることを念願してやまない。

　ともあれ，本大会の成果の如何を問わず，これが「経営哲学の新たなる探究」の第1歩である。

目　次

巻頭言　更なる飛躍に向けて …………………………………大平浩二… i
『経営哲学とは何か』の刊行にあたって……………………厚東偉介… iii
「経営哲学の新たなる探究―総括的シンポジウム大会」
　　構想の成立……………………………………………………三戸　公… vi
　　執筆者・発言者 ………………………………………………………… xiv

第Ⅰ部　経営哲学の意義 ……………………………………………… 1

　1　経営哲学の意義 …………………………………村田晴夫… 3
　2　新世紀の経営哲学をもとめて …………………厚東偉介… 18
　3　経営哲学の構築 …………………………………日置弘一郎… 25
　4　経営哲学の旅路―歩く学問：東西南北 ………村山元英… 31
　シンポジウム『経営哲学の意義』 ………………………………… 38
　　　パネリスト：村田晴夫，厚東偉介，日置弘一郎，村山元英
　　　　　司会：小笠原英司，三井　泉，藤井一弘

第Ⅱ部　経営哲学の領域と方法 ……………………………………… 71

　5　「経営」の概念と「経営の毒」 …………………中條秀治… 73
　6　経営哲学の概念と方法 …………………………小笠原英司… 79
　7　経営哲学の領域と方法 …………………………増田茂樹… 86
　8　経営哲学の領域と方法 …………………………大平浩二… 90
　　　――その科学的位置づけ――
　9　経営哲学確立の方法論 …………………………梅澤　正… 96
　10　経営哲学と管理の正当性 ………………………稲村　毅…101
　シンポジウム『経営哲学の領域と方法』 …………………………106
　　　パネリスト：中條秀治，小笠原英司，増田茂樹，大平浩二

　　　　　　　梅澤　正，稲村　毅
　　　　　　司会：片岡信之，池内秀己，出見世信之

第Ⅲ部　経営哲学の課題 …………………………………………135

11　経営哲学の現在 ……………………………………庭本佳和…137
　　――21世紀経営哲学の課題――
12　再帰的近代化時代の集団的組織的協働 ……………大橋昭一…142
　　――チーム作業方式の進展・普及――
13　経営哲学と企業の社会性 ……………………………大滝精一…147
　　――企業とNPOのコラボレーションを中心にして――
シンポジウム『経営哲学の課題』 ………………………………152
　　パネリスト：庭本佳和，大橋昭一，大滝精一
　　　　　司会：小椋康宏，飯冨順久，石井脩二

第Ⅳ部　経営哲学の新たなる探究――科学・哲学・文明―― ………169

14　科学的管理革命 ………………………………………三戸　公…171
　　――科学，哲学，そして文明――
15　新科学論の視座と哲学の視座 ………………………吉田民人…188
　　――経営哲学およびその方法的基盤をめぐって――
16　現代科学と経営哲学 …………………………………村上陽一郎…208
シンポジウム『経営哲学の新たなる探究』 ……………………211
　　　　　――科学・哲学・文明――
　　パネリスト：三戸　公，吉田民人，村上陽一郎
　　　　　司会：菊池敏夫，村田晴夫

第Ⅴ部　経営哲学自由論攷 ………………………………………229

17　経営哲学が支えた組織改革 …………………………高橋量一…231
　　――伊藤忠商事の事例研究を通して――
　　高橋量一氏論攷へのコメント …………………………関口　功…238
18　コーポレート・ガバナンス論の源流をもとめて ………牧野勝都…240

──R.イールズの所論を中心として──
　　牧野勝都氏論攷へのコメント ………………………………櫻井克彦…245
19　日本的企業統治の「戦時期源流説」批判 ……………………高橋公夫…247
　　高橋公夫氏論攷へのコメント ………………………………佐護　譽…254
20　NPOの基本的思考としてのボランティア概念 ………羽生和夫…256
　　羽生和夫氏論攷へのコメント ………………………………岡田和秀…262
21　非営利組織の経営者意識 ……………………奥村眞澄・大平修司…264
　　　──特別養護老人ホームを事例として──
　　奥村眞澄・大平修司氏論攷へのコメント ……………齊藤毅憲…272
22　21世紀の地域経営ビジョンを構想する ………………大野和巳…274
　　　──豊かさの新パラダイム──
　　大野和巳氏論攷へのコメント ………………………………斎藤弘行…281
23　コンティンジェンシー理論再考 ……………………………桑原光一郎…283
　　桑原光一郎氏論攷へのコメント ……………………………齊藤　博…289
24　「自己愛性パーソナリティ傾向」が組織市民行動に
　　与える影響に関する研究 ………………………………………日詰慎一郎…291
　　　──傾性的アプローチによる高業績人材の発掘と
　　　　マネジメントへの提言──
　　日詰慎一郎氏論攷へのコメント ……………………………幸田浩文…299
25　「ギデンズ構造化論」の組織におけるミクロ・マクロ・
　　リンク問題への応用可能性 ……………………………………間嶋　崇…301
　　間嶋　崇氏論攷へのコメント ………………………………加藤茂夫…308

第Ⅵ部　経営哲学学会小史 …………………………………………311

　経営哲学学会創設の経緯とその後の10年間（1984～1993）
　　の実態と展望 …………………………………………………島袋嘉昌…313
　経営哲学学会の経過──近年の動向── ………………三戸　公…318
　経営哲学学会統一論題と報告者 …………経営哲学学会編集委員会…321

あとがき ………………………………………………………………………327

執筆者・発言者 (50音順)

池内　秀己（九州産業大学）	島田　　恒（龍谷大学）
石井　脩二（日本大学）	島袋　嘉昌（学会名誉会員／名桜大学客員教授）
稲村　　毅（神戸学院大学）	関口　　功（新潟経営大学）
梅澤　　正（東京経済大学）	高澤　十四久（専修大学）
大隈　正明（新日本製鐵㈱）	高橋　公夫（関東学院大学）
大滝　精一（東北大学）	高橋　量一（法政大学院生）
大野　和巳（道都大学）	中條　秀治（中京大学）
大橋　昭一（大阪明浄大学）	出見世　信之（明治大学）
大平　浩二（明治学院大学）	那須　幸雄（文教大学）
大平　修司（一橋大学院生）	西岡　健夫（追手門学院大学）
小笠原　英司（明治大学）	庭本　佳和（甲南大学）
岡田　和秀（専修大学）	羽生　和夫（東洋大学院生）
奥林　康司（神戸大学）	日置　弘一郎（京都大学）
奥村　眞澄（明治学院大学院生）	日詰　慎一郎（早稲田大学院生）
小椋　康宏（東洋大学）	藤井　一弘（摂南大学）
飫冨　順久（和光大学）	藤木　清次（㈱リソース総合研究所）
片岡　信之（桃山学院大学）	藤田　　誠（早稲田大学）
加藤　茂夫（専修大学）	牧野　勝都（東京富士大学）
菊池　敏夫（日本大学）	間嶋　　崇（広島国際大学）
桑原　光一郎（上智大学院生）	増田　茂樹（愛知産業大学）
幸田　浩文（東洋大学）	三井　　泉（帝塚山大学）
厚東　偉介（早稲田大学）	三戸　　公（立教大学／中京大学名誉教授）
齊藤　毅憲（横浜市立大学）	村上　伸一（北星学園大学）
齊藤　　博（関東学園大学）	村上　陽一郎（東京大学名誉教授／国際基督教大学大学院教授）
斎藤　弘行（東洋大学）	村田　晴夫（桃山学院大学）
櫻井　克彦（中京大学）	村山　元英（中京大学）
佐護　　譽（九州産業大学）	吉田　民人（東京大学名誉教授）
澤野　雅彦（九州国際大学）	渡辺　利得（京都産業大学）

（なお執筆者・発言者の所属機関は，2002年9月28-29日の大会開催日当時のものです）

第Ⅰ部　経営哲学の意義

1 経営哲学の意義

村 田 晴 夫

1．はじめに

　経営哲学の意義を問うとき，初めに問われるべきことは，哲学としての経営である。これはこの学としての経営哲学の原初の問いであって，かつ最終的な問いである。
　そのことの意味は，経営とは何かを根底において問うことである。そこに現れる姿はおよそ大きくは次の三つの形をとるであろう。
　第一は，人間の営みとしての経営を根源において見るとき，そこに現れる人間の，人間自身の姿である。これはまたそのまま哲学史の根底にあるテーマそのものである。わたしはここに人間の実存を見るものである。意識をもつところの人間の内奥にあるもの，それは理性的であると同時に感情的であり，意志的であると同時に挫折的であるところの存在者である。そしてさらに強調されなければならないのは，人間は人間相互の関係をもって結ばれてある存在者である，ということである。この関係性，すなわち人間関係そのものをも人間はより強く意識する。愛と憎，共感と孤立，協働における合理性と情緒性，それらの諸々を人間は意識する。そして経営はこれらの中でも目的の合理的達成に関与している。人間は欲望を持ち，意志し，目的を立て，意志を遂行しようとする。意志は必ず挫折を経験する[1]。そして人間はそれを超えて行く，あるいは超えて行こうとする。経営とは深くここに結びついているところの人間の現実の実質なのである。
　第二は，経営学が成立するところの根拠を問うところのものとしての哲学である。これは方法論である。一般に方法論として，あるいは科学哲学としての経営学方法論として現れるものである。しかし，経営学の基盤となって

いるところのものを問うことにおいては第一のものと結びつく。

　そして第三には，経営者の哲学であり，経営実践の理念である。現実の企業経営においてこれが成功するためには，その実践理念がその時代の文明をリードする思想性を持つこと，そして人々に支持されてあることが必要である。前者は普遍に通ずることを要請するのであり，後者は生活者の具体的生活信条において受容されることを要請しているのである。従って，後者は一人ひとりの個人の生きる根本の思想基盤を問うことであり，生活の信念・信条・意識と慣習における根源の思想，そしてそれらを導く思想の根源性を問うことである。これはその時代の，その地域におけるまた組織における文化を問うことへとつながるのである。

　以上の三つのものに共通して現れるのが組織であり，分けても近代そして現代においては経営の意味への問いは組織についての問いとなって現れるのである。組織こそ，経営の意味を問うときに見出される最も中心的な実質なのである。

　現代文明は組織の様式を変化させてきたし，組織の多様化を生み出してきた。それに伴って組織文化の多様化が起こるし，また特定の文化価値に基づく集団の形成という現象にも多様化を招来してきた。そこには現代文明における普遍性への導きも見られようが，むしろ普遍から外れる様，そして歪みが見出されることもあろう。それを明らかにすること，これがまた経営哲学の意義でなければならないのではなかろうか。

　以上のことをまとめて言えば，経営哲学の意義は(1)経営ということの本源の意味を明らかにすることを通して人間の生き方を示すこと，(2)経営学の根底を問い，その基礎を批判的にあきらかにすること，(3)文明の将来について見通しを与え，社会と文明を思想において切り拓くこと，である。その帰結として企業経営などに代表される現代経営の具体的展開を導く理念が導出されるのである。

　哲学という営みは実践の指針を与えるものである。しかもそれを根源において指し示すのである。根源なるものであるからして，日常においては意識の奥深くにあって表層の意識には隠されていてよい。しかし，実はそれが常に日常の表層的活動を支え，しっかりした思想的安定性を与えているのであ

る。それが安定的であることが経営哲学の深さを表しているのである。したがって日常が変質し暗夜に転じた時には，それを照らす光としての哲学[2]が見出されるのでなければならず，それがないことは文化の危機となるであろう。

このことは例えばソクラテスの生き方と死に方に明瞭に現れている。彼にとっては哲学はまさに知を愛することであり，知は善く生きることへの導き手でなければならなかった。それを貫くことによって彼は生き，そして死んだ――国法によって与えられた死罪を甘受した――のである。このような彼の生き方と死に方は，プラトンによってわれわれに残されることによって，その後の哲学の，そして今日にいたる哲学の，命運を定めた。

しかしそのような生き方の，従って死に方の絶対的指針は，われわれ有限の人間にはふつうは決して見出しえないものである。われわれ人間は有限の存在であって，絶対なるものに到達することはできないからである。そういって諦めて自暴自棄になるのではない。諦めながらも進むのである。それこそが人間に与えられた運命なのである。

わたしは，経営哲学はまさにここに成立すると考える。諦念を認め，かつそれを克服して進むところに人間の運命があり，それを受け入れつつ，人間と社会との間を媒介する組織の在り方とその維持・存続そして発展と調和を課題とするところの哲学がそれである。

企業を中心とする経営こそ現代の現実である。非営利組織の経営などもまたこれを無視しては在りえない。それゆえ経営哲学は現代の哲学である。そして現代文明の哲学である。したがって，未来のための哲学である。それこそが経営哲学の意義なのである。

2．経営哲学とは何か

哲学の使命はおよそ(1)知の徹底的な探求であり，それは(2)真の実在へ向かう探求であり，(3)真・善・美に関する根源なるものの探求，(4)究極的なる価値への探求へと連なって行くものである。

哲学は人間の生きる意味を探求し，それを示し，善く生きることへと繋が

らなければならない。その意味で哲学は人間の「幸福」という問題に連なっている。これは先に挙げたソクラテス以来の問題であり，近代においてもまた，たとえばカントにおいても，受け継がれてきた哲学の中心課題である。

　哲学の問題は社会とその在りようにも向けられる。法にたいして向けられる哲学の課題が法哲学となるように，社会を造る根源のものへと探求が向かうとき，それは社会の哲学となる。社会思想史に見られるように，そこには批判の精神が伝統的に受け継がれてある。あるいはそこから新しい概念が得られ，方法論的に鍛えられて，新たなる社会観あるいは世界観に結実し，あるいは新しい方法論的展開を示したりもする。

　古代から近代へと，この社会思想の系譜は展開されてきたが，ことに近代ではホッブズ，ルソー，スミス，マルクス，マックス・ウェーバーらを想起することによって，17世紀から19世紀へかけての流れと，そこから20世紀へと移り変わることも含めて概観することができよう。20世紀を中心に，比較的身近な所から例を挙げておこう。システムという見方が現れたとき，そこに新しい社会学的視点がパーソンズによって築かれたように，また組織論の基礎的視点がバーナードによって築かれたように，方法論とも連動しながら，哲学的営為は新しい見方，方法，をもたらす。また論理実証主義の視点が現れたとき，サイモンはそれを肯定的に受け入れて，それが彼の方法論的基礎となった。また，20世紀も半ばにさしかかる頃，レヴィ＝ストロースらによる構造主義が現れた。人類社会を貫く構造が見出された時，そこには構造主義という新しい見方，視点，が築き上げられたように，哲学的営為は新しい社会観ないしは世界観をもたらす。

　ここまでは社会思想あるいは社会に関する哲学的営為について触れてきたのであるが，もう一つ，自然あるいは宇宙についての哲学的営為ということについても述べておかなければならない。ここにも大きな哲学史の積み重ねがある。そして自然と宇宙とはある意味では区別されなければならないのだが，いまわれわれにとって必要な自然ないしは宇宙に関する哲学的探求は，自然がわれわれの存在にとっていかなる意味をもっているのか，ということである[3]。そして最も身近にある問題は自然環境問題である。われわれは環境問題によって改めて自然のもたらす意味を認識させられたのである。

宇宙について語られる哲学は，自然をその中に含み，人間とその社会をも含むような壮大さを持ちうる。たとえばホワイトヘッドの哲学体系はそうである。彼自身はそれを宇宙論 cosmology と呼んでいる。それは世界観とも言うべきものである。

　以上論じてきた哲学的営為は，古代ギリシアから始まって，20世紀の思想にまで及んだのであるが，それらはまず，第一に人間とは何か，そして人間の生き方を問うこと，第二に社会についての諸々の問題を問うこと，そして第三に自然と宇宙についてその本質を問うこと，として見て来た。そこには経営哲学は明示的には入ってこない。それが明示的に登場するのは20世紀においてである。それを説明するために文明論的考察を援用したい。

　文明とは，ホワイトヘッドによれば社会に現れた人為の姿[4]である。自然とは区別される人為の営み，これこそ経営の意味の根源にあるものである。文明は，したがって，人間と社会における生活の合理的な形式であると定義される[5]。そして文化は文明に含まれる心なのである。

　経営は文明と同型である。すなわち，経営は組織を中心に合理的形式を整え，内的精神性として文化を育成して行く過程である。

　さて，企業が近代的形式を備えて，文明の形式における主役として登場するのが20世紀においてであった。大量生産方式の確立がこれである。20世紀はまさに企業が開く文明形式を定着させた時代なのである。そうして経営哲学が明示的に現れてくるのはこの20世紀文明時代においてである。テイラーの科学的管理法における哲学的思想基盤こそその嚆矢とされるのは当然である[6]。そしてフォードの実践の経営哲学がこれに続く。さらに忘れてならないのがスローンらに現れる経営思想である。その同時代に，フォレットの展開した一連の理論があり，その思想・哲学がある。そして後に人間関係論として結実するメーヨーまたレスリスバーガーの思想・哲学があり，さらにまたバーナードの新しい見方による組織論の哲学がある。これらは20世紀の幕開け，そして第一次大戦から第二次大戦までの間にアメリカにおいて起こった，新しい20世紀文明の始まりを告げる動きであった。経営学史を彩るアメリカ経営管理思想史である。これを哲学として読むことが経営哲学にとってさしあたり重要な仕事である。

そうしてそこから，近代経営の意味を読み解くこと，方法論としての経営学の可能性を読み解くこと，および経営者の哲学を読み解くことをしなければならない。人間とは何か，そしてそれは先人たちにおいていかに捉えられていたか，を考察しなければならない。組織化すること，機械化すること，合理化することの意味が問われなければならない。意味はまた，人間にとっての意味と，社会にとっての意味，そして自然にとっての意味というように，意味の階層性を持つであろう[7]。そのような意味の読解は，哲学的批判として問い直される問題を提起する。ここに挙げた先人達はいずれもそうした実践的経営哲学を自らにおいて実践したに違いない。たとえばバーナードは，後に全人仮説と呼ばれるようになるその新しい人間観の提起を，こうした哲学的営為から生みだしたに違いないし，メーヨーもまた，その文明論的観点を哲学的営為において得たに違いない。それらをわれわれは読み解かなければならない。

経営とは何か，人間とは何か，そしてそれらはいかに関わり合うのか，ということが絶えず問われること，これが経営哲学の営為なのである。

そしてまた，経営学とは何であり，いかにあるべきかが問われなければならない。これはドイツ経営学において20世紀の長い期間を通して問われてきた問題である。ここにもまた哲学の歴史が重なり合う。ことに近代においてはデカルトそしてカント以来の哲学と，また科学哲学に受け継がれてきた歴史がある。

もちろん経営学の方法論的基礎づけはアメリカ経営管理論においても，その他の諸々の経営学においても問われるべき問題である。

そうしてなお，われわれは経営者の実践における哲学あるいは経営理念を問わなければならない。このことについてはこれ以上には詳述しないが，これまでに述べてきたことからもかなり明らかにされているであろう。

3．経営哲学の三つの領域とその三位一体性

こうしてわれわれは経営哲学の三領域を区別することができる。
(1) 経営の意味の探求

(2) 経営学方法論の探求
(3) 経営者の哲学の探求

　経営哲学はこれらの三者によって形成せられ，かつこれらの三者は究極においては一体となるのである。

　哲学の営みが徹底した知の探求であるということは，そのものの存在の意味を明らかにすることからその探求が始まることを示している。経営の意味を問うことがこれである。それは経営の存在論的地平を指向し，経営の在り方・在りようへと探求が進むことになろう。

　アメリカから始まった経営学では，理論は実践を予想し，そして実践は理論を形成する。これはアメリカにおけるプラグマティズム哲学の帰結である。経営学における理論と実践の一体性は，これらの三つのものが一体となって経営哲学研究の領野となるのだ，ということを示している。

　経営哲学は，経営学の根底を支えると同時に，その学の立脚点を批判することを引き受けなければならない。企業が20世紀文明の担い手であるというわれわれの認識からすれば，経営学の根底を支える思想は，実はそのまま経営者の実践へとつながって行くし，逆に経営者の実践哲学は経営学における重要な要素となるのである。

　そして，経営学の学的認識の方法が，いわば知の探求そのものへの批判として登場しなければならない。これが経営学の方法論的吟味であり，経営哲学第二の柱である。

　これらの二つ，経営の意味の探求と経営学の方法論の吟味は，一体となって実践を指向しなければならないし，また同時に，それらの研究は実践の経験によって保証されなければならない。こうして経営理念の研究こそ，自ずからそこに行き着くべき経営哲学の領野となるのである。

4．20世紀文明と経営哲学の意義

　20世紀文明は近代企業によって切り開かれた文明であると述べておいた。そこには新たに登場してきた環境問題に見られるような，文明論的先端の諸問題がある。それらを整理すると(1)環境問題(2)文化多元性の問題(3)人間

性の問題として描き出すことができる[8]。環境問題は説明を要しないであろう。文化多元性の問題が意味するのは，地球上に見られる文化価値理念の多様性から由来する葛藤と紛争の諸問題である。そして人間性の問題は人間の真のあり方，すなわち幸福，に関わる問題である。

　そして近代企業の登場によってもたらされた文明は，新しく組織を社会の中心に据えたのであり，それによって経営哲学が導入されるべき土壌ができたのである。哲学の歴史においては人間，社会，あるいは自然と宇宙が哲学的考察の対象であったが，20世紀においてはその中に組織ということが哲学的考察の対象として登場してきたのである。組織という観点から見ると，人間協働の営みとしての組織の維持，存続，発展そして調和ということが，たとえばバーナードの視点から導出される[9]。この近代組織の内発的発展が，人間にとって，そして社会にとって，いかなる意味をもつのか，もたらすのか，ということが哲学的に問われなければならない。ここで「哲学的に」といったのは「徹底して問う」ということである。これはまさに文明論的な問いである。なぜなら，それは人間と社会の生活形式そのものと，そしてそこに含まれる精神を問うことだからである。しかもなお問いは続く，自然との関係における意味への問いである。環境問題として問われるこの問いは，われわれを文明論的先端の問題へと連れて行く。

　組織と人間との関わりへの哲学的問いはやや古典的である。それは人間の疎外の問題を中心とするであろうから。しかしそれだけではない。そこには新たにジェンダーの問題が加わり，人間の幸福をめぐる新しい問題が加わる。それらは企業文明がもたらす帰結として，非営利組織への指向性を生み出し，生活の質への問いを生み出す。これは広く人間性への問いである。

　そして組織と社会との関係の意味への問いは，これらの人間的なる問いと重なってくるであろうし，文化そして宗教との関係を切実に問うことへと向けられるであろう。ここには文化多元性の問題があるからである。

　文明論的観点から見るとき，経営者の現実的経営実践はそのままこれらの諸問題に関係してくる。経営学自体もまたこれらの諸問題を多かれ少なかれ意識において展開して行く。そうしてこれらの二者，経営者の哲学と経営学は，経営とは何かという根源なる哲学的問いに収斂する。

20世紀文明の中心は，しかし主として20世紀の後半において明らかになった特色によって明示される。それははなばなしい技術革新の成果であり，それを取り込んで発展した企業文明の彩りであった。石油化学の成功はむしろその発端を20世紀の前半に置くのであるが，続いて原子力技術とコンピュータの登場はほぼ20世紀の半ば，第二次大戦の終了後に姿を現わす。さらに生命科学の展開はバイオ技術を発展させた。これらが基盤となって，21世紀においては水素に基づくエネルギー技術の登場が予期されるところであり，量子コンピュータを含む情報技術の新たなる技術革命が予想されるのである。
　20世紀文明の光と影を明らかにする哲学的営為は，21世紀文明へと継続されなければならないであろう。先ほど挙げた文明論的先端の諸問題に，おそらくはいくつかの問題が付け加わるであろう。そのひとつは「病み行く精神」の問題ではなかろうか。
　経営哲学が，学としても実践としても，一層求められる状況にあるというべきであろう。
　先に20世紀前半のアメリカ経営管理論史と経営哲学的探求について触れておいたが，その作業はさらに20世紀後半にも続けられるべきであろう。さしあたって重要なのはサイモンとドラッカーである。また管理過程学派も当然含まれるべきである。そうしてコンティンジェンシー理論，経営戦略論，組織の知識創造理論にも視野が広げられるであろう。それはまた21世紀文明における先端問題への視野の拡大へと導かれるはずである。

5．人間・組織・経営——その経営哲学的地位

　経営は組織を中核として行われる人間の営みである。そこには人間の生身の生活がある。そうであるから経営の哲学的探求に意義がある。そして組織を中心に考えたとき，経営者の実践の哲学がある。
　科学は仮説・演繹・検証という明確な方法をもって法則を発見し，経験界における現象を説明しうる理論を立てることをその使命とする。それに対して哲学は科学に先立つ知の徹底的探求を含むが故に，科学の方法について論じ，科学の使命とあり方を論ずることを，その重要な要素として含むことに

なる。その意味で，哲学は科学の基盤となるべきもの——わけても社会科学においては——なのである。

経営哲学は，繰り返し述べてきたように，なによりもまず，「経営」ということの意味を徹底的に探求することでなければならない。そして科学に対する哲学の地位と同様に，経営学に対する方法について論じ，経営学の使命とあり方について論じ，その基盤とならなければならない。さらに組織体の経営理念を基底とする哲学，すなわち経営者の実践哲学についての探求がなければならない。それは文化価値への問いにつながって行く。

経営とは何か。それは「人間が目的に向かって協働して行う営み」と答えられようし，他の言い方もあろう。どう答えようとも，経営には「人間」，「目的」，「組織」，「協働」，「価値」ということが不可避的な要素として内在しているし，その外部環境には「社会」，「自然」といったことが，これも不可避的な要因として外在している。これらの諸要素・諸要因の諸関係が経営という現実に統合されることの根源的探求，これが経営哲学における知の探求である。それはさらに歴史の視点において捉えられ，近代そしてこれからの時代という視野において論じられなければならない。

これらを貫徹して，「人間」という視点が最も基本的なものとなる。「人間のための経営」であり，「人間の学としての経営学」[10]でなければならない。

社会科学に現れた人間観のうち，経営学における人間観の変遷ほど哲学的人間観の歴史を再現し，哲学的人間観の視点を現実的に発展させたものはないであろう。たとえばサイモンの「経営人」はアダム・スミス以来の「経済人」をより現実化したモデルである，というように。またバーナードの人間観はウイリアム・ジェイムスの人間観を踏まえたプラグマティズムのそれである[11]。そしてバーナードの組織の定義は「意識的に調整された二人以上の人々の活動ないし諸力のシステム」である。

ここでわれわれは次の二つのことに気づく：
(1) 経営学は人間観を哲学的に現実化しているということ。
(2) 経営は現実における実践が意識において行われるところに現れる現象なのだということ。

人間をどう捉えるのか，これこそ経営哲学における基本的な問題である。

哲学的人間観を求め，それを新しく捉え直して行くことがなければならない。それは経営ということの意味探求とともになされ，人間の位置をどこに置くのかということとともになされなければならない。経営は，近代においては組織と協働においてその中心的な意味をもつ。それゆえに，組織における人間という観点がまず考えられなければならない。組織の活動は社会においてその意味を有するのであるから，そして人間は本質的に社会と結び合っている存在であるから，社会における人間の意味について考えられなければならない。これらはまた，宇宙における人間の意味にまで到達する。

人間が置かれている世界は階層性をなしていると見ることができる。

自然という宇宙とそこに含まれるわれわれの地球，そこに生まれた人類社会とそれぞれの地域社会，そしてさまざまな組織体とそこに生きるわれわれ人間自身，こういう階層システム性が見てとれる。そのように見るとき，人間の営みの意味もまた階層性をなしていると考えられる。すなわち，人間の営みである「経営」のもつ意味は，宇宙自然という広大なシステムにおける意味と，人類社会における意味，そして地域社会における意味，組織体における意味があるであろう。人間の意識に現れるそれぞれの意味は，その時代の文明論的状況によって重みが異なる。自然の無限性が素朴に信じられていた20世紀前葉頃までの自然に対する経営の意味は，環境問題が顕在化してきたそれ以降の時代における意味とは重みが異なるであろう。それはいまや環境問題と結んで切実な意味をもつにいたった。このことからも分かる通り，人間が感じ理解する現実的意味あるいは人間の抱く観念は常に相対的なものでしかない。哲学の重要さはここにある。一人ひとりの人間の知りうるところは極く僅かなものでしかないばかりか，それは絶えざる相対化の過程に置かれているものであり，今日の知は明日には陳腐化しているかもしれないのである。哲学はそれを救済する。現実界において日常の意味に追いかけられているとき，哲学はそれにたいして批判的反省の契機を提供する。人間関係の身近な組織的意味をより上位の人類社会という立場から反省すること，あるいは宇宙自然の意味の立場から反省すること，などの契機を提供する。哲学的にはそれらの階層性を超越するところの究極の真・善・美への探求の立場から批判と反省の契機を提供するのである。

次に，経営は「人間の組織における目的的営み」であるからして，「目的」ということについてその根本に遡って探求されなければならない。それは「意識」と「価値」の問題に行き着く。自然科学や経済学などの対象と違って，経営という現象には人間の意識が前面に押し出されているが故に，「実践」における「行」と「行」の在り方つまり「倫理」が経営哲学の課題とならざるをえない。

なぜ経営哲学として意識が論じられねばならないのかは，上の短い考察からも明らかであろう。それではそれはいかにして可能になるであろうか。

経営は人間の意識的実践の現実である。それは個人のレベルでも考えられる。一人ひとりの人間が，己が人生をいかに生きるかということと，その人間の生き方全体を「経営」という観点から捉えることができる。自己を「経営」する，ということになろう[12]。しかしその場合においてもまた，組織的な人間活動に取り込まれている自己を至る所に見出すであろう。まさしく人間は組織において生まれ，活動し，生活している。そして自己形成もまた組織においてなされるものが多い。それを哲学的に洞察し，概念として鍛えたとき，新しい人間観が生まれ，組織観が立ち上がる。バーナードがその一つの典型を示している。

わたしはまた，意識は人間の意識と組織レベルでの意識という二重性において捉えなければならないと主張してきた[13]。そしてさらに社会レベルでの意識ということも考えなければならない。それは文明論的趨勢というべきものである。自然科学や近代経済学と異なって，この意識の問題は経営学を単なる経験科学として位置づけることを許さない。つまり，経営学においては認識主体と対象客体を峻別することが出来ないこと，したがって思索の方向を自らの内にも向け，自らの位置する外なる高みにも向けるという，垂直同型性の思索が求められるのであり，それはすなわち哲学的思索なのである。

そしてこのことからも知られるところであるが，また山本安次郎が繰り返し強調したのであった[14]が，経営とは主体と客体の不分離の営みである。それは科学的接近の限界を予告する。方法論的にも新しい探求が求められる所以である。アメリカ経営管理論に現れているように，経営学においては理論と実践が不可分なのだということもまた，主体と客体の不可分性に結びつい

ている。ここに経営学の困難性と未来への発展性があるのである。それを導くのもまた経営哲学の仕事である。

　経営学また社会科学全般において，最も深く広い人間把握はバーナードのそれである。わたしはバーナードの人間観にいま新しく加えなければならないものがあると思う。それは「情報性要因」である。新しい文明論的意識においては，物的要因・生物的要因・社会的要因に加えて「情報性要因」を追加しなければならないのである。これは情報機器の進歩による情報化文明ということによってもたらされる新しい意識性要因なのである。もちろん協働システムにおいても同様に「情報性要因」を追加すべきなのである。

　「情報性要因」によって経営管理の現実がいかに進展するかについては既に活発に研究が行われている。経営哲学としては，経営学のあり得べきよりよき発展の基礎としての基盤を論じ，提供し，合わせて実践の指針と倫理を目指すことになる。そのひとつが個人と協働システムとのありようを，日本の固有の文化の面から論ずることである。課題は多い。アメリカ的グローバリズムはいかに批判されるのか。日本の固有の経営はいかにして可能か。それはまた，閉じた共同体から開かれた協働システムとしての固有文化とは何か，という問いとしても問われよう。

　これらの問いは，まさに経営哲学的な問いである。なぜなら，それは科学であるよりは規範であり，客観的理論であるよりは主体的価値の次元に関与しているからである。それは究極の価値への思索なくしては語りえない，という意味で哲学的たらざるを得ないのである。

6．結　び

　経営哲学は，なによりもまず「経営」ということを徹底的に探求することでなければならない。

　そうして経営学に対する方法について論じ，経営学の使命とあり方について論じなければならない。経営学はこれでよいのか，と絶えず問わなければならないが，その問いの場を与えるのも経営哲学の役割である。そして経営学のあるべき姿を示さなければならない。経営学は意識的主体の学である。

実践を含み，かつ目指さなければならない。経営学のあるべき姿はすなわち経営そのもののあるべき姿を映し出す。それを論じ，示すことこそ経営哲学の使命であり，責任である。

経営哲学は現代文明の哲学である。それは企業によって開かれた20世紀文明の徹底的解読と批判を引き受け，現代文明の光と影を明らかにし，それを通してよりよく組織が成立し，存続し，発展し，よりよく調和する経営実践を通して文明の発展に向かうような経営者の哲学が探求されなければならない。

徹底した知の営みとは本来，真理を追究し，真理の方向において生きるという実践でなければならない。また，真理は究極において善と美に一致するということでもある[15]。その究極の一致点から見たときに，知の営みと実践のそれぞれの瞬間にはそれ自体の意味がある。しかし，有限なる人間にはその真の意味に届くことができない。現実に理解される意味とあるいは価値とは常に相対的なものとしてわれわれに与えられるに過ぎない。それでもなお，われわれはそこにとどまるのではなく，真理と善と美を求めて，それぞれの哲学的営為としての意味の探求をなすのである。

経営は人間の意識的営みである。それは人間のためになされ，人間の社会の調和と，それをとりまく自然との調和において発展するものでなければならない。それゆえ経営哲学は，その意義を(1)人間のための経営の探求(2)社会との調和ある発展のための経営の探求(3)自然との調和ある発展のための経営の探求において求めなければならないのである。

この論文は当初の意図を超えるものとなってしまった。経営哲学は現代の哲学であり，文明の哲学であり，ひいては未来の哲学である，と語ることになったからである。その想いは依然として変わらない。絶対なるものにはわれわれは到達できない。そうであるとしても，それを受け入れつつ先へと進むべくわれわれは哲学するのである。それをわたしは「根元的相対主義 radical relativism」と名づけている。

経営哲学こそ，そしてそこに成立してくる組織倫理学こそ，現代と未来の哲学である，その思いは依然として変わらず続くであろう，と記して筆を擱

く。

注
1) このことは三谷隆正に負う。三谷隆正（1992）『幸福論』岩波文庫，111頁。
2) これは数学者岡 潔の言葉を模している。岡 潔は数学は闇を照らす光だと言っているのである。白昼にはいらないが闇夜には必要だ，と（帯金充利（2003）『天上の歌――岡潔の生涯』新泉社，142頁。）。
3) これらのことについては村田晴夫（2000）「意味の文明論的階層性と現代文明」『武蔵大学論集』第48巻第2号，を見よ。
4) Whitehead, A. N. (1967) *Adventures of Ideas*, (1933). The Free Press, Chap. 18, VI, p.271.（山本誠作・菱木政晴訳『観念の冒険』松籟社，1982年，373頁。）
5) 村田晴夫「文明と経営(1)」（1997）『桃山学院大学総合研究所紀要』第23巻第2号。
6) これに関連する研究は最近の三戸 公（2000）『科学的管理の未来――マルクス，ウェーバーを超えて』未来社，および三戸 公（2002）『管理とは何か――テイラー，フォレット，バーナード，ドラッカーを超えて』文眞堂，等の諸論文を見よ。
7) 村田晴夫「意味の文明論的階層性と現代文明」前掲。
8) これらの諸問題についてはこれまでにも論じてきた。例えば村田晴夫（1995）「バーナード理論と有機体の論理」経営学史学会編『経営学の巨人』文眞堂，を見よ。
9) 飯野春樹（1992）『バーナード組織論研究』文眞堂，また村田晴夫「バーナード理論と有機体の論理」前掲。
10) 三戸 公（1977）『人間の学としての経営学』産業能率短大出版部。
11) 村田晴夫（1988）「ウィリアム・ジェイムスからバーナードへ」飯野春樹編『人間協働』文眞堂，所収。
12) 村山元英も同様の視点に立っている。経営哲学学会第19回全国大会シンポジウム（本書収載）を見よ。
13) 村田晴夫（1984）『管理の哲学』文眞堂。
14) 山本安次郎『増補経営学要論』（1964）（1976増補）ミネルヴァ書房，および山本安次郎（1982）「経営存在論」山本安次郎・加藤勝康編著『経営学原論』文眞堂，所収，等。
15) 村田晴夫（2000）「組織における美と倫理」『組織科学』Vol.33, No.3。

2 新世紀の経営哲学をもとめて

厚 東 偉 介

はじめに

新たな経営哲学を模索するには，既存の社会システムとその価値を明確化しなければ，新たな出発はできない。既存の社会システムと価値を照射し，経営哲学の展望を求めたい。

1．経営哲学の基本課題

経営哲学とは，経営システムとその機能，これを支え機能させる基本的な価値，その存在それ自体を解明し，機能と価値の相互依存関係・対立関係＝トレードオフの関係の全体を扱う。現代社会はいくつかの基本的な社会システムによって支えられ，機能している。価値と機能間で相互依存関係・対立関係もあり，複雑な様相を呈している。ここではビジネス・システムを中心にして議論を進める。

2．近代社会の成立——そのシステムと価値——

18世紀後半の産業革命以降，近代企業が西欧に出現する。近代企業は当時の西欧社会の価値に支えられ，機能させられていた。世界全体で見れば，限られた地域と時間の『西欧近代社会』は，その歴史が宗教改革・市民革命・産業革命と描かれるように，『機能分化・機能限定』を意味していた。機能分化・限定は機能にかかわる価値を単純に追求できるシステムを作り出した。経済機能に特化した企業は市場競争と自己利益の追求を通じ経済価値を

増大させると考えられた。経済機能と政治・法機能は分化し，相互に独自の領域と想定される。政治が経済にかかわるのは『課税の決定』だけであり，政府の経済領域への許認可権は無く，政治は経済領域に介入すべきでなく，統治者と経済が結び付くことは汚職・賄賂を意味するとみなされた。政治は文化宗教領域と分化し，教育は政治の手段でなく，教育は文化価値を維持・推進する営為と考えられる。こうすることで社会全体における自由・公正・公平・博愛・平等の近代社会の基本価値が確保・実現されると想定された。

　19世紀末まで政治・法・経済・文化・社会の機能・領域が分化し，独自のシステムを各領域の中で生み出し『進化』させた。19世紀末までの『社会進歩』は，限定された機能・価値内でのシステムの純化と考えられた。例えば『科学』はいっそう客観的な手続き・方法が強く求められ，この手続き・方法にしたがい成果を上げ，哲学から分化した。科学全体から分化した『社会科学』も17－18世紀までは社会全体の総合的学問であり，社会哲学としての性格を有していた。1776年のA.スミスの『国富論』は，社会哲学の背景を持ちつつ，経済学を独立させた。A.スミスは『道徳情操論』を死に至るまで改訂し続けたが，時代の方向は彼を『経済学の父祖』にした。A.スミスの夜警国家観と市場の自由，個人の経済価値の極大追求が全体の利益を生み，社会進歩をもたらすとする思想・理論体系はこの時代の社会哲学を良く表している。

　近代西欧社会の価値にしたがい，神学から自然法を中核として社会哲学が分化した。その思想が近代西欧の機能分化を促し，その機能に限定して稼働させる構造や社会システムを形成させた。これにしたがい，法学・政治学・経済学・社会学などの社会科学の諸領域が分化し，形成・展開された。科学・芸術文化，経済も『進歩』したのであった。

3．20世紀中葉までの経営哲学

　『経営学』は20世紀に端緒が開かれた。20世紀中葉まで近代西欧の『機能分化』にしたがい，ビジネスが研究対象であった。ドイツ経営学において『経営経済学』成立の方法論争が大きなテーマであったことはこのことを示

している。現代でもアメリカのビジネス・スクールでは，底流において18世紀以来の機能分化を固く守り，経済成果に結びつけマネジメントを説明する。21世紀もこの基本的思想は極めて根強い。しかし『マネジメント』は分化した機能を統合する役割であり，全体性・総合性・統合性を強調する。『経済性・収益性』と異なる『効率＝能率・生産性』の社会価値が見出され，強く求められた。

4．20世紀後半の新しい動きと経営哲学

(1) 多機能の複合体・統合体としてのビジネス・システム　20世紀後半になり，社会におけるビジネスの比重の大きさに気づき，ビジネスを経済機能に限定することに異議が唱えられた。『ビジネスの社会的責任』の議論がそれである。『機能の複合性・統合性』へ基本的思想が転換した。経営学において，伝統的な価値にしたがっていることに無意識な多くの人々は，21世紀の今でも『企業』は『経済機能の遂行体』と理解し，ビジネスの社会的責任は経済活動の派生機能に過ぎないと理解する。『社会の機能分化』の西欧価値を意識する人々は，『機能の複合性・統合性』は中世の荘園に戻るという理由で反対した。しかし，ビジネスに経済機能以外の社会的諸機能が複合的に存在し，これを総合的に把握することの重要性が認識されるようになった。本来ビジネスとはこのような性格を持つ。

P．ドラッカーは『新しい社会と新しい経営』"New Society"で，企業は多元的制度体であることを明らかにした。『組織の時代』が到来した。社会の截然とした機能分化に対応して成立した学問領域も20世紀後半には『組織の政治過程』『組織文化』など，19世紀には想定できない分野も出現した。組織が一つの小社会とみなされるようになった。組織を小社会と見るなら，企業組織の目標は多元的になる。P．ドラッカーは，『現代の経営』"The Practice of Manegement"で，企業が8つの目標領域を持ち，これを同時に達成することの必要性を1954年に的確に指摘していた。『機能限定』の呪縛から逃れ出た。

(2) 組織体の経営学　20世紀後半に経営学の対象はビジネス以外の組織

体へ広がった。これは，社会の政治・経済・文化・社会などの諸機能が分化し，そのための組織体が存在し，その機能に限定された原理で運営されるという近代西欧の伝統を崩す大きな変化を意味している。企業で非経済的動機を持ち出せば，『偽善』とみなされ，福祉団体で経済的面を議論すれば，腐敗と非難されるのは，近代西欧の『機能分化』の伝統に沿うものである。

(3) 機能・価値の相互依存・対立関係　機能分化は各機能領域を『進化』させ，社会的自由をもたらした。その限りでは各機能と価値は相互依存関係にある。しかし機能間での対立関係・トレードオフが『進歩』とともに目立つようになった。近代西欧社会への転換期に希求された自由・公平・公正・博愛・平等の社会価値の実現から遠のいたのであった。経済社会領域で異議を唱えたのは，K. マルクスであった。彼は中世の全体性へと後戻りさせず，社会主義・共産主義という新しいタイプの社会モデルを提唱し，社会における全体性・総合性の復権を試みた。これ以外に，サンディカリズムやコーポラティズムが提起され，社会システムとして機能統合が主張され試みられた。資本主義内の独占禁止法や労働法などは，機能分化に対しての異議であった。

19世紀末までに科学・西欧文明のあり方に大きな疑問が出された。F. W. ニーチェは20世紀初頭に近代西欧文明の閉塞性を明らかにし，その開放を企てた。M. ウエバーは19世紀までの西欧価値に基づき専門人の問題を指摘し，『心ある専門人』を希った。機能・価値の分化が社会への対立関係を典型的に示したのは第一次・第二次『世界大戦』であった。この名称で『世界』が『西欧』に局限されることは，近代西欧のパラダイムの限界をみごとに示唆する。第一次大戦直後に，O. シュペングラーは『西洋の没落』で，近代西欧の価値・哲学を総括した。第二次大戦は科学・文明のあり方に疑問を提した。これと異なる社会が求められた。西欧以外の社会のモデルを探ることもこの時期を境にいっそう積極的になった。伝統派・批判派でその展開に差異はあっても，西欧社会をパラダイムにしているので，西欧以外の社会モデルの理論が『近代西欧社会の価値・哲学』を相対化して把握することは，社会科学が近代西欧から生まれたことにより，方法的にもきわめて難しい。社会全体の経済・社会生活の水準を下げることもできないとの制約も課せられ

る。

　科学から分化した社会科学は初期は総合的であったが，各領域に分化し，方法が純化されると，『科学的方法』として正確になるが，そこから生み出される理論体系は社会総体から遊離し，社会的意義が薄れる。理論としての成功と社会的意義が乖離する。方法の厳密化，理論の精緻化はこの様相を呈す。経営学もこの様相を呈し始めている。

　(4)　新産業革命・行動動機の変化　　IT（情報技術）は第三次産業革命を生み出すと言われる。『新産業革命』であれば，社会システムとその価値の基本的な変革が明確化されなければならない。『資本・モノ』から『知識』へと生産手段が変化する。『情報・知識』の効果的創造の基本的動機は，孤立・競争ではなく，好奇心・冒険心である。科学の進歩は知識の共有＝相互信頼のもとでの知識の自由な交換，相互啓発によりもたらされる。知識社会の基本的動機と価値は，個の競争から，共同・信頼・自己実現へと変化する。この方向で研究成果も蓄積されてきた。21世紀の準備も整いつつある。

　(5)　循環型社会システム　　20世紀後半に見出された最大の価値は『地球環境の有限性・生態系』『生命・社会の安全価値』である。生態系を経済・ビジネスシステムに組み込む方法を形成しなければならない。新しい問題には新しい思想に基づく新しい解決方法が必要である。機能の複合性・統合性を持つビジネス・社会システムを構築すべきである。新しい科学観で，科学全体が知識を共有してこの課題を解決すべきだ。機能限定は有害だ。

　農業・製造・流通・サービスの全産業の現場で，設計・生産・流通・使用・廃棄のすべての過程で，生態系・地球環境と共存可能なビジネス・システム＝循環型社会へと作り変えるには，この価値を体現するビジネス・モデルの探究・開発・普及という社会・文化システムの支援が不可欠である。政治・法システムの誘導も必要であろう。ビジネス・スクールもこれに向けて変革されるべきである。循環型社会の構築は，命令や指令でなく，各現場で働く人々が，知識を基礎に自発的に協働して取り組まねば実現できない。この点で格差と競争力のための知識ではなく『本来の意味における知識社会』の実現が強く望まれる。

　(6)　アジアの時代と個人・社会の多元性，実践をめぐって　　21世紀は再

び『アジア』が一つの大きな中心になる。東アジアの地域は人口も多く，人口密度も極めて高い。20世紀前半までのアメリカで典型的に機能した『大量生産・大量消費・大量廃棄』型の社会システムから『循環型社会』へ変革するには，この地域に政治的安定が継続するとともに，ビジネスを多元的機能の統合体として認識する経営哲学とその理論体系の構築，そしてこれを機能させる経営システムが急速に形成されなければならない。

東アジア・東南アジア諸国で，企業が経営実践をする時，欧米モデルの模倣でなく，自らの中から新しいシステムを作り出すことが肝要である。新たな社会システムを創出する時，その社会の基層にある価値や伝統が変形されて入り込むからだ。欧米と異なるビジネスシステムが生まれ機能し，個人と社会の多元性が実現する。『追いつけ』でなく，最新の課題，循環型システムの構築に邁進する中から，新しい経営哲学が形成されるだろう。経営実践は身体知・暗黙知に基づくので，これを理解可能な体系にするには難しい。

新経営哲学の形成・確立は，困難極まりない。第一に経済やビジネスシステムが，近代西欧から生まれ発展したので，このモデルから離れるには，大変な想像力・創造性が必要なのだ。西欧の中世から近代にかけ神学から社会哲学へと基本思想を変革した哲学者たちが，同じ『西欧』の中で『中世から近代』への変革に何世紀もかけて苦闘し，近代西欧社会を生み出したのだ。『社会と置かれた状況』が異なるので，彼ら以上に大きな想像力と創造性が強く求められる。第二に，欧米社会が中心になり経済領域の法律，例えば金融制度，会計諸法，会社法，その他多くの諸制度や法などをふくめ，世界経済の枠組みが作り出されている。ISOの幹事国も，アジア諸国は限られている。欧米社会の中で日本の発言力は少ない。日本の特異性を強調する日本人自身が確かに問題だ。文化的には『多勢に無勢』だ。中国・日本・韓国などの東アジア諸国，東南アジア諸国までをふくめ，欧米タイプと異なり，さらに優位性をもつ経済・ビジネスシステムの枠組みを作り出す必要がある。これらの諸国がこれをどの程度意識しているかが問題だ。米，東アジアに対峙しEUがまとまりつつある。第三に，これを実現するには，近代欧米社会を相対化し，アジア諸国をふくむ全体的な理論体系を構築するという，まったく気の遠くなる道程を歩まなければならない。日本社会の特異性を浮き彫り

にし，これに呼応する「日本的経営論」では，近代欧米社会の相対化はできない。日本が『浮き上がる』だけだ。同一のシェーマの中に位置づけることが必要だ。理論化するとはこういうことなのだ。近代欧米社会は4〜500年かけて準備され発展してきた。アジア諸国の中で日本が早目に経済発展したが，わずか100年を超える程度である。第四に，欧米以外の社会システムを，東アジア・東南アジア・インド・イスラム・中南米などの文化圏に分け，社会の価値やシステムの基層を解明しなければ，欧米を相対化できない。西欧を基軸にして欧米以外を「オリエント＝東洋」「アジア」とまとめてはならない。新たな経営哲学に基づく経営システムは多元的機能の統合体なので，人間が本来もつ多元性が有効に機能し，遥かに自由なものになるだろう。

3 経営哲学の構築

日 置 弘一郎

1. 哲学と思想

　本論文では，哲学と思想を峻別する立場を採用する。思想とは，社会や思考の様式などに関して，かくあるべしとする主張を意味する。これに対して，哲学とは，思考そのものの研究であり，よい思考を生み出すための学問である。あるべき状況を主張する思想は，必ずしも学問であることを必要としないし，イデオロギー的背景はしばしば合理的根拠を欠落している。それでも思想であり，主張することによって成立する。哲学は，その本来の愛知（フィロソフィア）という用語に見られるように，「よい思考」をもたらすものとして設定されており，論理的背景によって，「よい思考」を生み出そうとする。

　ところが，思想と哲学の混同が行われるのは，哲学は常に思想の形をとってしか語ることができないためである。どのように考えるべきかという研究は，思考とはかくあるべしという主張としてしか語ることができない（永井 1997）。このために，哲学と思想とは区分されることに形式的には意味がないともいえる。

　このような哲学と思想の違いを強調するのは，経営思想と経営哲学を区分することを主張したいためである。これまで経営思想と経営哲学の区分はほとんどなされず，経営哲学の名前で論じられてきたのは主として経営思想であった。哲学と思想を区分しないという立場も当然可能であり，これまでの経営哲学学会の主流からは，むしろ峻別しないことが既存の学会の流れを連続させるといってよい。それをあえて峻別する立場をとるのは，経営哲学の新たな領域として，企業経営がかくあるべきとする経営思想ではなく，企業

経営の中で「よい思考」を考えるという問題を研究すべきであると主張したいためである。

2．思考と決定

　経営学そのものが，経営の中で「よい思考」を追求しているといえなくもない。とすると，そのことをあえて経営哲学という必要はないといわれるかもしれない。しかし，経営の中で，求められているのは，「よい思考」ではなく，「よい決定」である。

　明らかに，「よい決定」の背後に「よい思考」を持たないケースがありうる。実務家の経験が「よい決定」を生み出す可能性はあるし，多くのケースでは合理的な思考によらずに決定が行われ，その中には成功に導くものがあることも間違いない。

　この意味では，たまたま「よい決定」に至ったとしても，結果が良好であれば，それは受容されるということになる。現在の経営学は，必ずしも「よい思考」の追及を行うというよりも，「よい決定」の調達が優先されているという印象を与えているといってよい。しかし，どのような方策によれば「よい決定」が得られるかという点は不明である。多くの議論がなされ，さまざまな提案がなされているが，決定的な方策があるわけではない。

　さまざまな様式の決定が可能であり，例えば，易占といったような手段を借りる場合も決定の一様式であり，それが「よい決定」を導くものであれば，否定される必要はない。さらに易占よりもはるかに安直な決定の様式もあり，合理性を著しく欠落していても「よい決定」さえ調達できれば，問題にはならない。

　よりよい思考を求める学問的研究としての経営哲学は，必ずしも経営学とは同一にはならない。それは，経営学が，さまざまな手段で，「よい決定」につながる研究を行おうとするのに対して，経営哲学は，「よい思考」によって，「よい決定」を導こうとする立場であるといえる。「よい思考」は「よい決定」の必要条件ではないが，蓋然的に「よい決定」につながるといってもよい。思考の水準を上げることで，決定の質を高めるということは

決して不可能ではないし，むしろ，「よい決定」に至る王道であるといってもよい。

　この点では，知識経営についても同様のことがいえるかもしれない。暗黙知が形式知に変換されても，決して，知の創造がなされたわけではない。知の形式が変わったことで知が増幅されるわけではない。むしろ，形式知に変換されることで，論理操作が可能な形式に転換されそのことが知の増幅を生み出すと考えてよい。その意味では，「よい思考」をもたらすための条件整備が行われたと考えることができる。

　つまり，ここで研究されなければならないのは，近代の形式論理学でいわれる形の因果連鎖をそのまま追求することではなく，さまざまな形式の知を展開し，「よい思考」がどのようなものか，どのようにして可能であるのかを考えるという学問である。

3．経営哲学の課題

　それでは，経営哲学の問題としてはどのようなものがあるだろうか。まず，それは「よい思考」と「よい決定」の関係が挙げられる。少なくとも，「よい決定」が得られる思考が「よい思考」というわけではない。このため，「よい思考」がどの程度の有効性を保証するのかという点は，思考の形態や決定に至るまでの論理の様式によって変化する。それを追求することは非常に困難で，現実は非常に複雑であり，どのような論理を採用して，それを切り分けるかという問題はかなり難しい。問題状況に応じて，論理を切り替えることが必要になると思われるが，現実は「論理的に可能な世界の一つ」（K. R. ポパー1963）であるとしても，どのような論理が現実を動かしているのかについては不明である。その意味では，形式論理以外の論理の形式をどのように使いこなすかということが経験科学と連動することによって追求できるという学問的にはきわめて大きな挑戦となる。

　けれども，可能な論理の形式を比較し，問題状況に応じた論理を調達するという枠組みは可能であるように思える。この領域に関しては，哲学の概念をそのまま導入するということでは解決しないように思える。哲学と社会科

学の双方の中間領域と考えることができる。この領域をどのように制御にまでつながるように理論化できるかが問題になるだろう。さらに，このような理論的関心が複雑な問題に対処するための枠組みを提示するという可能性を開くものとしての展開を見せる可能性もある。思考そのものを問いかけるという哲学の立場を企業経営の実践的な場面において行うという試みは，これまで行われた経営学のさまざまな試みに対して，新たな視点を提出することになるといってよい。

　筆者はかつて，複雑系を制御する体験を重視すべきではないかという問いかけを行った（日置1988）が，複雑系を理解する上では，経験則という形で提出された体験の傾向法則を理解するための学問の側の枠組みの欠如が問題であるという主張を行っている。現実を理解するための論理の形式は，これからも追求されなければならない課題であり，隠された変数を追求するという以上に，既存の変数をどのような論理で展開していくかという枠組みそのものを問題とすべきだろう。その意味では，現在ではほとんど問題とされない弁証法論理などを取り上げることが必要であるかもしれない。

　筆者の理解では，弁証法は行為主体に即した論理である。行為者が何らかの行為を遂行しようとするとき，その行為主体の論理空間と行為客体の論理空間の相互作用が生じる。その相互作用の結果として，主体と客体のそれぞれの論理空間が融合して，双方を含む新たな論理空間が構成される。数学でいう「畳み込み」である。このために，排中律が以前の論理空間と事後的な論理空間では成立しない。弁証法論理をどのように使うかという点も，行為の論理としての経営学では大きな可能性を持っているといってよい。現在の社会科学が弁証法論理をほとんど捨ててしまっていることは大きな課題であるといってよい。

　論理を多様化して，どのような論理の体系を用いるかという使い分けが必要となる。これまで現実に経営の中で用いられていた論理の枠組みを抽出して，それを定式化するという作業が必要である。安易に形式論理にのみ頼って，科学の枠組みをなぞるだけであった状況から，現実に切り込むための，実務家の論理の構造を探るという方向での研究が必要であることは明らかである。

4．集合的主体

　認識の場合と同様に，行為主体としても集合的行為主体と個別の主体の区分が問題とされる。もちろん，この問題は，全体とこの分離として経営学の主題としてしばしば取り上げられているし，バーナードによる組織人格と個人人格という区分としても説明されている。しかし，主体の構造について，現在の理論的枠組みとして考えるならば，その時点での理論の状況に応じて再検討されるべき問題でもある。

　集合的行為主体としての企業経営は，個人が自己の人格を失って集合的に主体となっていると考えるよりも，システム論の言葉で言う「強連結」の状態にあり，全体を単独主体と考えてもよい状態の連結度を示していると考えるべきである。説明のために単独主体と見なすことができるとしても，その中で個人は主体としての性格を失うわけではない。

　このような強連結の社会システムを，Colemanの用語を用いて，コーポレート・アクターと呼ぶことができる。コーポレート・アクターは，法的には法的人格として単独主体として認められることが可能であるが，その実際の行為における主体性について，主体へ参加する個人に対して強制力を持っているケースでは主体を失わせることが可能である。しかし，その強制力の根拠は，物理的強制力のように相当に強烈なものから，説得による合意程度のものまで多様であり，それに応じて，多様な水準の連結が可能である。

　行為主体としての単一性と連続性がどのようにして調達されるかという問題も，社会科学としての扱いだけでは不十分であるように思える。集合的思考がコーポレート・アクターの中で行われ，それが記憶され，保持されていくプロセスを考える上では，哲学の知見を動員することが必要になる。記憶され，保持されることについては，組織学習という理論領域が存在するが，コーポレート・アクターを擬人化して学習をしているとする説明からどれだけ踏み込んで，個別の個人の学習とコーポレート・アクターの学習を区分できるかという点でまだ十分な説明は与えていないように思える。

5. まとめ

　哲学を「よい思考」のための方法を考えるという学問領域として設定することによって，これまで問題そのものの所在に気づかなかった領域があらわれることは明らかである。経営思想の研究ももちろん連動しながら行われていく必要があるが，経営哲学という領域を設定することによって，社会科学と哲学，さらには認知科学も巻き込んだ中間領域が設定できる。上記にあげた以外の問題領域も考えられ，意識的に経営の中での思考の方法をとらえていくという努力がなされなければならない。

参考文献
Coleman J. S. (1963) "Corporate Actor".
日置弘一郎 (1988)「経験則の復権」大阪大学経済学，38巻1・2号。
永井　均 (1997)『ルサンチマンの哲学』河出書房新社。
Popper K. R. (1971)『科学的発見の論理』(大内義一・森　博訳) 恒星社厚生閣。

4　経営哲学の旅路―歩く学問：東西南北

村　山　元　英

本 文 要 約

　「経営哲学とは何か」の思いを，旅の情念として，地球を歩きながら経営哲学を直観で考えた。歴史的世界内在の身体を測定のモノサシとする手法が，経営哲学研究を冒険する。欧米型の科学文明論や客観主義の幻想からの脱却を求め，主観主義にも，直観の科学がある。"直観的経営哲学の原風景"を，偶然の研究機会の流れの中の必然に求めた。

　経営哲学を直観する旅路を，これから紹介する5つの道に絞った。その道とは，①「イタリアのルネッサンス都市」，②「日本歌舞伎の伝統芸能」，③「エストニアのタウンホールの芸術広場」，④「チリ・マレーシアの情報技術革命」，⑤「中国黄河の断流・沙漠化」の5街道である。5街道の旅路選択は，経営哲学を求める1研究者の研究リズムが産み出した1過程である。そこに直観した，経営哲学とは，哲学的寓意であり，哲学の元形（面影）である。

　5街道の旅路からの共通発見は，"経営の中の人間"を掘り下げる思考の探索であった。経営哲学は，異なる時と多様な場に生きている「人の形」と「人の動き」に寓意されている。経営哲学の誕生には，生命起源を直観させる場の生態史がある。経営哲学は，総てのシステムに共通に内在する変わらない構造的かつ起源的資質である。それは，超境界的な自然主義思想，死生観，破壊的創造，宗教的自覚，自己経営の唯脳論（脳が世界を知る），そして身体的経営の一元論である。

　何の為の経営哲学の研究なのだろうか。経営哲学の研究展開が，経営人類学の研究と共時化するのも事実である。その理由は，現象から構造を起源回

帰的に解釈するからである。だが，現代の経営哲学と経営人類学は，市場原理と競争原理に正当性を見出す物質文明の科学技術論と整合するだろうか。現代の会社文明の科学技術の見直しを，経営人類学的視点に立った「未来の経営哲学の視点」から試みる冒険も今求められている。

　科学を見直す哲学の冒険は，経営哲学が果たして存在していたのだろうか，と逆に問われる現場や実践の声となる。その一方で，現場の科学技術を産みだした科学文明論を鵜呑みにしてよいものだろうか。その疑問が，科学技術の基層理論へ挑戦する経営哲学を再生させる。ここに，地球再建設型の経営哲学が誕生する機会となり，経営哲学が，既存の会社文明を超えた，未来の経営文明論の顔を持つようになる。

　経営哲学の研究方向は，やがて，現代の科学技術論を適正にマネジメントする経営文明論の基層構造と基軸理論を新しく拓き始める。そして，企業経営が，経営文明的な自己経営と同意義の身体的な地球的経営となる。自他融合の楽観主義の経営哲学は，変わらない地球の真理や宇宙の生命起源を自己内包する，身体的な経営行動そのものであった。

1．序論―経営哲学の原風景を求め

　西洋の哲学者デカルトは，旅をし，その感覚で哲学をつくった。小野の朝臣は，枝に跳びつく蛙の失敗を見て，学びの道を悟り得て，筆道を成就した。松尾芭蕉も，「岩に浸み入る蝉の声」を聞き，深き禅味に浸りつつ，俳句の祖となる。書道や俳句道にしろ，そこに秘められた日本の制作哲学（哲学の創造）には，天然の無常観が深層に流れて，生と死の光と影とを，無限縁の渦中に一体化する。

　最初に定義的命題を掲げておくとしよう。生物連鎖の人間の身体が，宇宙的表象であり，地球と，生命の経営存在を，具象する。経営とは，自己内在のリズムと生きること。自己経営とは，自他受容の行為的直観（内的交響）で，身体的経営一元論に，動物的精気を価値内包する，宗教的自覚である。現象的認識を身体的実在に組み換えて，経営哲学を科学する。

　自己経営＝組織経営＝身体的経営の仮説を，経営哲学の探索過程で打ち立

ておくとする。そして次に，【身体的経営一元論の基礎概念】(『経営学原理』・『経営管理総論』それぞれ拙著文眞堂版に詳説)を，経営哲学の旅路5街道での，経営哲学的現象を整理する今後の分析的な概念用具として以下のように示しておく。

基礎概念1．一元的経営主体（主・客内的交響の論理）
基礎概念2．多極的一元化（所有流動化と経営生態論）
基礎概念3．共棲構造の経営哲学（協働体系）
基礎概念4．共創の経営哲学（螺旋型の促進機能と制御機能）
基礎概念5．回転軸の経営哲学（時場の有効性）
基礎概念6．環境の身体論（環境は人間の身体）
基礎概念7．マトリックス協働体（人・仕事・組織の組み合せ）
基礎概念8．マトリックス環境体（内部化・外部化の組み合せ）

身体的経営一元論を，構造的に体系化すると，次の6つのシステムがある。①「自己と非自己の関係」，②「時と場の関係」，③「促進と制御の関係」，④「職能体系」，⑤「文明体系」，⑥「環境体系」（前掲書参照）

読者には，以上の用語をここでは，直感的に読み取っていただければ，これから紹介する経営哲学の旅路発見を充分理解できる。

2．旅路検証1．【芸術が，経営哲学の原風景】："イタリア・ルネッサンス経営学発見"—「芸術＝科学＝哲学」の首尾一貫性の経営

職人が，芸術家になる。その革新の契機は，科学（数学，計量）の導入である。ルネッサンスの巨匠たちは，数学を科学とし，具体的には遠近法を用いた。宗教画の平面的視座から脱し，立体的な視点で対象の中に自己発見の科学を試みた。

芸術の主体は，対象の中に自己革新を写しだす"鏡"機能と出会う。その"鏡"とは，純粋直観と純粋理性であり，自己と非自己とのパラドクシカルな経営構造を映し出す。芸術と経営の本質は，自己と対象の間に，科学を介在させ，その科学を手段から哲学に組み換える，技能の熟練を修業的に求め

る。その過程には，自己否定の無から有への創造の瞬間が誕生する。芸術の道と同様に経営の道を究める心身的変化の極限の時と場に，直観と科学が融合する。

　ネオ・ルネッサンス派のモネーは，30数年以上も，人工の日本庭園の"蓮の花"を描きながら，晩年の絵は，池の水面に映る"雲の動き"を描き，自己の中の宇宙を表現しようと試みていた。「地の"蓮"」が「天の"雲"」に天然無常の相転位を果たし，「人の自己経営の哲学」となる。彼の「天地人の身体的一体性の自己経営観」は，否定と肯定の経営心理の揺れる動きと形を，描き残す。

　芸術も創造だ，経営も創造である。その創造の起源は，個人が自己内在の自然と神とを設計できる能力である。西洋人モネーは日本庭園を人工的に設計し，日本の自然と西洋の神を残した。日本の会社組織は，世界の製品技術を設計し，西洋文明を残し，日本の神々を外遊させている。

3．旅路検証2．【芸能が，経営哲学の原風景】："日本の歌舞伎の役者論語（悪者哲学）—「非条理の条理」（超合理性）

　経営の実像と虚像がある。哲学も然り。だが，虚像に徹すると，実像と虚像も，元始まりの生命起源は同じである。歌舞伎は，嘘と真実とを相互交流させ，カオス（混沌）が内なるコスモス（美しい秩序）の世界観をメッセージ化する。

　「主役」と「悪役」と「脇役」の，三位一体の経営哲学が，「所作」に盛り立てられ，観衆と「見る／見られる関係」で和する。善悪二元論の芝居に，悪役が，主役を立て，主役が，悪役を立てる。結果的には，対象の客受けの善悪二元的一元論。善悪相互立て合いの感動が，非条理の条理，条理の非条理を，役者の身体的経営で表現する。対立矛盾の自己同一過程の自己経営を歌舞伎に見る。

　世界に類のない「歌舞伎の花道」も，主体と客体とを身体的に一体化する，もう一つの科学である。市場と会社が，一体化する時と場の有効性が，

花道の場面である。会社の個人と組織が，危機管理意識で一体化するのも花道機能である。だが，調和を創造する花道への眞の理解を欠くと，経営者の引退の花道を，虚飾の見栄で飾ろうとし，時と場の生命再生の機会を失う。主役が悪役の機能に恵まれないときは，自らが死を賭して悪役に突然変異するものだ。日本の近世を拓いた信長のように。

4．旅路検証3．【拘束が，経営哲学の原風景】："旧共産圏のエストニアの起源直観画"—「生命誕生の道，破壊的創造の動きと形の，純粋直観／純粋理性」

　旧ソ連領の拘束から解放され，自由に生きられる感動が，言葉に表されないとき，それに代わる，自己表現が，何だろうか。自己の哲学を言葉で尽くせなければ，他の表現方法で，暗黙知の哲学を形にする。そこには，知の創造と知の伝達が，内外に同時化している。エストニアの街角で，生き続けてきた大衆のエネルギーを発散する一人の個展画家の絵が，私の心を捉えた。その絵を，「生命誕生の道」と彼は名づけていた。地球誕生のビッグ・バンを，伝える命の勢いがこの絵に具象化されていた。

　ビッグ・バンには，破壊が創造となり，創造が破壊となる。その死生観には，太陽の明暗がある。画家の純粋感性が，生命誕生の瞬間を純粋直観し，その純粋直観を媒介に，純粋理性を掘り起こし，太陽の魂に自己投射し自己の生命起源を自己確信する。経営哲学に，生命起源に回帰する，破壊的創造がある。

　経営者は，破壊と創造を映し出す自己の鏡を磨いている。改善や自前主義もその鏡効果に過ぎない。その鏡の共有と磨き作業の継続は，エストニアと同じ不幸から幸福を知る危機意識への信仰である。

5．旅路検証4．【後発が，経営哲学の原風景】："東南アジア・マレーシア／南米チリの情報科学文明論"―「政治経営学の思想」

　工業近代化の遅れた国にとっての，「国づくりの経営哲学」を考える。後発が，先発に対する優位は，大胆に先端的な情報科学文明を活用できることである。マレーシアの「マルチメデイア・スーパー・コリドアー」（先端的電脳都市と遷都構想の実現）や，チリの国ぐるみの教育IT化が，その事例である。情報科学文明が，情報処理技能を超えて，情報共有の組織効果で政治の民主化を底上げし，経営民営化のグローバリゼーションで，国家の構造改革を自己身体化する。
　ここに，政治哲学と企業哲学との境目を取り除く方向での，政治経営学が，内発的発展（土着型近代化）の論理に立脚して，無意識に誕生している。後発地域だからこそ，先進地域で実験できない情報科学文明の新モデルの苗床実験ができる。その時場では，地球再建設のために，現代の科学文明を再構築する，経営文明のあり方も問われてくる。言い換えると，地球文明再建設への経営哲学が，先端的な科学文明論の基軸理論に，価値内包されなくてはならない。
　後位出発の経営とその哲学が，内外の資源の活用と探索をその戦略的基礎とする。だが，哲学はリーダーの行動そのものである。行動→決断→戦略→政策→目的（文化，価値形成，勝ち残り）への逆目の速さで経営哲学の実在を知る。

6．旅路検証5．【自然が，経営哲学の原風景】："黄河流域の沙漠化と断流問題"―「根茎哲学（リゾーム哲学）の勧め」

　経営哲学は，根源の思想（根っこの論理）である。中国の黄河の環境問題の継続研究で学んだことは，表層構造が，深層構造と切れていて，破壊が歴

史の必然となっている。中国では深層の水と表層の土との関係が，太陽から乖離した。古代からの森林伐採や都市開発，ダム建設，工業化と市場競争，そして，農地拡大が，黄河を枯渇させ，黄河流域を沙漠化している。中国の環境破壊からの教訓は，自然思想の欠如の恐ろしさである。自然が，成長の根でありながら，その根茎を忘却する開発の歴史が，儒教・仏教の祖霊崇拝の反作用の位置にある。

「見えない根茎が，もう一つの先祖である」，とする日本の自然主義は，循環的生態観の経営哲学を，土着的に産みだす。沙漠の無い日本から，沙漠化の中国を見ると，攻めてくるホンモノの自然の厳しさに向けて，守りに頼りになる地縁・血縁の組織哲学が，自律対抗の哲学となる。闘争への自然支配観と技術文明観が，中国の経営哲学の基層にある。長期的な視点での，環境倫理としての根茎哲学の芽を，中国の新・経営土壌の中に育てたく，日中共同作業を今も私どもは続けている（【国際経営文化学会】の"沙棘"普及活動）。

日本の経営哲学は，中国ビジネスに"土と生きる"経営教育を地縁・血縁の自他信頼関係に移し変える作業を今の課題としている。だが，その哲学移転に値する終身雇用の経営哲学が，"もう一つのグローバリズム"になりえるだろうか。

シンポジウム『経営哲学の意義』

パネリスト：村田晴夫，厚東偉介，日置弘一郎，村山元英
司会：小笠原英司，三井　泉，藤井一弘

司会（小笠原）：
　最初に三井先生から4人の先生方のご報告をまとめて，このセッションの方向性を示していただければと思います。よろしくお願いします。

司会（三井）：
　皆様すでにご承知のように，このセッションの4人の報告者の方々は，関心領域も大変広く，深く，そしてアプローチの方法も多様であり，私共司会者3人でなんとか額を寄せ合ってこれを整理しようとしましたが，到底まとめることは不可能でした。そこでわれわれは，4人の方々のご報告を次のような大風呂敷で括ってみることにしました。
　まず経営哲学の役割を最も大きく捉えてみますと，経営という存在は一体どのようなものであって，その存在意義はどこにありその根拠は何なのか，これを問うのが経営哲学の役割であろう，とわれわれは考えました。その中で4人の報告者の報告主題を位置づけると次の3点に集約されるように思われます。
　一つは「経営の主体」の問題，経営という自己の問題です。つまり，経営という行為がある場合，その主体は誰か，自己とは何かということです。この問題は，日置先生，村山先生，村田先生が直接的に，そして間接的には厚東先生も言及されております。
　もう一つは，今述べたような意味で経営の主体あるいは自己を把握した場合に，経営そのものが成り立つ根拠というのはどこにあるかという問題です。つまり，どのようなコンテクスト—歴史，政治，経済，社会，文化状況

等─や，その時の問題や課題により，その経営主体がいかなる存在意義を与えられ，成立しているかということです。この問題につきましては，村山先生，厚東先生により中心的に取り上げられていました。

　三番目は，そのような経営存在を，われわれはいかに認識可能でありどのように表現可能なのかという問題です。もちろんそこには，われわれとは一体誰かという認識主体の確定の問題も含まれると思います。これは方法論の問題になるかと思われます。

　このような三点，もう一度申し上げますと，一番目は経営の主体，自己の問題，二番目には存立根拠としてのコンテクストの問題，三番目は認識方法の問題ということです。これから4人の先生方がこれらの問題をめぐって報告されます。それぞれに重なる部分もあると思われますので，ご報告者は出来る限りご自身の主張のポイントを明確にされながら，ご報告をお願いしたいと思います。それでは，よろしくお願い申し上げます。

日置：

　昨日も申しましたが，私は思想と哲学を峻別しようとする立場を，経営哲学に持ち込もうと思っています。思想というのは，「かくあれかし」とする主張であり，哲学は「よりよく考える」ということを追求する学問であるという，永井均氏の区分を，採用しようと思います。経営という場における哲学と思想というのを峻別する。そうしますと，経営思想は知識社会学的に捉えられて，それを解析するという学問があり，これは経験科学として成立するわけです。ここではそうではない，哲学に依拠するような経営哲学というものを考えてみたいというのが1つの私の主張であります。

　「より良く考える」ということを少し進めますと，否応なく自己という存在に突き当たらざるを得ない。自己というものがどういう構造をしているか，そこから自分の存在というのが一体どういうものであるかというようなことから，哲学というのは考えざるを得ないのだと思います。

　経営哲学と経営思想というように区分した時に，昨日から聞いておりますと，経営思想を問題にしている方が，かなり多くおられる。そうではなく経営という場で，より良く考えるということは一体どういうことなのか，それ

を追求する学問を考えてみようということになりますと、ある意味では哲学の一領域としての経営哲学という、新しい学問領域を提唱しているということになるのかもしれません。私はそういうものが、ごく自然に出てくる発想であろうというふうに3年前に、経営哲学会から経営哲学とは何かということについて、しゃべってくれという、要請を受けたときに、ごく自然に考えました。と言いますのも、実はこの学会とかなり深い関わりを持っておられる、高田　馨先生が私の先生でありまして、私は先生の学問を全く継いでないと言っても良いのですけれども、それでも大学院のころには少なくとも毎週、哲学というような領域について話しを聞かされておりました。ですから非常に自然に経営哲学というのは思考の様式を扱うという学問だと思っておりましたら、昨日今日聞いておりますと、あまりそういう発想をする方がおられないというので、実は少々驚いております。

　経営哲学という領域では、言ってみれば企業自体が主体になれる。システム論では強連結システムという言い方になります。その中にいる要素が主体性を失ってしまう、つまり没主体的に行動するようになってしまうケースを強連結システムというふうに申します。強連結システムでは、あたかも個人というものが無くなってしまって、企業が独自の主体であるかのように振舞う。その中で企業の思考は一体どういうものであり、企業がより良い思考をするというのは、一体どういうことなのか、それを考えていくという学問が在り得るだろうと考えます。そうしますと、これまでの哲学の様々な領域をそのまま応用して、例えば存在論・認識論・論理学・倫理学などがそれぞれ経営における存在論、経営における認識論、経営における倫理学、というように展開していくことが可能ではないかと思われます。他方で、経営におけるより良い思考というのは、良い結果をもたらす思考が良い思考なのだという、非常にプラグマティックな言い方も可能です。例えば占いとか占星術で得た結果、それが上手くいったならば、それは良い思考だということになる。結果として成功した決断が高い評価を受けていて、練りに練った合理的思考であっても結果が思わしくなければ、望ましい思考とはされない。こういったことを受け入れると、経営哲学は意味があるのかということになります。経営哲学の意義なんていうものはないというふうに言ってしまうと身も

蓋もないのですが，ここでもう少し，考えてみたいと思います。

そもそも合理的思考，あるいは論理を持った思考というのは，良い思考であるという考え方が本当に成立するのか。とりわけ経営という場において成立するのか。非合理的，没論理的であっても良い思考は在り得るというのも，少なくとも認めても良いと思います。そうすると，これまで意思決定論というような様式に即した思考のみを，良い思考だと考えてきたという，そこから疑わなければならないのではないか。思考に関連して申しますと，実は行為選択というのが非常に一般的概念であって，行為選択の内の1つの様式が決定であると言えます。決定の中の更に，特殊な様式というのが，意思決定という概念だというふうに考えようと思います。ここまで広げた場合，思考は意思決定という範囲だけでなく，もっと広がってくるということを提唱したい。例えば三権分立の立法というのは決定を担当します。ところが司法というのは judge，つまり裁定を通じて社会選択を行なうことです。日本の場合，司法の機能がかなり弱いわけですけど，例えばアメリカは，いくつかの裁判によって社会が変化していくというようなことが実際に起きている。

日本の場合には，行政の裁量によって社会選択が行なわれます。それぞれの思考の様式というのが，決定の思考の様式と少しずつ違っていても構わないのではないか。そういう意味では合理的決定そのものを疑いましょうという言い方が出来ます。経営哲学というのは結局のところ，良い思考を追及するというふうに言っても，合理的な思考だけではない様々な思考の様式を含めて，そしてここのところがポイントになるかと思いますけども，とりわけ経営においては，対象とする世界は非常に不条理なのだ。不条理な世界の中で決定を行なうというために非論理的，没論理的，あるいは非合理的な思考というものが必要になってくる訳です。この辺りは，ヴィトゲンシュタインが「このざらついた大地」と言って筆を折った，ということとたぶん関わってくると思っております。現実に経営学というものを考えてみますと，実はこれまでの経営学の展開点，イノベーションはほとんどは実務家による思考の開示であると言えます。ファヨール，テーラー，バーナードといったような実務家が自己の思考を開示する。自己の考え方を開示したときに経営学は少しずつ展開してきた。経営学の歴史の中で例外はサイモンです。サイモン

はバーナードを「拝借」, 言いかえれば「創造的誤読」をすることによって, バーナードの意図したことではない自分自身の展開を行なって, 経営学を科学にしていった。我々はそのサイモンの科学化にずっと捕われてきた。この方向というのが, 哲学とは異なる経営学の科学化であると言えます。

　ここから具体的内容になりますけれども,「コーポレートアクター」という複合主体を考えましょう, というような議論をしました。私が考える, つまり個人が考えるのと, 組織が考えるつまり集合的主体が考えるというそういう区分をすると, 組織悪というふうに呼ばれているものがなぜ出てくるのか, ということを解明することも可能であると思われます。しかし, 解明せずに可能であるというところまで提唱して, 実は3年前も言いっぱなしで, 中味についてはほとんど展開しておりません。ここでは新たな学問が可能であるという主張のみ行って, ここで報告を終わらせて頂きます。

司会（三井）：
　日置先生が今回ここで一番議論したいという点があればお願いします。

日置：
　経営哲学というのは基本的に経営思想と区分した時に, 非常に多くのものが見えてくるというのが, 1つのポイントです。経営思想ではなく, 経営哲学固有で語るというような議論を是非考えて頂きたいと思います。むしろ若い人に考えてもらう, というのが良いのではないかと思っております。

村山：
　前に報告した内容を多少見直すということで, かなりの量がありますが, 飛ばしながら進めます。また足りない分については補助論文を2つ用意しました。1つは「身体的経営一元論」の論文です。もう1つは「中国の空港民営化の研究」で, 国家主体と地域主体と企業主体とが一緒になった, 新・経営主体の論文で, これは「身体的経営一元論の応用事例」としてご紹介させて頂きました。
　哲学を, 哲学者に聞けば, "遊び"だと言う。また, 哲学者は哲学を「歩

きながら考えるものだ」とも言う。デカルトはこの典型です。私は、現象から真実を映し出せる、「自分の中の鏡」を見出す、というような形で、経営哲学を考えています。本報告の内容は、まず研究作業仮説、「哲学の旅路とは何か」、ということから始まり、最終的には、「自己経営の哲学探求」、つまり、「自己経営と非自己経営とが、一元化する経営哲学の原点を探索する過程」、ということになります。

ここでの私の研究仮説は、「人間の身体が1つの哲学原型だ」という視点です。「唯心論」とか「唯物論」ではなくて、その仮説は、「唯脳論」（心身未分離論の身体的一元論の世界観）ともいえます。言い換えると、「唯物論」と「唯心論」の2元論を統合する方向での、1元論的な「唯脳論」に立脚して、2元的1元論としての「身体的経営哲学」を探索し、検証し、その実践的な活用の可能性を思考しています。

結論を先に言えば、私の経営哲学は、現象に実在を求める2元的1元論です。まず現象がある。つまり、哲学の原風景がある。原風景に哲学を拾っていくうちに、哲学の素材が整理できる。既存の経営学の枠組みの中だけではなくて、経営学の外側の超境界的現実の中にも、そこに、素材としての経営哲学の実在がありそうだ。本音を言えば、経営哲学の実在を求めて、「探索の科学」を遊びたい。

自分を経営すること。自己の経営とは何か。隠れた内的自己の存在。現実の自己とは、隠れた真実の自己との相転移の弁証法的関係です。自分の中にある動きと形の中にもう一人の自己がいる。それを知る方法論とは何か。方法論としては、自分の身体的な機能と構造そのものを測定用具として、それを使いこなし、自己覚醒するという考え方であります。自己覚醒とは、自己経営を自己の身体的モノサシ（例えば、動物的精気や人間の中に残された野性）で自己確信する方向の、研究方法論の展開です。

旅と哲学の方向は、過去でも現在でもよいのですが、ここでは生と死の結界ですとか、そういった極限状況を前提としています。このように考えていくと、経営学には、パラダイム転換が必要だということが分かってきました。パラダイム転換とは、非合理なものごとへの見直し作業です。ここでのパラダイム転換を、合理性に対する非合理性の新しい意味解釈としました。

私の求めている経営哲学とは，客観主義の科学を幻想視して，主観的な合理性科学の探求と，「直観の科学の検証」であります。直観に創造的行為の起源があるのです。

　創造する現実は，非合理型の楽観主義から生じます。身体的経営一元論も楽観主義の肯定から生じて，死生観に繋がり，そして，コスモロジーの経営哲学が誕生する。そこで究極の経営哲学が誕生します。そこには宗教的自覚も芽生えます。宗教的悟性と経営哲学とは切り離せないものであって，生命連鎖とか，人間や地球の起源という問題意識を共通感覚するものであります。

　これから，スライドで報告を要約します。今まで，「偶然の旅路と経営哲学の方向」を"5つの街道"でまとめました。それは次の通りです。まず，①イタリア・ルネッサンスの旅路に振り返ってみると，「芸術と科学と哲学」が一体的に連鎖しています。ルネッサンスの場合の経営哲学は，芸術と経営とが共通概念でして，その背景には，芸術と経営の両者とも，科学と哲学の結合によって支えられています。

　次に，②日本の歌舞伎の場合には「超合理性」という経営哲学でまとめられます。歌舞伎の世界には，非条理を条理とする「超合理性の世界観」があります。それから，③ヨーロッパのエストニアでは，「創造的破壊の哲学原風景」との出会いがありました。次に，④南米のチリや東南アジアのマレーシアでは，「情報科学文明の政治思想」が機能しています。経営は政治と一体になっていないと，21世紀型の経営科学文明そのものを造りだせない。最後に，⑤黄河の砂漠化と断流の現地研究を紹介し，地球再生型の生態観，即ち，「根茎（リゾーム）の経営哲学」が今求められています。

　次に，5街道の個別の経営哲学の原風景との出会いの話に移ります。イタリアの諸都市を巡り，そこでの美の発見は，「経営学と芸術論との相似性」でした。芸術の美も，経営の美も，主体から対象に向けて，変わらない哲学を共有しています。それは，対象を哲学的構図として，真実を直観し，科学的に測定する個人の生き様です。ルネッサンスでは，職人が数学家（遠近法的に測る人）になって，芸術家に進化する。対象を人間臭く，自然体で立体的に柔軟に見る視点と，数学的客観性で測定する能力とが，芸術と経営の共

通感覚です。対象を客観的に測定する道具の使用が許されている。あらゆる生命の動きと形を秘めた美的構造として，対象を哲学レベルで見出すところに，経営も芸術も同じ土俵にあります。

芸術論と哲学論の相似関係を，別の言葉で言い換えれば，芸術家は哲学をデザインしています。同様に，経営者も哲学をデザインします。芸術家も，経営者も，対象の中に実在を認識して，「身体的経営哲学」を活性化させて，身体的なメディア（媒体）とカタリスト（触媒）の機能を駆使して，実在認識を，他者に分かり易く見える形で自己表現しています。そうした内的自己の表現能力の所有が，経営と芸術の匠をつくります。この種の匠たちは，対象・現象の動き（リズム）から実在を直観し，それを形あるものに行動でデザインしているのです。

かくして，芸術作品と相対化する経営組織や経営行動とは，個人の「身体的経営哲学」の"表象化"，"自然化"を物語るものとなります。その表出方法が対象の外観の表層的秩序に止まらず，対象の内側に隠された真実としての内在するもの，それを掘り出してくるのです。ここにお見せする絵は１つの事例で，「理想都市」と言われて，線的遠近法によるルネッサンス期の絵画です。「遠近法」とは立体的視点で，３次元の世界を表現します。この絵の意味は，神と人間との２元的世界に，自然科学や人間科学を具体化する第３者を介在させて，もう１つの実在の世界を遠近法で描いたものです。

次にお見せする絵は，モネの作品です。モネは日本の浮世絵を約200点集めて，自己の哲学を油絵で差別化していました。自分の家に日本庭園と池や橋を作って，池の蓮の絵を書いていました。晩年になると蓮の花じゃなく，池の柳じゃなくて，水面に映る雲を描き始めました。西田幾多郎は，西洋の論理的モノサシで，日本の哲学を説明しようとした。逆に，モネは日本の論理的モノサシで，西洋の哲学の方向を説明しようとした。そういうことが，モネの絵に象徴されているようで面白い。

池の水面に映り，実在を直観させる雲を描き始めたモネの心理は，内的自己の探求であります。見える蓮の花の美しさから，影としての蓮の花の美を追いかけ，さらに美の根源の面影を雲に見出していく。その自己主体が，より自他非分離的なものへと磨き上げていく。「１即他」の世界観が，モネの

内的自己の進化の過程を彼の絵の構図の変化に映し出します。その絵の変化から，彼の内的自己の神格化への方向が読み取れます。「身体的経営哲学」は，「直観の科学」で，それは画家の洞察力で具象化することが出来るのです。蓮や雲を超えて実在する生命連鎖を身体的に直観したとき，主体と客体とは内的交響の自己経営となります。雲の現象そのものに，モネは天地人の身体的一元化の東洋的な世界観を洞察しようとする。芸術と経営の共通感覚は，水面に映る雲の現象に実在する，生命起源の面影を知覚する深遠の美的構造観なのです。

今，「中京大学・特別共同研究助成費」を頂いて，現地研究のスタイルで世界の空港を中條秀治教授，中垣　昇教授，水谷研治教授らと共同研究していますが，これまでの発見では，パリの国際空港が，世界で一番美しい空港でした。美学のコンセプトとは，機能なのですね。変わらない構造が美学です。変わらない構造とは，目的を実現し，役割を果たし，結果をだす基本的な動きと形で表現されています。言葉にならない美学もあります。聖と俗とが混交している美学。見る・見られる関係の美学もあります。

さて，次に進みます。歌舞伎の世界で言うと，「悪者哲学」。つまり，「悪役肯定論」ですね。不良債権処理には，悪役（芝居の役者論語）を作っていかないと，日本の経済は再生できない。歌舞伎は「実像と虚像」を未分離とします。歌舞伎は，虚構の世界ですけれども，虚構の中に真実の世界があります。正と悪を表裏一体とするように，舞台と客席とを一体化する「花道の世界」も，歌舞伎の自己進化の仕組みです。この自他非分離の相互連鎖関係は，企業経営の「市場と会社」や，「管理者と被管理者」との関係と，相似形となります。歌舞伎は，多くの暗黙知の経営哲学を情報発信しています。

例えば，歌舞伎の「花道の実在」は，主客内的交響の自己経営体を象徴しています。日本の経営哲学はそういった「媒介の哲学」みたいなものです。歌舞伎は，主役を立てる悪役の美学もつくります。「勧進帳」では，安宅の関で虚構を読み上げて，「規制緩和」を死生観の教科書として残します。弁慶も義経も富樫も，死を前提にした「非条理の条理」の説得力を演技します。その演技が伝える経営哲学は，人間の組織関係のしがらみの中にも，残酷なまでの"崇高な愛"をメッセージ化し，死生を超えた自己経営の身体的

経営一元化の世界観を，観客に知覚させます。このように日本の歌舞伎にも，「経営哲学の原風景」があります。

　次，旧ソ連領のエストニア（ローマ帝国の末裔の地）で，愕然と驚いた絵をご覧にいれます。この絵は，たまたま首都ターリンの街広場で出会った絵描きの作品です。聞いたら，「魂の道」とか「生命の起源」だというテーマでした。混沌と拘束からの脱出や開放。絵描きが自分の中の創造的破壊を描き出した。この絵は宇宙誕生のビッグバンを連想させます。画家は宇宙ビッグバンを自分の中に直観してこの絵に描いた。絵描きは対象の中に自分を描きますから，この絵は，身体的経営哲学レベルでの，自己経営体の肖像画です。生命起源のビッグバンを，宇宙内在の内的自己の鏡に映し出して，生活構造の根源的価値を具象化する。彼は自分の中にある遺伝子みたいな，宇宙・生命・地球の起源を，こういう形で描いたのだと思います。

　この絵から，「純粋科学」と「直観科学」との融合する世界を，私は感じ取りました。経営は，科学と哲学とを共生させています。制度維持的な「制御機能」と，創造的破壊の「促進機能」の生命連鎖の経営哲学が，この絵から"純粋直観"でき，人間にまつわる「純粋科学の基層」を推理させます。

　さて，この絵の暗黙知としてのビッグバン哲学をどうやって見出していくかというと，方法論的には経営人類学的な方法が有効だと思います。戦乱の続いたこの地で，死を直観し，生命起源を直観し，日常性の縁起を直観する。その場とその時との回転（生きているリズム）を直観する。この画家の身体的経営に刻み付けられた「3"ち"（血・知・地）」の心にまっすぐ向けた，私なりの観察的実感を重視する。つまり，この画家の身体的経営一元化の生命を時と場で直観する。こういった3"ち"の経営人類学の方法論的視点が必要だと思います。

　3"ち"の経営人類学の現地研究の方法を活用するとき，「身体的経営哲学」は活性化し，意識の基層にある無意識との出会いが賑わいます。そこでは言葉にならない哲学が，宇宙内在的自己を絵画で自己表現していく対象を評価できます。哲学が誕生する背景には，拘束や押し殺された状態から，脱出しようとするエネルギーが流出して，現象に露出した生命をその起源に逆流させるような，「経営哲学の原風景」もあるものだ，というような，「地球

生命の歴史」とか,「生活の実在」が理解できました.

次に移りますが,東南アジアと南米での「哲学の旅路」でわかったことですが,開発後進性国家では情報科学文明志向の経営哲学が,国づくりの経営戦略と平衡して不可欠なのです.国ぐるみの情報化は,民主主義国家の政治近代化の方向です.情報共有社会の実現は,下から近代化への参加を誘引し,国力の底上げ機能を果たし,間違った開発をしないように「大衆の知」を創造します.情報科学文明の共有構造は,国家近代化の政治的かつ経営的な哲学的基礎です.

欧米型のグローバル化に対抗する,土着型近代化の経営哲学が開発後進性の国づくりでは,もっとも必要とされています.間接民主主義の弊害を取り除いていかざるを得ない.そういった国家戦略があります.後発だからこそ,最先端的な開発をしていかなければならない.そうすると,環境を取り込んだ開発哲学という問題が出てきて,それは,グローバリゼーションと地球コミュニティーの均衡の問題認識に発展します.傷だらけな地球をどうやって再建設し,環境を身体的に一体化した内的自己をどう回復させるか.ここで初めて経営哲学が企業文化としてではなく,「経営科学文明の道」を模索するようになります.経営が文明を造り変え,科学のあり方と方向とを変えていく.身体的経営哲学を内包する経営科学文明が,グローバルに,しかも,先導的な機能で戦略的に位置づけられます.こうした方向は,例えば,マレーシアのマルチ・メディア・スーパー・コリドアー(MMSC)では,実験済みです.アメリカも日本の企業もMMSCでしか実験できない国家的な大規模プロジェクトがあります.MMSCの開発哲学は,グローバリゼーションを修正する,コミュニティー持続のセーフティー・ネット,所謂,グローカリズム(もう一つのグローバリズム)の経営哲学ですね.そういった「グローカル経営哲学」を着実に実現しています.

最後に時間がないので,黄河の沙漠化と断流の問題に一言だけ触れるとしましょう.自然を回復する現地研究を私どもは,沙漠化を防ぐ"沙棘"(サージ)の植林運動に連動させ継続していますが,現代の中国経営では「根茎の哲学」(見えない経営哲学で,生命の根を張る自然思想と経営生態観)が,地球史的に求められています.

さて最後に本報告の結論だけ言いますと，経営哲学を求める旅路は，「哲学の原風景」との出会いでした。経営哲学の実在を嗅ぎ分ける技（わざ）は，「経営哲学の原風景」を身体的経営一元論のモノサシで洞察し直観することでした。その技が，ある種の「メタ理論」（象徴的偶意論）に進化していました。すべての経営現象の動きと形に，「経営哲学の原風景」があります。経営哲学の実在は，未だよく分からないけれども，私の「哲学の旅路」は，どうも「現象に哲学あり」という妄想にとりつかれ，「メタ理論」（隠れた内的自己経営の神格化）へ進んでいるようです。自己の中に隠れ住む神格的地位との出会いを求め，身体的経営一元化の"揺れ動き"から，その神格的地位の内的自己化の可能性を探索する。それが私の経営学の「哲学探索の旅路」の結論です。

司会（三井）：

日置先生と同じように，今日特に議論したいポイントがありましたら，お願いします。

村山：

結論的に言えば，「哲学の旅路」ということです。これは人生総てに通じる"健全なる"「天然の無常観」がありそうだということです。偶然性が必然性に繋がっている，そういうリズミカルなスタイルで経営哲学と出会えるメッセージが，無意識の旅路の境地にある。原風景から現象の意味探究が始まり，それに続く実在，隠された真実の探求があり，旅人の動きのリズムと形に自己覚醒があります。経営においては，主体と客体とは未分離です。哲学的自覚の前にそういったものがあると思います。最後に自己経営があり，死生観とか，自他受容がある。僕自身は，はっきり言って２元的１元論者で，身体的経営論，もう１つのグローバリズム思考者であって，グローカリズム哲学の探求（土着型近代化論，内発的発展論の延長）という立場です。こうしてみると，経営学・経営哲学・経営文化論は，みんな一緒の定義になっていまして，ここにある定義とは，「対立矛盾の自己同一過程」とでも言いましょうか，「異種混淆の世界観」（異なる他者の自己内包化すること）

とか。これらの定義を段階的に整理してみると，多様な現場研究からの経営思考の流れです。これまでの実証研究の結論や，凝縮した現場の科学思考ともいえます。言い換えると，個別の経営哲学を帰納的な現場から抽出したり，特殊状況の経営哲学を一般化（経験知＋文献知）して演繹的概念で断定したり，あるいは，過去と現在を斬り未来への飛躍した直観的な経営哲学の定義です。

厚東：

　経営哲学の役割ということを今回のシンポジウムのテーマにするという問題提起がありましたが，基本的に僕の考えているところですと，今までの経営哲学というのは，主に学問そのものも含めて，大体近代ヨーロッパのモデルを基にしながら我々はずっと考えてきたと思います。しかしそれは大体，20世紀の真ん中，1960年代くらいまでのことで，21世紀になる時に少しずつ変わってきていると思います。我々は日本人ですから，基本的に前から違和感を持っている。山本安次郎先生を始めとする先生方は，ヨーロッパの考え方と違う議論を立てていたわけですが，基本的に学問だとか，科学というのはヨーロッパが発祥地ですので，我々の思考体系も含めて，表現形式に基づいているんですね。そんなこともあって，経営学も含めて違った議論をしていて，日本の本を外国の人が読むと，よく分からないという。それは表現形式だとか考えている形式が違うためであると私は考えております。

　現代になって，グローバリゼーションが進んでくると，ヨーロッパとアメリカだけが経済の中心ではなくなってきています。最近日本は弱気になっていますけど，21世紀の中国，そして100年ほどたてば，いずれGDPはアメリカを抜いて中国は上がってくるでしょう。もちろん一人当たりにすると中国は13億人いますから，見る影もなくなるということも言われていますけど，だんだん経済が発展して，21世紀中は無理かもしれないが，21世紀後半になれば，ずいぶん違った思考の様式が出てくると思います。経営哲学では山本先生以来，「主体の論理」という議論をよくしているのですが，その議論が21世紀になって少し日本や中国の思考様式に注目されるようになるかも知れない。そんなことを考えながらこの「21世紀，新世紀の経営哲学を求め

て」ということを書いたのです。その話しを主にしたいと思います。

今までの話しでお分かりのように，18世紀から19世紀に掛けてヨーロッパの近代社会が出来上がった。それを背景にいわゆる企業も経営も含めて更に学問も含めて成立してきたわけです。それを引きずってきているのだということを，考えておかなければならないと思っています。現代はもうそろそろ，ヨーロッパやアメリカの考え方だけを引きずっていて，良い時代ではない。とすれば，欧米とは違う思考様式だとか表現形式を，考えなければならないのかなと思います。そのような話しを少ししてみたいと思います。

まず最初に経営哲学の基本的な課題ということになりますが，経営哲学というのは，「経営システムとその機能，そしてこれを支え機能させる基本的な価値との相互関係」と考えられます。機能を支える基本的な価値の相互関係，これは分かりにくいのですが，哲学とは基本的な考え方，基本的な思考です。基本的な考え方とシステムの機能，これに加えシステムとそれぞれ相互関係，この全体系を経営哲学と言ったらよいのではないかと思います。ただし，機能の部分だけを分割して考えられるだろうということになる。しかし，そのような考え方は社会の中にあって，社会の外にあるわけではない。つまり社会の構成体のメンバーがシステムや，考え方を持っていますから，当然その中に取り込まれている。そうすると，当然社会の考え方とか表現形式は経営哲学に織り込まれてくる。経営哲学の中味を考えてみると少しずつ社会や歴史によってずれてくるということが，基本的な考え方になってきます。

近代社会の成立は，ご承知の通り，産業革命以後急に起ったわけではなくて，西洋の近代社会では中世末に宗教改革がまず行なわれます。宗教改革以降個人の内面と世俗とを分けている。まず機能分化が信仰の世界と現世を分けたといえます。中世は信仰の世界・現世が全部包括されて一体だったというのが，ヨーロッパの基本的な考え方です。実態がどうであるかは分かりませんが，少なくともヨーロッパの近代が始まる時はそういう考え方であったのは確かだと思います。それから更に市民革命が起こり，王権が更に制約化されて，市民が市民として成立する。市民革命を通じて政治改革され社会システム全体の内から経済機能が分化される方向へ動き，産業革命という形に

なる訳です。西洋史を見ますと，近代化においては必ず宗教改革・市民革命・産業革命とこの3つの段階が一連となって出てくるわけです。これが西洋の近代化の基本的な道筋です。基本的にそこで言われていることは，機能分化とか機能限定ということです。機能限定，機能分化することによって我々は自由になった。つまり，キリスト教で全部包括された社会の中から，どうやって自由になるかが基本的な近代西洋の基本的なモチーフであったと言えます。ですから，機能分化をさせ，その機能とその内容を限定していった。例えば，学問ではまず法学は，法律も哲学も全て一緒だったものが，法律は市民法の体系として成立する。政治学も法学も全て一緒だったが，それがだんだん機能分化していく。さらに経済学もアダムスミスは最初，道徳哲学で，「国富論」を書いて経済が成立したと言われています。本人は国富論が売れて喜んでいたが，実際には死ぬまで手を入れたのが彼の主著『モラルセンチメント（道徳・情操論）』で，一生懸命改訂しています。

　このように20世紀までは機能限定しながらやってきた。ビジネスも経済機能だけを考えてきた。経営学では有名ですけど，社会的責任の考え方は，ビジネスはただ単に経済的な領域だけで考えて良いか，そうではない，ということが発端です。ビジネスに社会的責任があるかないかではなく，基本的に20世紀の真ん中辺りから，機能限定では社会が進みきれなくなってきている。しかし実際には経営学も含めて利益だけだとか経済機能だとか，ビジネススクールではそういう形で経済的成果が重要，というようなかたちで今でも教えています。そして社会的責任になると，経済や財務と違う領域の話しが急に出てきます。科学としての全体として経営学の中で，上手く包括的，体系的になっていないような気がします。そのためいわゆる経済的機能と社会的責任がずれたような議論となっているのです。最近では，ドラッカーその他も含めて，だんだん機能限定だけでは考えきれなくなってきているということが言われています。

　ここでは組織体の話しも書いてございますけど，本来は組織のマネジメントというのは，経済機能の問題があります。今，NPOとか色々な議論がありますが，NPOで経済的成果や予算の話をすると，この領域ではナンセンスなように思われます。例えば，NPOの一つである大学は，大学が文化の

領域に関わっているので，経済的成果や経済的制約について一切考えなくて良いというように考えているが，実際には経済的制約の中で大学は活動しています。政治の領域も文化の領域も経済的制約の中で動いています。つまり，機能限定されない社会になってきている，ということが言わんとすることです。そのための学問にしても複雑系その他のようにずいぶん変わってきて，今までとは違う学問の組み方，組み合わせの仕方が出てきています。例えば，一番良い例が企業文化という考え方で，19世紀・20世紀初頭には考えられなかった。ここでは文化と企業は別の領域でした。経済は経済，文化は文化，社会は社会というふうに，截然と分けて考えるような考え方が経済・文化・政治・法律・社会領域成立の根本にあったのです。20世紀には各機能が互いに融合してきて，いわゆる18世紀19世紀の西洋のモデルの社会ではなくなってきた。そこで学問もずいぶん組み合わせが変わってきていると言えます。我々は今後そのところを考えていかなければならないと思います。更に新しい問題としては循環型社会やIT化の問題も出てきていますので，機能の融合をさらに考えていかなければならないと思います。

　最後に，アジアが近代化されてきて経済力も出来て，思考様式も変わると，ずいぶん違ったタイプの学問体系になってくると思われます。例えば一番良い例は医学で，日本は西洋医学一辺倒になりましたので，ほとんどダメですが，未だに中国は中国の医学があって，麻酔をかけなくても針で適当なところを打つと，麻酔注射をしなくて手術ができる。場合によって止血もできる。こうなると，ヨーロッパの科学体系と中国が持っていた今までの医術，医学の体系が少しづつづれてきて，日本では西洋医学だけを吸収してきますけど，これとは違うような枠組みが出てくると考えられます。今そのような変化の時期に差し掛かっているといえるでしょう。

司会（三井）：
　もう時間ですので，一言，特に議論したいということがあれば短くお願いします。

厚東：

簡単に言いますと，機能限定の社会から複合機能の社会に移ってきている。複合機能も今までの複合の仕方と違うパターンになりつつある。それをどうしたら良いのか，我々が学問，科学を含めて哲学を含めて考え直さなければならないのかというのが問題提起です。

司会（三井）：

村田先生にももちろんご自身の主張を中心にお話して頂きたいのですが，最後ということで，できれば前の3人の方々との関連性も示しながら，ご報告をして頂ければありがたいと思います。

村田：

非常に素晴らしい発表が続いてきたと思います。三井先生の司会者としての最初のまとめは，次の3点でした。復習するまでもありませんが，1つは経営の自己主体を問うということが経営哲学の根本であるということから始まりまして，それが立脚するところの根拠。つまり歴史的なコンテクストを含めて，歴史的・社会的諸状況の中で如何にして経営主体が存立しうるのかを問う，これが2つ目でありました。3つ目に認識の問題でありまして，経営存在の認識について問うということでありました。大変良くまとまった整理ではないかと思います。しかし，私はもう1つ，先ほどの3人の先生方と及び今日の午後に予定されております諸先生方の話しにも登場すると思いますが，「哲学とはそもそも何なのか」という問題を考えてみたいと思います。

フィロソフィーとは，知を愛することです。日置先生も愛知というふうにお書きになっておられる。知を愛する，しかしどのように愛するかと言うときに，根源的な知を徹底的に問うようにこれを愛する，これが哲学の基本的な姿勢として，態度として，古来ギリシャ哲学以来の伝統として受け継がれてきたものではないかと思います。そのような意味からすると，三井先生のまとめに，私はもう1つ同じことではありますが，表現の問題として，経営哲学には，「経営とは何か」ということを徹底的に問うことが，一般的かつ普遍的広い意味で，必要なのではないかと思うのです。さて，そうしますと，先ほどの三井先生のまとめによりますと，存在という言葉を使っておら

れましたが，存在ということを認めるとすれば，「経営という存在は一体何なのか」ということを徹底的に問うということが，まず，基本的に問われるべき問題として，共通の認識になっていたほうが良いと私は思うのです。1999年に中央学院大学での大会で発表したのは，本質的にはそういう観点からでした。今日は根本的には同じことの繰り返しになり，それが第一の問題です。ところが，経営という現実の現象は，もしそれが在るとすれば，経営存在が在るとすれば，それは一体どのようにして認識可能か。これは三井先生もおっしゃり，日置先生の問題の中心の課題に据えられていたと思います。日置先生の問題提起は大変整理されていて，分かりやすいと同時に奥行きのあるものだったと思います。しかしその時に，質問させていただきたいのは，経営の学，経営の認識，それをあえて経営学と言っておきますと，経営学の方法論的な根拠は一体どこにあるのかという問題と，日置先生の立てられた問い，つまり哲学と思想を区別するという問題提起はどのように関わってくるのかということであります。高田　馨先生が日置先生のお師匠さんでいらっしゃることは，我々も良く存じ上げていますが，この学会の第一回大会の時に私が記憶しておりますのは，高田先生が経営哲学の意義の中には方法論が，もうひとつある。それは経営実践の思想的なものとは別のものであるとおっしゃいました。この経営実践の思想的なものというのは，私の別の言葉で表現させて頂きますと，経営者の理念，あるいは経営理念，あるいはその根底にある経営の文化，組織の文化，そういうものに反映されている根本的な考え方であります。

　さて日置さんにもう1つ質問。より良き思考，つまり経営が現場においてより良き思考を果しながら，経営現象を実現していく時のより良き思考というものと，もう1つ言われた思想というものにおける在るべき姿のより良い追求というものは，その辺ではオーバーラップしてくるのではないかというふうに思います。この点はいかがでしょうか。

　まだ日置さんに問い掛けがあるのですが後回しにして，私の発表を続けます。先程申しました経営学とは一体何なのか，そしてそれはどういうものであったのか，そしてそれはどういう根拠に基づいているものなのか，ということを論じなければならない。これが哲学，経営哲学の引き受けるべき大き

な問題でありましょう。更にもう1つあるんです。これが日置さんの報告に関説して申しました，経営の現実の姿の中における理念，経営の思想の問題であります。これを問わなければならない。この，現実における経営の在り方，実践の仕方，それを経営者の理念と共に問わなければならないと思います。

　さてこの3つ，つまり，経営とは何か，経営の認識論的な方法論的な根拠とは何か，3つめは経営の現実における実践的な思想性とは何か，これは経営者の理念というものを中心として問うということにならなければならないとすると，この3つは一体化するものであり，これが経営哲学の本日の課題で，このセッションの課題でもある「意義そのもの」であろうと私は思います。そして，それが今日私が申し上げたい主張であります。細かいことは1999年の論考に書いておきましたので，是非ご参照ください。

　今日はその後，少し発展させたいということがあり，そのあたりは今日のレジュメに書いておきました。ポイントだけ1つ申しますと，現代の我々が置かれている状況というのは，これは厚東先生のご発表にありましたように，大変問題的な状況である。厚東先生のポイントは機能限定ということでありました。非常に複雑な相互関係の全体を今，我々は目の前にして，あるいは考察している。これをいかにして解明するかということで「経営システム」という言葉をお使いになった。システム，これも問われなければならない根本的な言葉ですが，ここではそれは仮定しておいて，その経営システムと基本的な価値との相互関係が経営哲学の課題であるというのが，厚東先生の基本的な姿勢であったと思います。ただその時に，問題は何かというと，これは厚東先生が明快におっしゃったのですが，それを歴史的・社会的コンテクストの中で問われなければならないということでした。そうなると，そのコンテクストの認識はどうするかという問題が出てきます。これは，問題的状況の把握ということになりましょう。この問題的状況把握については3人の今日の発表の方々はそれぞれ，多かれ少なかれ言及されましたし，午後のセッションにもそれが登場するにちがいないと思います。さて私は問題的な把握というものの，問いのかけ方，これ自体が哲学的なものを背景に持つというふうに信じます。如何なる問いをかけるかということの，「如何なる

問い」の背景にあるもの，これが日置さんの言葉で言う思想になるわけでありましょうし，厚東先生が暗黙のうちに限定されていた，姿勢や態度の中に反映されてくるはずでありましょう。これは哲学的であるはずであります。哲学とはこのように，認識あるいは科学的認識の根底にあるものと私は思うのです。つまり並列にあるのではなくて，並列にもあり得るのですが，むしろ垂直的に哲学が科学の在り方を支えている。科学的認識のハイポセシスの大前提になっているところのものを支えている。価値の問題も含めて。これが哲学の役割であったし，これからもそうであろうと思うのです。

　問題的な認識ということから言うと，今世紀には3つある。1つは環境問題，2つ目は社会的文化の多元性という問題。これは厚東先生の思いと全く同じ，機能限定の問題であります。文化多元性というふうに私は表現しておきましたが，同じ問題意識だろうと思います。3つ目は人間性の問題であります。人間が問われなければならない。人間とは一体何なのか，ここが原点であり，帰結点でなければならないということです。今や人間が問われている。私は99年の発表のときにニヒリズムということを言いました。ニーチェから始まりそれを受け継いだマックス・ウェーバーの「心情のない享楽人」なんです。そういうマックス・ウェーバーの言った，資本主義の始まりにおいて見通しうる限りの100年の後に表れうる，「精神のない専門人・心情のない享楽人」となり果てる人間の末路。この最後の人々は，誰も到達し得なかった，人間性の高みに達したとうぬぼれであろうというのが「プロテスタンティズムの倫理と資本主義の精神」における，マックス・ウェーバーの予言であったはずであります。このような意味で人間性の問題というのは大変重要な問題として，経営哲学もこれを引き受けなければならないし，あらゆる社会科学においてそれが前提として，引き受けられていなければならないと思うのであります。

　さて村山先生の言説と関連して，1つだけ最後に申し上げたいのは，今日のレジュメに書いておきましたが，三戸先生もおっしゃっているように，私はバーナードの全人仮説というのは非常に素晴らしいと思いますが，しかしもう1つ付け加えなければならないと思います。バーナードの人間観の中に基本的に前提されているのは物的要因・生物的要因・社会的要因，そしてそ

れらのシステムの中に育まれるであろう,人間性の問題でありましたが,私は物的・生物的・社会的要因の他に,今や「情報的要因」というものを加えておかなければならないと思います。その理由については時間がないので読んで頂きたいと思います。さて村山先生の主張は,「旅路,ヴァンダラー,さすらい」です。人間はある意味で,固定的に住むということの他に,さすらうという宿命的なものがある。固定的なものとさすらいというものを対比して,村山先生の話しを聞くと,実は固定的なものとして自然科学に代表されるような科学というものが浮かび上がる。それに対して村山さんは超合理性ということを言いながら,直感的な認識と,生命への思いを語った。そういう意味ではそれは,ヴァンデルン,旅路なんですね。そういうふうに思いました。

日置:

　私が村田先生から頂いた質問は大きく2点あります。1つは経営学の方法的根拠と経営哲学がオーバーラップするのではないかという質問です。これは昨日甲南大学の庭本先生が経営哲学を考えない経営学はありえないだろう,わざわざ経営哲学と言わなくても,結局同じことになるのではないかと言われた点とほぼ重なると思います。

　私もその点は非常に同意しますが,ただ,経験科学としての経営学は存在する。それに対して,本来の経営学というのは哲学を含むものであるという点を強調することが必要だと思う。私自身は経営学は科学である必要はないと思っています。ただし,経営学は科学でないと言い切ってしまうこともできないので,曖昧なまま残してあります。基本的には経営学は学問であれば良い。科学という様式に即した知の様式である必要は必ずしもないと思っておりますし,哲学そのものも既存の科学的論理の様式・要素を踏襲する必要は必ずしもない。その中で固有のものが作っていかれるなら,つまり,これまでに作れなかったものが作れるのではないかという点を強調するために,あえて経営哲学という領域を立てるということは,非常に有効なことではないかと思っております。

　第2点目の問題は,思想と哲学との関係。これは,経営哲学の背景にはも

ちろんのこと，思想があるだろうが，その関係をどう捉えるかというご質問です。これもまたある意味で共通して世界認識と言って良いかと思いますが，この世界認識が思想の形を取るのか，哲学の形を取るのかということです。そして非常に重要なことは，これは哲学者自身が述べていることですが，哲学をより良く考えるということは思想の形を取らざるを得ないのだということです。こういう思考の様式がもっとも望ましいと言うと主義主張になってしまいますが，哲学は常に思想として語られるという特性を持っている。その点では哲学と思想というのは，一体となる。ただ峻別しようというのは，経営思想と経営哲学はやはり違うものとして扱った方がよい。つまり，思考の様式として異なるものであると，取り扱うべきであるというのが私のポイントです。

司会（小笠原）：
　最初に質問用紙を頂いておりますのは三戸先生。直接質問して頂きたいと思います。

質問者　三戸：
　課題・領域と方法・意義と今日の議論でも出ていますが，私はこの学会で取り上げておきたいと思ったのが，昨日も今日も出てきた，私の言葉で言えば身体知と学問知です。身体知というのは小笠原先生が日常の哲学とおっしゃっておられたり，あるいは経営者の哲学といっておられるものだと思います。それと行為の中で，経験の中で，自分の頭の中で，観念として出来上がっている経営哲学という知と，我々が学者としてガチガチ経営哲学というものをやっているのは，ぜんぜんレベルが違う。違うけれども，どう違うのかということと，どう関係するのか，というこの問題は考えなきゃならん。今日のお話しの中でも身体知に非常に根ざした学問として語られた方もいらっしゃる。それに対して学者としての哲学史に非常に近いところで語られた方もいらっしゃる。これがどう繋がるのかという問題が一点です。
　それから次は，私は経営学の学問的遺産というのは，継承しなければならないと思う。それはアメリカ経営学のテーラーもそうだし，ドイツ経営学も

そうだが,「これはいったいどないなっているのだ」という対象認識の問題と,「かく在るべし」という規範・価値の問題と,それから「どのようにしてするか」という技術の問題。この3つが経営学の三大領域となってきた。それを思想とか哲学というような言い方で表現されるのは,この3つがあって,この3つの上に立ってそのひとつなり,その2つなり,3つなりをどう考えるのかという形のことなのではないでしょうか。方法という問題はそれのメタ領域の問題であると私はそう考える。

次には複合主体・単主体の問題。今までの哲学はほとんど個人というものを中心にしてきました。個人に出発して個人に帰るけれども,経営学,人間本来はそれ自身は複合的な存在なのだから,複合的な意識,複合的な主体というものを経営学は考えざるを得ない。それで経営哲学というものが哲学領域にとっても,決定的な意味をこれからは持たざるを得ないということをお互いに認識しようじゃありませんか,ということです。

課題,グローバルな問題,環境問題,人間の問題というのが出された。それから,それに対して関わるべしという規範はどのようにされるべきか,どうなったら良いのか,ということと科学技術の現状と関わらせてそれをどう我々は考えるかという領域もまたある。僕は経営学の先人達がやった業績の上に立って物を言うべきじゃあないだろうかと考える。それが僕には身体知とは違う「学問知」というものの在り方のように思えます。

司会（藤井）:

次に,日置先生に3人の方から質問を頂いております。その質問と三戸先生の問題が共通なので,一緒に扱わせて頂きます。神戸学院大学の稲村先生からの質問は哲学と思想との分別は不可能ということです。思想の中にも事実命題があり,哲学と呼ばれる中にも価値命題がある,という例を挙げておられます。まず価値命題ではなく事実命題として思想に在るものとしては,「人間は生まれながらに自由である」という政治思想,「利己心における活動は見えざる手に導かれて調和をもたらす」という経済思想,これらがあるではないかと言われています。哲学に関しては,「企業は顧客に奉仕すべき」であるという経営哲学,「安いものを大量に生産すべきである」と言う松下

幸之助の経営哲学，これはいずれも事実命題ではなく価値命題だ。またこれらの経営哲学は非常に学問的ではないながら，経営哲学と称される，こういう現実があるではないか，これをどう考えられるか，というご質問です。

次に新日本製鉄の大隈先生から頂いております。第1点目は，思想と哲学はまだ曖昧だが，実務家から見ると合理的と非合理的なるものは混在している。つまりコスト100円のものをいくらで売るか。その正確なコスト100円までは合理的であるが，実際にいくらで入札するかは，情報が不完全であったり，相手があったりすることから，直感で決められたりするという非合理的なことがある。このような現象をどう思われますか。ということです。

第2点目は同一会社でも各セクションの環境と意思決定者が複数の場合は，果たして同一企業でもその場合，哲学・思想は一つとなるのか，というご質問です。

文教大学の那須先生からは経営哲学の主体，存在の成り立つ根拠，存在の認識可能性の3つの軸について示していただいたが，伺いたい点は，まず哲学ありきなのか，それともまず経営ありきなのかという点です。おそらく経営者の方達は経営が先に立ってそれに哲学を応用していると思いますが，というご質問です。

ではこの点について日置先生から直接お答えを頂きたいと思います。

日置：

哲学と思想の関係につきましては，先程，村田先生のご質問に答える形でお答えしました。結局のところ哲学は思想としてしか語られない。このために両者の混用が起きていると思う。一般的，日常的な言葉で言っても，これはかなり誤用されています。しかし学問的には思想と哲学を峻別することによって何が見えてくるかという思考実験をして頂ければ，非常に見えてくるものは大きいのではないか，と私は思います。そういう点では経営思想と経営哲学を分けるというようなことによって，これまで色々議論されてきたことが，整理されるのではないか。それは学問的な意味での整理であって，哲学という水準から言いますと，実は経営とは何かというその問いは，哲学的には「私にとって経営とは何か」というそういう問題に置き換えることが出

来ます。「私にとって経営」というのは私の学問の対象であるという，それについて色々考えることも哲学でもあるのです。

　ところが経営とは何かを経験科学的に考える，というような思考の様式もまたありうる，この2つはやはり区分すべきであろうと私は思っています。経験科学的な「経営とは何か」という問いと，「私にとって経営とは何か」という問いは，やはり歴然と違うものだろうと思う。そういう思考実験を繰り返しながら，より良き思考を練り上げていくと，これが私がここで主張したいポイントです。

　この辺りは哲学史をもう一度，紐解いてじっくり考えられると，ある点ではかなり分かりやすい部分があるのではないかと思います。

　三戸先生のご指摘の中で，これまでの哲学が個人，単一主体の思考の様式だけを問題にして，存在や認識を扱ってきたのに対して，複合主体を扱うということは，これまでの哲学で考えていなかった点であるというご指摘，これが私が非常に言いたいポイントで，複合主体の中でいかに生きるか。それは例えばバーナードが経営実践の中で個人人格や組織人格という人格の分裂として捉えているというのも1つの解決でもありますし，これまでかなり社会科学の中で論じていたけれども，それをもう一度哲学の言葉に直してみると「私はなぜ組織の中で生きているのか」というようなことを追求していく理論体系という非常に豊かな世界が広がっている。それを是非とも追及して頂きたい。

　私がやるというふうに言わないのは，ちょっとまたやっている暇がなさそうだというのもあるのですが，私も追及していきたいと思いますけれども，若い人に是非やって頂きたいなと思っております。

司会（藤井）：
　先に経営哲学ありきなのか，経営ありきなのか，という点についてほかの3方から簡潔にお答えをお願い致します。

村田：
経営ありきが先だと思います。経営哲学という観点からすれば，まず経営が

あって，それに対する哲学がある。

村山：

　経営も哲学も分けていないので，相互作用みたいなものだと思います。ただ三戸公先生ご指摘の「身体知」と「学問知」の関係です。僕もその点が，かなり気になっています。ハーバード大学では，実務経験だけでは学者になる資格がないといいます。ですから，経営者や実務家らは博士課程に入学して，基礎理論の勉強を掘り下げて学者になっていく。最近の日本では，実務経験（片寄った身体知）を強調し過ぎるところがありますね。そうした事情から「学問知」と「身体知」とを分けるべきとする主張も頷けます。三戸先生へのお答えなのですけれども，私なりの問題認識では，「身体知」と「学問知」の関係とは，自己経営の実在認識レベルの問題だと思います。主体と客体は，自己と非自己との関係です。非自己は自分の中のもう一人の自分かもしれないし，対外的な実在かもしれない。それでお配りした論文をご覧になるとご理解いただけると思いますが，その図の「身体的経営一元化の構図」にある結節点が，「制御機能」と「促進機能」の交差する点です。このことは，人間の体の中にある遺伝子の機能だと思います。それと，あとは「環境体系」と「文明体系」と「職能体系」です。これらの3つの軸と，「抑制」と「制御」の2つの機能を含めた，多重構造的な絡み合わせが，「時間」と「場」を基軸に回転しているという，こういう「自他受容のリズム」です。これが，おそらく「身体知」と「学問知」とを超境界的に均衡させている自己経営のあり方なのではないか，と思います。ご質問に十分お答えできなかったかもしれませんが，一応，「身体的経営一元論の図」を描いておきましたので，ご参考にしていただければ幸いです。

司会（藤井）：

　そういう往復運動も1つの先生のおっしゃった旅というのと関わるのですか。

村山：

そうですね。

厚東：

　経営ありきか，哲学ありきかという問題ですが，僕は同時並行的だろうと思います。例えば具体的には先ほどから言っている，ある社会で自分が生きていてこういう生き方したい，という考え方があることは確かだと思いますね。それと経営は経営としてやっぱり自分とは別に，存在しうる。従って，経営の基本的な考え方とかやり方だとか，どんな人をどんな風に動かしたいかという形で，存在している企業であれば，これを選択することもあるでしょうし，また，自分でベンチャービジネスを起こせば，こういうようにやりたいと言える。そういう意味で，自分が会社を起こすという前提条件で考えれば，先に自分の哲学がありますが，現代の社会にたくさん企業があって，その1つを選択して組織の中に入っていくとなれば，組織は組織としてあって，ある一定のやり方や哲学がある。このように考えると，新しく企業を起こした場合は先に自分の哲学ありきであって，経営ありきではないということです。また，企業に就職するとか，ある組織体に入るということであれば，それに見合った生き方や考えを選択するということが，既に自分の存在と経営哲学を上手く整合しながら選択するということになるので，この問いそのものについてはなかなか答えにくい。ですから，同時並行的ということもあるでしょうし，先に自己ありきという場合もあるでしょう，というふうにしかお答えできません。

司会（藤井）：

　マネジメントコンサルタントの藤木先生から村田先生のご著書『管理の哲学』の中にある，支配から管理へ移行するということについて，今日の報告と関連してコメントを頂ければという質問を頂いておりますので，宜しくお願い致します。

村田：

　那須先生のご質問の経営ありきか，哲学ありきか。今私は経営ありきだと

答えました。その気持ちはあまり変わりません。しかし，相関関係があるということを補足したいと思って少し時間を頂きました。そう思っているうちに厚東先生がすばらしいコメントをなさいまして，まったく同感です。これは哲学をどう捉えるかによるのです。人間の存在というものがまずあると考えるなら，人間の知の営みということが哲学なんですね。哲学と関係するわけです。しかし，人間の存在があるということは生活する，生きる，より良く生きるということが経営と結びつく。すると，組織としてみんなと一緒に生きるというところに，経営の本質があるというふうに思います。人間と組織の連関関係です。これは実は最初からあるわけです。そういう存在として，しかしそれをどう捉えるかは，いかにより良く生きるかという時に哲学的になってくるわけでして，私はやはり哲学というものは知の営みという点で捉えるならば，やはり答えは変わらない。人間の存在が先にあって人間と一緒に行くいろいろな人間達がいる。そして，自然環境がある。そういったところに経営というものがあるのだと思います。

　しかし，三戸先生がおっしゃったように，経営学の先人達に立って考えようと。その通りだと思います。そしてそういう観点からしても，経営学の100年間の歴史というのは，実に経営学や，経営の現実にものすごい影響を与えてきた。また，経営の現実がさらに経営学を促進するという循環系というか，表裏一体的な関係があった。これが，20世紀の進展の姿だと思います。このような観点からしても，また，特に私が最近主張している文明論的な観点からすれば一層，厚東さんのおっしゃったことを私は支持したいと思います。哲学と思想をどう区分するかということが，今日大問題として提起されましたが，これは置いておいて，私は人間の生活と人間社会の文明にとって哲学そのものが組み込まれていると思いますね。そういう意味で，非常に連関関係にあると思うのです。

　と同時に二言だけ。三戸先生の問題提起の身体知と学問知を区分するという問題。これは三戸情報論の根本にあるお考えと繋がってくると思うのですが，それが経営哲学とどう関係するのかということが問題提起の根本にあったわけです。これについて簡単に言いますと，身体知において我々は経営存在そのもののありようというものを感ずると同時に，これをどう捉えるかと

いう言語化していく，文字化していく，情報化していくという時の学問知という問題が問われているというのが，まさに同じ問題意識として関わってくる。那須先生の経営ありきか，経営哲学ありきかという問題と実は関わってくるんだということだけ申し上げておきたいと思います。

　もう1つの質問ですが私の古い著書の『管理の哲学』をお読み下さって，そこに支配から管理へと移行するということについてコメントしろということでございました。マックス・ウェーバーの支配の社会学，支配の諸類型は，非常に素晴らしい仕事でした。私はそれを踏まえながら，20世紀は管理の問題がより鮮明に登場すると述べました。支配というとヘルシャフトですが，ヘルがいて，奴隷がいるという形なんです。そうじゃなくて，自由と平等の理念に立ちながら，しかし管理があるということ，官僚制的支配の中でマックス・ウェーバーも言っているのですが，もっとそれが形を整えつつ，官僚制的支配を引きずりながら，それを打ち破りながら，管理というものが前面に出てくる社会になっているということです。

　フロアーからの質問

質問者　庭本：
　日置先生にお尋ねしたい。哲学と思想を分けるというというのは大変に面白いと思います。その結果，自然人を越えるコーポレートアクターという，私の言葉で言うと組織そのものだと思いますが，思考する主体としての組織・コーポレートアクターという複合主体を明らかにできるという点は，面白いと思います。同時にその個人を超える組織が思考する主体あるいはコーポレートアクターが主体というふうに出てきますと，もし，組織・経営という観点からすると，経営は単なる思考する主体でもなくて，行為する主体であるわけで，哲学を分けて明らかになった結果，本当は思想も含み行為も含む，村田先生は三位一体と言われましたが，そういうものとして成立することをむしろ明らかな結果として出されたのではないかと思うのです。その点はいかがですか。

日置：

　おっしゃる通りだと思います。行為そのものが再帰的に思想を決定する。行為が世界認識を強化するというような循環関係にあるわけですから，そこのところを理論化することはできても，具体的に管理の場において意識することができるかというと，管理にとって一番の重要なポイントというのは，それ自身を自覚的に意識するということだろうと思います。

質問者　藤木：

　一言だけ村田先生にお尋ね致します。経営者の哲学は成功の哲学であり，勝者の哲学になるわけですね。従いまして，支配と服従というのは現代の経営の中にもあると思います。その中で過労死という問題が起きていると考えましたときに，支配から管理の時代に移ったという捉え方は，支配の概念をむしろ薄めるものではないかと思います。むしろ現代の組織化の社会の中で支配はますます強まっていると思うわけです。そうすると経営を問うということは管理のあり方を問うということですので，仕事の管理・人間の管理・欲望の管理・あるいは様々な管理のあり方を哲学的に問うということではないかと思うのですね。そうしたときに，経営者の哲学と対比するというスタンスが学者の方にもあるかどうか強く求められてくると思います。

村田：

　大変面白い論点をお出し頂いたと思います。支配はなくならない。色々な形で残る。根本はパワー，つまり，権力の問題なのです。それは依然としてなくならないということが，先生のお考えの基本的な背景になっていると思います。そうだと思います。人間の社会の根本的問題としてそれは残る。残るのだけれど，残しながら管理というものが全面的に出てくるということが私の主張したことでして，先生のお考えそのものは，私自身は否定出来ないと思います。しかし，管理というものが出てきたということで，人類の社会において非常に新しい姿をもたらしたと私は思います。

質問者　澤野：

今も過労死という問題が出ましたが，哲学では常に死という問題を扱いますが経営哲学は死を扱わないのかと思っていたのですが，村山先生の話しの中で死という話しがでてきたので，具体的に死を経営哲学ではどのように扱ったらいいのかというヒントを頂ければありがたいと思います。

村山：

　経営の定義は，中国語で言うと，責任を果たせないときには，首を吊るという意味です。失敗は自己責任で必ず死に繋がるという語源的な意味があると思います。経営とは，このように常に自己責任と死を覚悟している状況だと思います。だが，もう一つの哲学的意味での経営の死とは，生へ繋がる意味解釈です。死が生へ繋がることは，不易と流行の経営システム思考です。死は生に転換するという経営認識を，「天然の無常観」みたいな宿命科学観で，経営者は本来的に持っていると思います。経営学を最終的には，死の哲学で考えると，死に対してどのように，現代日本の経営者たちは認識しているか。一番不思議な最近の経営現象としては，経営者が不良債権の処理問題の失敗を先き延ばしして会社を辞めないこと（地位／身分に固執すること）です。この経営現象は，経営者に経営哲学が存在しない，という「経営不存在」を物語っています。本当の意味での経営哲学の実在とは，責任のある経営者は，"未来の生"のため，会社を辞めて（死んで），他に機会を解放すべきだと思います。そこに，経営の実在が哲学と再生します。部分最適からは，全体最適の経営哲学は生かされません。油断して傍観者でいると，危機意識の希薄な個人的私益の小利口が，国家再生の大馬鹿の経営哲学を殺してしまいます。

村田：

　死は澤野先生のご質問の通り，経営哲学でもいろいろな意味で課題です。大きくは２つあって，過労死も含めて考えなければならない，人間の死という問題ですね。その点では死生観と言われた村山先生の話しと関連します。もう１つは，組織の死というか社会の死というか文明の死というか，さきほどの複合主体の生と死という問題がある。そして最後に私の死生観を言いた

い。人間のレーベン，生命は死があって生がある。死がないと生きられない。その死をより良く知ることが我々の目的になっていかなければならないと思います。

日置：

死というものにまつわる儀礼に社葬というものがあります。我々の研究グループは『社葬の経営人類学』という本を出しておりますし，死を巡る，あるいは会社という集合体・複合主体の中で生きそして死ぬ，そしてそれを会社が送るというこういう儀礼，こういう存在を考えると，実はまだまだ研究されていないものがたくさんあるのだということだけ指摘しておきたいと思います。

厚東：

死については興味深い問題だと思います。先ほどからみなさんがおしゃっているように，個人の中，組織の中，複合体の中もあります。経営哲学は勝者の哲学だったけれども，このごろ本の中でも「敗将兵を語る」という話がだんだん出てきていますので，企業の経営がだんだん蓄積されてくれば，失敗して潰れていった場合，どういう形で，ただ分析ではなくて，どういう思想に基づいてというような「経営の死」の問題が語られるようになると思っています。経営の哲学，国家の哲学を含めて，いつも勝者であるとは限らないと思う。そんなことを考えています。

第Ⅱ部　経営哲学の領域と方法

5 「経営」の概念と「経営の毒」

中條秀治

1.「経営」とはなにか

「経営（Betrieb）」という発想の浸透する社会とはどのような社会か。

産業社会の出現以前，われわれは自ら消費するために生産していた。ところが，貨幣経済の浸透とともに，売るために，つまり儲けを目的として生産するという経済が一般化することになった。

ウェーバーは経営と家政という対比を用いる。「営利企業の計算と家計の計算とは，根本的にちがっている。すなわち，一方は営利に奉仕するのであり，他方は欲求充足に奉仕する」（1922，訳 p. 339）とウェーバーは簡単に表現している。しかし，この言葉の持つ意味は深い。家政という概念の本質を考えることで経営の本質も見えてくる。

経営と家政の違いは一方が企業の運営であり，他方が家庭の運営ということである。経営は「生産」の局面で合目的的かつ持続的に運営されるのに対して，家政は「消費」の局面で伝統的ないし感情的なものを基礎として運営される。行為の方向性も全く逆である。経営は「禁欲」を志向し，家政は「欲求充足」を志向する。

家政とは，家庭内でなされる行為を基本とする欲求充足的行為である。欲求充足は基本的に「消費」と結び付いている。そこでのあらゆる行為およびそれを支える発想は，生そのものの充足のためのものである。生きている今という一瞬一瞬を味わう行為として，生のプロセスに時間をかけ，そのプロセスから最大限の喜びを引きだす行為である。これは生きるという行為そのものである。

これは山崎正和（1984）が「消費社会」における'本来の'消費の在り方として描き出す世界である。'本来の'消費は「時間の消費」だという。消費プロセスからなるたけ多くの喜びや満足を引き出すために，「満足の引き伸ばし」ということすら行われるという。確かに，ものを'真に'味わうためには，ゆっくりと時間をかけ，その一瞬一瞬の心の動きを確認することが大切である。山崎の言うように，人間の生の欲望は常識とは反対にすぐに満足してしまうものである。それゆえにこそ，人間は欲求充足のプロセスに様式を持ち込み，欲求充足を文化にまで高めたというのはうなずける話である。

　日本の「茶の湯」の発想はこの精神の延長線上にあると言えるだろう。そこでは一服のお茶を喫するために様式を確立し，「今を生きる」精神としての「一期一会」の世界である。またインドの宗教哲学タントラなどは，このような発想を性の世界に持ち込んだものであろう。男女の性愛プロセスそのものを重視し，欲望の引き伸ばしによりそこから最大限の満足と喜びを得ようとする発想は，まさにプロセス重視のものである。これらは生そのものを充実するという発想であり，家政というものの本質と一脈通じるものを持つ。

　いずれにしろ，家政は本来，欲求充足に奉仕するものとして，今なしている行為から最大限の喜びを引き出そうとするものであり，消費プロセスと位置づけられる。またその消費には「時間の消費」というものも含まれている。

　これに対して，経営は欲求充足を目的としない行為である。欲求充足を直接の目的としない行為とはいかなるものであろうか。それは行為自体は手段であり，行為がもたらすであろう結果を目的とした行為である。

　経営は，ウェーバーの場合，「或る種の永続的な目的的行為」，つまり目的達成のための行為である。また目的合理的に行為を統制して行く「技術的な内容をあらわす範疇」でもある。それゆえ経営は目的達成のための理念ないし技術の総体となる。産業社会の到来により，このような目的指向の行為の体系が経済単位の運営に適用されたわけである。

　経営は目的合理性の世界である。特定の目的を達成するという観点であら

ゆる行為が合理化される。目的達成に資するものが選ばれ、そうでないものは極力切り捨てられる。経営では必然的に理性的ないし論理的な手法が選択される。一時の感情の高ぶりで衝動的な行為に走ることや、単なる思いつきによる衝動的な行為は、経営の発想とは相容れない。そんな事では遠大な目的は達成されるはずもない。経営というものが目指す世界は理性的・論理的・持続的行為で裏打ちされた目的合理性が貫徹される世界である。

経営の発想はあらゆる分野で利用される。目的達成が強く求められるところでは経営は必然となる。経営的な理念と技法がなくては、目的は達成し得ない。なぜなら、人間という存在はともすれば目的合理的に行為することが苦手だからである。人間は状況の変化に目を奪われて時に判断力を曇らせ、また感情的になる。なんのための行為かを忘れ、一貫性を欠く行為をしがちである。人間は必ずしも目的指向ではないし、継続的な努力や精神の集中といったことについても生まれながらのものではない。

2．「経営の毒」

競争社会の圧力と所属する組織の力学ゆえに、多くの人は激流に流されるかのように毎日を過ごす。経営の発想が行きすぎると、人生をその中に見失うことも起こりうる。経営はすべてを目的のための手段とする発想である。将来得られるであろう利得のみを動機づけとして、ただ目的への道を歩み続ける行為である。経営はプロセスに充足感を得る発想とは別物である。経営の発想がビジネスと結び付けば、そこでの行為は自己の欲求を禁欲しつつ利潤追求に邁進する行為となる。「時間の節約」が重視され、「時は金なり」となる。

オハイオ州のある都市の有力な雑貨商の人柄を、ドイツ移民の娘婿が日記に書き残した例をウェーバーは挙げている。「この老人は、年々75,000ドルの収入があるのに、仕事を休めないのだろうか。できないのだ。こんどは倉庫の表を400フィートに拡げなければならない。何故だろう。それで何もかも善くなるからだ、と彼は考える。夕刻には妻や娘たちが集まって読書しているのに、彼はいそいで寝床に入るし、日曜日には5分ごとに時計を眺め

て，一日がいつ終わるかと待っている」（1922，訳 p.290）。仕事以外の楽しみを知らず，安息日である日曜日には手持ち無沙汰で困り果てているこの老人の行為様式そのものが「経営」である。老人の行為は目的合理的であり，禁欲的である。現代で言えば，経営の発想はビル・ゲイツに体現されている。彼に代表されるビジネスの勝利者の生活はどのようなものだろうか。彼は，小国の国家予算にも匹敵する巨万の富をもちながら，生活リズムは一介のサラリーマンと変らない。彼は誰よりも一生懸命働くが，もはや利得そのものを目的とはしていない。

　一旦，ビジネス世界での経営的な生き方が染み付いた者は容易に経営の論理から抜け出す事はできないようである。我々はこのようなビジネス志向の生き方を不思議がることすら忘れてしまった。多かれ少なかれ，我々も同じ様に仕事に追われ，仕事上の目的達成をそれが人生の目的であるかのように感じているからである。まさに，ウェーバーが描きだした欲求充足を志向しない目的合理的な行為，すなわち「経営」が我々の思考をおおい尽くしていると考えられるのである。

　ここにいたって「経営の毒」という観点が強調されねばならない。経営は目的合理的な生き方を要請する。しかしこれが極端になると，弊害がでる。経営の論理が家庭生活を侵食するような社会は病んだ社会である。家庭は消費の場として欲求充足を目指すところである。しかるに，ここに目的合理的な禁欲的発想が入ってくると，われわれは人生そのものを見失うことになる。人生は，今という瞬間を味わうことの中にしかないからである。今を禁欲するやり方は生きるということを先延ばしにする。生きている今という瞬間を味わわずして，人生はどこにあるのか。

　現代の日本社会を覆っている発想は，「生活のゆとり」を犠牲にして，そこでの節約分を労働に振り向ける発想である。あらゆる局面で，「合理化」，「効率化」，そして「時間の節約」が声だかに叫ばれている。

　労働現場でムリ・ムラ・ムダの排除が奨励されるのは当然のことであるし，そのための努力が求められてもそれは致し方ないことであろう。しかしこの考え方が職場とは別の論理で運営されるべき家政の分野に及ぶとすれば問題であろう。

日本のサラリーマン家庭では，会社員の夫と妻の会話が省略され，「風呂・飯・新聞」といった単語のみで家庭生活そのものが'節約'されているとも聞く。日本のサラリーマンの多くは家庭生活を放棄し，「24時間戦えますか？」の宣伝文句そのままにドリンク剤をあおりつつ，ビジネス上の成功のために邁進している。経営の発想が市民権を得た現代社会ではなにごとによらず目的達成と直接結び付かぬ行為は無意味な行為として「節約」の対象となっているのである。

　現代人は，ミヒャエル・エンデの童話『モモ』の世界の住人である。『モモ』のお話は時間を節約し，「時間貯蓄銀行」に「時間」をせっせと貯蓄するようになった村人のお話である。村人は時間を節約して，ゆったりと生活できるはずであった。しかし現実は，時間を節約しようとすればするほど人々の生活は忙しくなるという寓話である。エンデのメッセージは家庭生活における時間の節約は人生を豊かにしないというものである。生活における時間の節約は人生の節約である。それは生きている今という時間の軽視であり，結局のところ生きるという事を先延ばしにしていることなのである。

　我々産業社会に生きる者は，「時間貯蓄銀行」で豊かになれると信じた童話の村人と同じ状況にいるのではないのか。経営者も労働者も，経営という目的追求の行為を最高善として信奉しているように見受けられる。しかしビジネス社会の中での経営なるものを考えれば，それは単に経済的側面に主に関わることでしかない。それは人生の全体から見て，財とサービスの生産に関わる領域の話である。ビジネスを人生の最上位に位置づける必要はない。

　森鴎外の小説『青年』に次のような一節がある。

　「一体日本人は生きるということを知っているのだろうか。小学校の門を潜ってからというものは，一しょう懸命にこの学校時代を駆け抜けようとする。その先には生活があると思うのである。学校というものを離れて職業にあり附くと，その職業を為し遂げてしまおうとする。その先には生活があると思うのである。そしてその先には生活はないのである。現在は過去と未来との間に劃した一線である。この線上の上に生活がなくては，生活はどこにもないのである。」(p. 67)

　これは経営的な生き方の末路である。定年間近のサラリーマンに「私の人

生は何だったのだろう」という詠嘆があるとすれば，それも根は同じところにある。

3．「経営の毒」と「節度ある経営実践」

マルクス主義からの批判を除けば，これまでは，「経営の光」の部分しか論じられてこなかったように思われる。わたしが主張したいのは，「経営の毒」の存在である。

経営なる行為の体系は自らを目的達成の手段と位置づけ，現在の行為をすべて目的達成のための手段ないし投資と考える発想である。未来のために今を禁欲する発想が経営の根底にある考え方である。この考え方は目的達成には有効なものである。我々は経営を全面的に否定しては成果を挙げ得ない。しかし，何事にも「節度」が大切である。限度を超えた経営への没入は人生から意味を奪い取ることにもなる。

我々，経営学に携わり，経営の意義を喧伝する立場にある者は，このような「経営の毒」ともいうべき側面にも目を向けていなければならない。このような観点の欠落したナイーブともいうべき経営礼賛や経営思考がもたらす機能一辺倒の生き方の提唱は我々に幸せをもたらさないことを知るべきである。それは我々の人生そのものである今という瞬間から満足や喜びを得る生き方を否定し，人生の意味の探求を先送りする生き方を強要することになるからである。

経営を指揮する者は自らが追求する目的を社会全体や自己の人生全体の中に位置づけるためにも哲学を持つ必要がある。経営を担う者が「経営の毒」を十分に認識しなければ，「節度ある経営実践」という発想は出てこない。過ぎれば，良薬も毒となる。「経営の毒」を知り「節度」を心がけることこそ，経営責任の根幹に据えられるべきものでなければならない。

注） 本文は，『組織の概念』（中條，1998）の「7章・経営の概念」159-160頁および「終章　経営組織論の未来―ウェーバーの呪縛を超えて―」の398-404頁を加筆修正したものである。

6 経営哲学の概念と方法

小笠原　英　司

1．経営哲学の概念

　経営哲学の概念は多義的で,「経営哲学学会第19回大会」における4つの統一論題および各報告においても,その意味が必ずしも合意されたうえで議論されていたわけではなかった。筆者はかねてよりこれを以下のように整理してきた[1]。

　経営哲学の概念は,まずは経営学としての経営哲学（Ⓐ 学としての経営哲学）という意味であり[2],つぎにはその「学としての経営哲学」を構成する内実たる理論的命題の総体（Ⓑ 命題としての経営哲学）を指す。言うまでもなく,この意味での経営哲学がこの概念の中核を成すものである。さらに上記のように,この「命題（proposition）としての経営哲学」を定立するための素材ないし対象としての経営哲学が,特に経営者のそれ（一般には経営理念と言われる）として何らかの形で提示されている場合,われわれはこれを「Ⓒ 素材としての経営哲学」として位置づける。このようにわれわれの「経営哲学」は少なくとも3層的に捉えられ,まず経営の哲学的問題に対して Ⓒ を利用しつつ考察を加え,その一定の知見として Ⓑ を構成し,それらの総体を一定の学的体系としての Ⓐ に高めるというように,3段階的に関連するものとして概念的に把握される。また,Ⓑ が理論的経営哲学であるのに対し,Ⓒ は「日常の経営哲学」である点に相違がある。

　経営哲学という名辞が理論的なものを志向するか日常的なものかは,「哲学」という名辞にまつわる硬軟二様の理解に端を発していると考えられる。すなわち経営哲学という言葉の「哲学」に力点を置く場合,通常われわれは

専門学としての『哲学』(学問分野としての哲学, 学科としての哲学, 科目としての哲学) を想起する。他方, 哲学という言葉のもっとも日常化した用語法は, 個々人の世界観や人生観, 基本的なことがらに関する思想を意味する言葉として用いられ, 哲学専門家でさえかかる「広義の哲学」の立場に立つ者も少なくない[3]。こうして専門学としての『哲学』の内部も,「その性格, 内容, 方法をめぐっておびただしい異説の対立を示し, 一方の肯定は他方の否定を意味し, 個々の哲学のすべてに通じる特色は, ただ名前だけにすぎないという感じをいだかせる」状況にあるとさえ言われる[4]。

さて, われわれは理論的経営哲学 (ないし経営哲学理論) の展開をめざすが, そのことは決して「日常の哲学」および「日常の経営哲学」を無視したり排除したりするものではない。むしろそれを軽視することは, 経営哲学研究を単なる思弁にとどめるばかりではなく, 理論的遊戯の自己満足のなかに自らを埋没させることになるであろう。すなわち「日常の経営哲学」としての経営者・管理者の経営実践思想は, 通常それ自体としては理論的経営哲学 (経営学的経営哲学) にまで昇華されていないが, それは経営哲学理論の内容を豊かにし, そこに経験の血肉を滋養するものとして欠くことはできない。

2. 哲学的アプローチ

経営哲学の特性は何か。経営科学 (狭義の経営学) が経営に対する科学的アプローチであるのに対し, 経営哲学Ⓐは経営学の哲学的アプローチである。哲学的アプローチの特性は科学的アプローチとの対比でその特性を探ることができる。また, 経営哲学Ⓑとは「経営を哲学する」ことであった。「哲学する」こととはどういうことか。「科学する」ことと, どこが異なるのか。

こうした基本的疑問に答えるためには相当の議論が必要であるが, 詳論を省略して要点のみを列挙すれば, 差し当たり, ① 通念・通説への懐疑, ② 本質の追究, ③ 全体性の認識, ④ 総合的方法の開発, ⑤ 価値問題への介入, を特徴とする認識態度と方法とすることができるであろう。

このように，経営哲学はまずは「哲学的」方法であるが，さらにこの「哲学的」という形容詞は，経営哲学の哲学性の程度が相対的であることを示している。経営哲学Ⓐ Ⓑ がどの程度の哲学性をめざすかは，一義的に規定できない。要するに，経営の原理的言明は具体的，抽象的，あるいは表層的，深層的，さまざまなレベルでなされ得るのであって，抽象的・深層的レベルの議論（理論的経営哲学）を哲学的とするのが山本説であり，具体的・表層的レベル（日常的経営哲学）で議論すべきとするのが山城説であった。

ところで，経営学（広義）を経営科学と経営哲学の2重構造において構想する山本流の見解に対し，当学会シンポジウムにおいて，庭本佳和氏（甲南大学）より，「自分にとっての経営学は，始めから哲学的であって，あらためて経営哲学を主張する意義はどこにあるのか」という議論が提起された。

この議論は重要な問題提起であって，一見筆者の主張と対立的に見えるが，実は筆者の言わんとする点と庭本氏の理解にほとんど齟齬はない。すなわち，経営学を科学と哲学の統一的な視野と方法によって展開される学術体系と捉える観点は，氏と筆者が共有している経営学観である[5]。しかも，かつて経営学は少なからぬ経営学者によって，そのような学として理解されていた。しかし，戦後からこんにちまで，次第にそれは少数派の経営学になってしまった。経営学は「科学としての経営学」の側面のみからなる「社会科学」であるとの理解が蔓延し，「哲学としての経営学」の側面は切り捨てられてきたのである[6]。

また，ついでに補足すれば，哲学と科学の区別と関連は諸学によって異なり，両者が限りなく近似する関係から，物理科学と哲学のように両者の距離が大きいものまで多様であろう。経営哲学と経営科学（経営学）は区別されつつ密接に関連する関係として位置づけるべきであろう。

さて，経営哲学研究といってもその具体的方法は多様であり，それを一絡げにすることは，経営哲学の体系化という観点からは無用の混乱を招くおそれがある。筆者は経営哲学研究を，そのなかで用いる主要なツールによって，①文化論アプローチ〔日常の哲学〕，②哲学説アプローチ〔哲学理論〕，③経営者哲学アプローチ〔経営者の哲学〕，④経営学説アプローチ〔経営理論〕の4種に分類してきた（〔　〕内はツール）[7]。①・③が「日常的」，

②・④が理論的と区別することができるし，①・②が文化・文明論や『哲学』分野のアプローチであり，③・④が経営者史や経営学が得意とするアプローチであろう。逆に言えば，①・②のアプローチを開拓することが経営学的経営哲学の課題となろう[8]。

このように，今後，経営学（広義）としての経営哲学はこれらのアプローチのメリットを活用すべきであるが，本稿では，特に経営学説アプローチの意義を再度強調する。それはこのアプローチが経営学的経営哲学の方法としてもっとも身近なものであり有効なものでありながら，いまだその意義が十分に理解されていないと思われるからである。

3. 経営学説研究の意義

このアプローチのツールは経営理論（経営学説）であるが，それは「哲学的経営学説」に限定されるのであって，単に経営現象のあれこれを——いかに念入りな調査研究にもとづくものであれ——記述しただけの「科学的レポート」はもちろん，一歩進んで特定主題の「説明」にまで及んだ高度に理論的な経営論であっても，自らを経験科学の範疇に規制して経営の本質的問題を「省察」する作業に踏み込もうとしない経営理論は除外されることになる。経営哲学的経営学説の特定は評者によって多少異なろうが，たとえば，テイラー（F. W. Taylor），ニックリッシュ（H. Nicklisch），ファヨール（H. Fayol），フォード（H. Ford），フォレット（M. P. Follett），シェーンプルーク（F. Schönpflug），メイヨー（E. Mayo），バーナード（C. I. Barnard），サイモン（H. A. Simon），ドラッカー（P. F. Drucker）といった名を落とすことはできないであろう。

永く学界で「古典」の評価を得たこれらの経営理論は「グランド・セオリー」とか「パラダイム学説」と言われ，経営学における指導学説として多大の影響力を有している。すなわち，経営学の古典的学説は時代と地域を超えた一般性と，現象面から本質面までを捉える包括性，他の学説と明確に区別される独自性を有し，単に経営科学的に学史的意義を有するばかりでなく，経営哲学的理論としても古典的であることを意味している。したがっ

て，経営学的経営哲学の研究にとって，経営学説は格別の研究ツールとなる。経営学説はそれ自体が直接かつ理論的に経営（広義）を語っているものであるから，それがどこまで経営の真像と本質に肉薄しているかを探ること自体が経営哲学の探究となる。

ところで，この経営学説研究について，嘗て，わが国経営学研究は輸入学にすぎず，理論構築を怠り，その予備的作業たる学説研究――しかも学説の学習と解釈――に偏向している，と批評されたことがあった[9]。この評言は正鵠を得ている面もあるが，わが国の経営学研究を適正に評価したものではない。特に経営学説研究の意義を過小に見過ぎる点で本報告と見解を異にする。評者が言うように，たしかに理論構築は研究の一環として不可欠であるが，それは研究の目的でも目標でもない。むしろ理論は研究の手段なのであって，その意義を過大に見るべきではない。他方では，理論は仮設モデルに過ぎないといって，安直な理論を提示すればよいというものでもない。理論は可能なかぎり良質なものが望ましいが，そのためにも，発想の革新や概念の吟味，論理構成の鍛錬等々の学術作業が理論構築のプロセスとして重視されるのであって，これを予備的などと評すべきではない。

学説研究は，学説の全体像，特徴，意義を探究する ① 解明的学説研究に始まり，当該経営学説が特定の研究目的に向かう方法・手段として有効であるか否かを再吟味する ② 選別的学説研究と，これにパスした学説を活用して研究目的に供する ③ 目的的学説研究，という3段階からなる。趣味としての学説研究を別とすれば，経営学における学説研究は学説解釈そのものが目的なのではない。それは当該研究目的に対する方法（学説的アプローチ）であり，手段である。

以上の観点から評すれば，わが国の経営学説研究は，部分的には「訓古学」の謗りを受けざるを得ないものの，優れた目的的学説研究も多数蓄積されており，しかもその多くは「経営とは何か」「経営はいかにあるべきか」という経営哲学的基本問題を背後に抱えながら，その問いを共有する経営学説とともに（あるいはそれの再検討を通じて）各自の研究主題に向かう研究方法として採られるものであった。筆者は当学会第16回大会の報告で，山本安次郎，三戸 公，村田晴夫の各氏によるバーナード論を取り上げ，各氏が

バーナード研究を通じて追究した経営哲学的主題の確認を試みた[10]。

上述したように，古典的学説は科学的と哲学的の両面を併せ持つグランド・セオリーである。経営哲学研究として経営学説を扱う場合，経営科学研究のそれが学説における理論的概念体系の科学性の吟味に置かれるのに対して，その理論的基盤たる思想面（人間観や組織観，経営観，事業観 etc.）に関心が向けられることになる。また，経営学の方法革新を探究する経営学の学理の哲学，すなわち「経営学理哲学」（経営学方法論）は経営哲学の主題領域の一つをなし，そこでは当該学説が立脚する知識観，科学観といった認識論的問題を追究するのである。

最後に，基本的ながら忘れがちなことを指摘しておきたい。哲学的アプローチは科学がめざすような法則発見的なものではなく，原理探求的であることを特徴とする。ただし，原理探求とは誰にも同じく認識される「隠された」普遍原理というものがあって，それを探求することを意味するものではない。それは哲学主体の意識と思索と方法によって定められる「哲学的」原理にほかならない。つまり「哲学的」ということは個性的であることを意味するのである。したがって，『哲学』の内部が百花繚乱を呈するのはやむを得ず，「哲学的」学説研究にも「定説」らしきものはないと見るべきであろう。

したがって，たとえば山本，三戸，村田，各氏のバーナード理解は，近いといえばたしかに近い。しかし，3氏の経営哲学的思考が個性的であるとすれば，3氏のバーナード学説研究は，決して同じものではない。そこが科学的学説研究と哲学的経営学説研究の相違であり，それこそが哲学的経営学説研究の醍醐味でもあろう。

注
1) 拙稿 (1997a)
2) 経営学を経営科学と経営哲学とからなる学的体系であることを明確な記述で主張したのは，わが国の山本安次郎であった。山本は「経営の理論や経営管理の信念や思想を表明するにすぎないような哲学ではなく，ここでは学問論上経営科学に対する経営哲学を意味する」と述べ，あくまでも「学としての経営哲学」を主張した。これに対して山城 章は，経営実践思想としての経営哲学の必要を主張している。山城は山本の経営哲学論と対立した見解を表明したことになる。
3) たとえば次を参照のこと。岩崎武雄 (1966)，梅原 猛 (1986)，鶴見俊輔 (1986)

4）『哲学辞典』(1971) 973-974頁。
5）哲学と科学は対照的ではあっても，もとより対立的なものではない。
6）その契機をなしたものは，サイモン理論の登場と1960年代のコンティンジェンシー理論の隆盛であろう。こんにちアメリカの経営学研究は実証的現象研究が主流で，その影響は日本経営学にも及んでいる。
7）拙稿（1997b）。これらのアプローチが排他的なものではないという点に注意されたい。4種のアプローチは併用可能であり，むしろすべてを併用するのが望ましい。
8）文化論アプローチは，いわゆる「日本的経営論」の有力なアプローチとなってはいるが，それは「日本的経営」を記述・説明する論理として活用されるにとどまり，その現象の深部を探究する哲学的アプローチに至っているかどうか，である。
9）岩田龍子（1980）。
10）拙稿（2000）。

参考文献

拙稿（1997a）「経営哲学の概念」立正大学経営学部編『戦略経営への新たなる挑戦』第2章，森山書店。
拙稿（1997b）「経営哲学のフレームワーク」明治大学経営学部『経営論集』第45巻 第1号。
拙稿（2000）「経営哲学研究の類型と経営学説研究」経営哲学学会『経営哲学論集』第16集。
岩崎武雄（1966）『哲学のすすめ』講談社。
岩田龍子（1980）『日本的センスの経営学』東洋経済新報社。
梅原　猛（1986）『日常の思想』集英社。
鶴見俊輔（1986）『アメリカ哲学』講談社。
『哲学事典』(1971) 青木書店。
村田晴夫（1984）『管理の哲学』文眞堂。
三戸　公（1997）『現代の学としての経営学』文眞堂。
山城　章（1984）「経営哲学の時代！―なぜいま哲学か」『経営教育』日本マネジメント・スクール。
山本安次郎（1961）『経営学本質論』森山書店。
C.I.バーナード，山本安次郎・田杉　競・飯野春樹訳（1968）『新訳 経営者の役割』ダイヤモンド社。
C.I.バーナード，飯野春樹監訳（1990）『組織と管理』文眞堂。
W.B.ウォルフ・飯野春樹編，飯野春樹監訳，日本バーナード協会訳（1986）『バーナード 経営者の哲学』文眞堂。

7 経営哲学の領域と方法

増 田 茂 樹

1. はじめに

　筆者は，本学会第18回全国大会（関西大学）において，「経営学の研究方法と学的性格―経営哲学の存在を問う―」の標題の下に，筆者なりに信ずる経営学の研究方法を提示し，経営学の学的性格を論じ，学的独立性を論証し（経営学の哲学），さらにそれらを通じて経営哲学（経営の哲学）すなわち経営の社会的責任論・環境保全論・社会貢献論・倫理論の，経営学における存在証明を試みた。
　経営とは何か。経営学は経営を問う。しかし，それをどう問うか。その問い方が問題である。
　経営は「主体の論理」（山本安次郎の「行為的主体存在論」，山城　章の「主体性の論理」）で問わなければならない（問わざるを得ない）。それ以外の方法で問うても，真の経営は把握できないからである。
　経営を問うのは「われ」である。しかし，その「われ」は「われは，われならずして，われである」われでなければならない。
　経営を問う「われ」は経営学者（職業としての）に限らない。経営者（職業としての）も経営を問う。経営を問い，Kを獲得せんとする「われ」の状態が経営学者であって（下掲図参照），それは経営学者（職業としての）であると，経営者（職業としての）であるとを問わない。経営学者であっても，経営を問わなければ，経営学者ではない。経営者であっても経営を問うとき，その時かれは経営学者である。
　その「われ」が経営に没入し経営になって行って観る，と同時に外に出て

観る。内観即外観，外観即内観において観る。(K/E)において観なければならない（下掲図参照）。われが経営に対峙しているのでなく，経営の中に入り，われが「経営となって観，経営となって行う」のである。

この「われ」が，この様な方法で体得してゆく知識（Ⓚ，下掲図参照）の中にこそ，経営の哲学が存在するのであり，それは研ぎ澄まされた経営の「真」（現代においては，社会的責任・環境保全）・「善」（同様に，社会貢献）・「美」（同様に，倫理）の境地のものである。

以上，前大会においてこの様な報告をしたのであるが，この際，筆者は経営哲学の領域をどのように考えているのか。経営哲学の方法をどのようなものとして捉えているのか，の2点について，改めて明確化するのがここでの課題である。

図　経営学の課題と領域

K：知識・原理・理論　E：実際・経験・経営存在　A：実践能力

2．経営哲学の領域

経営学における経営哲学[1]には，① 経営学とは何かの問題領域と，② 経営とは何かの問題領域の2つが存在する。前者が「経営学の哲学」の領域であり，後者が「経営の哲学」の領域である。[2]

(1) 「経営学の哲学」の領域

経営学とは何かを問題とする領域である。いわば「経営学学」の領域である。この領域には，① 経営学の研究対象は何か，② 経営学の研究方法はどの様か，③ 経営学の課題は何か，④ 経営学の学的性格はどの様か，等々の

領域を含むと考えられる。拙稿「経営学の研究方法と学的性格―経営哲学の存在を問う―」（経営哲学学会『経営哲学論集第18集』2002年）は，この問題に答えたものである。

(2) 「経営の哲学」の領域

経営とは何かを問題とする領域である。この領域には，① 経営とは何か，② 経営環境とは何か，③ 企業とは何か，④ 組織とは何か，⑤ 管理とは何か。⑥ 作業とは何か，ひるがえって ⑦ 経営価値とは何か，⑧ 人間とは何か，等々の領域を含むと考えられる。

3．経営哲学の方法

経営哲学の領域として，大別して上記2つがあるが，それぞれの領域における「方法」について明確化する。

(1) 「経営学の哲学」の方法

経営学を哲学（philosophieren）する方法は「主体の論理」に基づく方法でなければならない。それしかない。

なぜならば，経営学の研究対象は経営であって，① 経営は主体的な存在であるが故に，② それを真に経営存在として把握するには，山本も言うように，これを「対象化せずして対象とせざるを得ない。」それを可能にするのが「主体の論理」だからである。

(2) 「経営の哲学」の方法

(a) 「経営の哲学」（philosophieren）の方法

経営を哲学（philosophieren）する，すなわち経営の哲学（Philosophie, Ⓡ）を獲得するのに，その方法は「主体の論理」しかない。

なぜならば，前項で見たように，経営を真に経営存在として把握し得る経営学の方法には，「主体の論理」しかないからである。

(b) 「経営の哲学」（Philosophie）

経営を「経営の哲学」の方法すなわち「主体の論理」で，哲学（philosophieren）すれば，経営の「真」（現代においてはたとえば，社会的責任，環境保全）・「善」（同様に，社会貢献）・「美」（同様に，倫理）としての「経

営の哲学」（Philosophie）に至る。

　「作業の科学」も，「管理の科学」も，「経営の科学」も経営の哲学すなわち経営の真・善・美において統合される。否，経営の哲学，経営の真・善・美において，経営され管理され作業がなされる。

　なぜならば，その真・善・美は「われ」（「われは，われならずして，われである」われ）が「経営となって見，経営となって行う」，すなわち「われ」が経営になりきって作業し管理し経営するとき，そこにおいて体得され研ぎ澄まされた知識⑯，すなわち「主体の論理」によって導かれた経営の哲学（Philosophie）だからである。しかも，より根本的には，それを行う「われ」（「われわれ」）が「人間」[3]だからである。

注
1） 一般に，哲学という場合，哲学すること（philosophieren）とそのことの結果ないし到達点としての哲学（Philosophie）の2者を意味する。
2） 経営学と経営哲学の領域関係を図で表せば，上掲図に，つぎのように加筆できる。

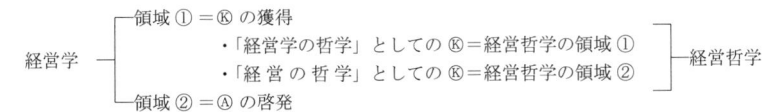

経営学 ┬ 領域 ① ＝ ⑯ の獲得
　　　　│　　・「経営学の哲学」としての ⑯ ＝ 経営哲学の領域 ①　┐
　　　　│　　・「経営の哲学」としての ⑯ ＝ 経営哲学の領域 ②　　├ 経営哲学
　　　　└ 領域 ② ＝ Ⓐ の啓発　　　　　　　　　　　　　　　　　　┘

3） もちろん，ここでの人間は「人間は，人間ならずして，人間である」人間でなければならない。物・世界に対峙する人間（ego）でなくて，物・世界になっている人間である。「無心」，「無我」なる人間と言ってもよい。
〈詳しくは以下を参照されたし〉
・拙稿（1998）「経営学における研究方法について(1)—山本経営学における研究方法の確認—」愛知産業大学経営研究所『所報』創刊号。
・拙稿（2000）「経営学における研究方法について(2)—山本経営学における研究方法の確認—」愛知産業大学経営研究所『所報』第3号。
・拙稿（1999）「経営学における研究方法について—山城経営学における研究方法の確認—」森本三男編『実践経営の課題と経営教育』学文社。
・拙稿（2001）「経営学における研究方法について—山本・山城経営学における研究方法を基礎にして—」愛知産業大学紀要，第9号。
・拙稿（2002）「経営学の研究方法と学的性格—経営哲学の存在を問う—」経営哲学学会『経営哲学論集』第18集。

8 経営哲学の領域と方法
──その科学的位置づけ──

大 平 浩 二

1. はじめに

このシンポジウムの課題は，タイトルにもあるように，経営哲学研究の領域とその研究の方法論（methodology）を議論することにある。筆者はこの課題を，近代科学のフレームワークを通して検討するところから始めたい。

ここでいう科学は，広くはいわゆる啓蒙主義運動の結果として誕生した近代（西欧）科学であり，経験・合理主義的知識の獲得をその基本思想とする。19世紀後半から20世紀にかけて誕生した経営学においてもドイツであれアメリカであれ（若干の例外はあるものの）基本的には上記のような思想と社会情勢の下に生成されたといってよい。〔文献Ⅴを参照〕

「啓蒙」というプロセスを経て誕生したからであろうか，以前より科学という言葉には"厳密性"，"客観性"あるいは"合理性"等といったニュアンスがつきまとうこととなった。そしてこの約200年間，他の知識体系がなし得なかった大きな成果を生み出してきた。その結果として，一部には端的な例として科学万能主義が流布し，他方では逆に，その対極としての反科学主義が排出することとなっている。

また同時に，われわれ社会科学者にとって正面から"科学"を論じたり，"科学としての経営学"という時には，いつもながらある種の決まり悪さをぬぐい去りえない。これは，近代科学（の方法）が自然科学を中心に発展してきた歴史的経緯があるからであろう。

この近代科学の知識観を土台として，経営哲学の領域と方法を検討するの

が本稿の課題である。近代科学の内容は多様であるが，その中でも本稿での研究方法は，批判的合理主義からリサーチ・プログラムそして外在史（エクスターナル）アプローチ等に基づきながら，上記テーマの可能性を探ることにある。下記の図1において，⬚ で囲まれた部分がその範囲を示している。

また本稿の内容は，複数の報告者による同時進行的議論というシンポジウム形式をも念頭において作成されている。

図1 《経営学を巡る近代科学哲学（経験・合理主義）の主要潮流》

経験・合理主義的科学観
　　〈論理実証主義〉…カルナップ
　　〈批判的合理主義〉…ポパー　*インターナル・アプローチ
　　〈リサーチ・プログラム〉…ラカトシュ＋*エクスターナル・アプローチ
　　〈パラダイム論〉…クーン

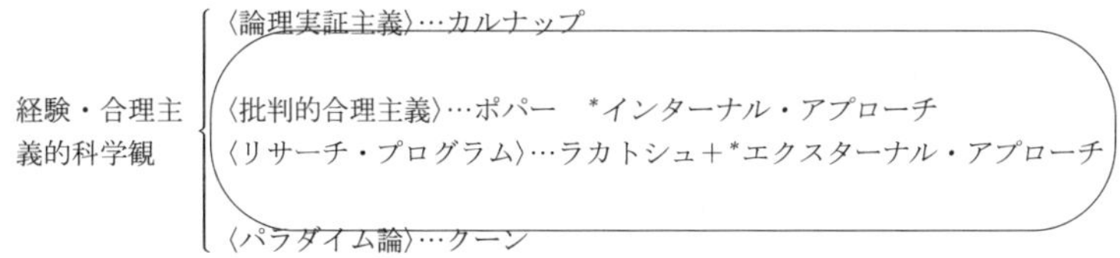

2．経営学を巡る近代科学哲学（経験・合理主義）の主要潮流

近代科学に対する評価は様々であるが，この約200年間の経験主義や合理主義に基づく知識の蓄積と成果は何人も否定することはできないと思われる。もちろん，近代科学の知識体系は完全ではないし，すべての問題を解決したわけでもない。近年における科学批判は，それに謙虚に耳を傾ける必要があるとともに，更にそれだけの批判があるという事実は，逆に近代科学の成果の多さの証明でもある。われわれの現実の社会生活も，多くの部分を近代科学に頼っている。いずれにせよ，好むと好まざるとに拘わらず，いまだわれわれはその枠組みから大きく離れて科学（的知識）を論じえないし，今のところそれに替わる包括的で大きな知識体系を得ているわけではない。

さらに，科学の方法を論じるに際して重要な点は，この近代科学が内包する諸問題や限界を少しでも解決し，現実に関するより正確な知識の獲得と拡大，そしてそこにおける問題解決に努力することにある。われわれにとって留意すべきことは，極度の楽観主義と懐疑主義（例えば,単純な枚挙による真理への接近主義や,その対極にある"方法論的アナーキズム"）に陥らないことであろう。科学的知識が誤りうることを充分に認識することによっ

て，われわれはそれを修正しつつ進歩しうるはずだからである。この図1の中での囲みのなかの立場は，まさにそうした考えに基づく方法である。

もっとも従来からの科学的知識をめぐる議論ではこの図1の◯で囲んだ範囲に限らないことは周知のとおりである。この点についての議論は別に譲りたい。〔文献V・IXを参照〕

3. 研究対象としての「経営哲学」

経営哲学は，この名称の中に「哲学」という用語を含んでいるが故に，一見紛らわしい印象を与えることがある。経営学とその研究対象である経営哲学の関係を含めて，それらの学問の位置づけを示せば図2のようになる。〔文献V・IXを参照〕

この図2にあるように，「経営哲学」は，（広く解釈すれば）経営者理念やその企業の有する哲学・理念・思想また文化等を含んだ意味での現実における経営哲学現象として捉えられる。この経営哲学現象を研究対象とするのが経営学，とりわけその中でも経営哲学論という分野である。参考までに付記すれば，組織現象を研究対象とするのが経営組織論ということになる（以下同）。

図2 経営哲学の学問上の位置付け

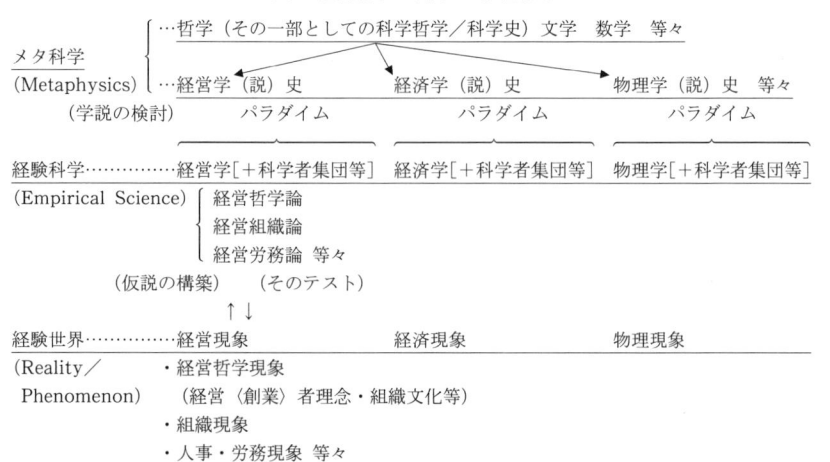

```
メタ科学        ┌…哲学（その一部としての科学哲学／科学史）文学 数学 等々
(Metaphysics)   └…経営学（説）史      経済学（説）史      物理学（説）史 等々
  (学説の検討)      パラダイム         パラダイム         パラダイム

経験科学………… 経営学[+科学者集団等]  経済学[+科学者集団等]  物理学[+科学者集団等]
(Empirical Science) ┌経営哲学論
                    │経営組織論
                    └経営労務論 等々
    (仮説の構築)      (そのテスト)
                      ↑↓
経験世界………… 経営現象          経済現象           物理現象
(Reality/       ・経営哲学現象
 Phenomenon)      （経営〈創業〉者理念・組織文化等）
                ・組織現象
                ・人事・労務現象 等々
```

4. シンポジウムとしての若干の問題提起

 以上の概略的検討を本シンポジウムの報告者との関連において, 幾つかの点で問題提起をすることとしよう。まず「経営哲学」と経営学との関連で言えば, 小笠原見解〔文献Ⅰ〕にある両者の関連付け, すなわち

広義経営学 → { 狭義経営学
　　　　　　　広義経営哲学 { 経営哲学（経営学の認識の根拠を問題とする）
　　　　　　　　　　　　　　狭義経営哲学（経営存在哲学・経営実践哲学）

この図にある「経営哲学（経営学の認識の根拠を問題とする）」は, 前図2で示したように, いわゆる「科学哲学／科学史」で済むのではないかと思われる。

 また, 村田晴夫の言う「地球を覆う問題群…(1)環境問題(2)文化多元性の問題(3)人間性の問題」や「高い文化の次元からの取り組み」と「経営哲学」との関係においても, これらの諸問題は確かに人類にとっての極めて大きな問題ではあるが, 経営学における「経営哲学固有」の問題ではないのではないか。〔文献Ⅱ〕というのは, 今の近代科学そのものが, 18世紀後半において, 「高い次元」からの脱却によって成立した経緯を想起したい。すでに触れたように, 近代科学が多くの問題を抱え, "随伴的結果"が生じていることも事実である。しかし, こうした議論はあくまで大なり小なり近代科学の枠の中で行われている議論ではないであろうか。

 さらに増田茂樹は「主体の論理」を近代科学に代わる方法として掲示されている。近代科学に代わる, という場合, 2つの解釈が考えられる。1つは近代科学の部分的な補完ないし補助的方法として考える, という場合と, もう1つは, それに全面的に取って代わる場合である。後者の場合であるとすれば「主体の論理」は, 近代科学に代わって, どのような問題をどのように解決したのであろうか？ 換言すれば, その結果として何らかの随伴的結果をも生んだのであろうか？〔文献Ⅲ〕

5. むすび

最後に，経営哲学研究について今回の議論も含めて残された課題を2つほど挙げて結びとしたい。

まず第1は，科学としての経営学における経営哲学研究のあり方である。まさに今回の議論がそれである。われわれの多くが意識するしないに拘わらず，その土台の上で科学的知識を論じてきたこの近代科学も，現在大きな課題に直面している。とりわけ，科学と社会の関係ないし科学の制度化の問題がそれであり，これは科学的知識や価値の独立性の問題でもある。この問題は同時に，科学（者の行う）活動における諸問題でもある。これに関しては，本稿で触れたように科学をインターナルに捉えるだけでなく，エクスターナルな要素を含めた方法論上のアプローチが不可欠であろう。そして，この点において，近代科学がもつ限界をどのような形で新しい方法によって克服できるのかが問われることとなろう。

第2は―第1の点と関連するが―近年のわが国の経済情勢や企業の改革論議，そしてまた更に経営学を取り巻く諸制度の変容（例えばビジネススクールにおける斯学の位置づけ）の中で経営哲学を論じなければならない，ということである。

この種の問題は，現実の企業経営を研究対象とする経営学にとって，避け得ない問題であるが，未だ充分に論議されてきたとは思えない。特に経営哲学の研究においては今回のシンポジウムのような様々な角度からの多くの本質的議論を通してその進展が見られるのであろう。

文献

I　小笠原英司（1995.3）「経営哲学の体系―経営学的経営哲学の構想―」『経営論集』第42巻1号。
II　村田晴夫（1997.3）「経営哲学の構想―経営管理論の新しい展開のための序説」『桃山学院大学経済経営論集』第38巻4号。
III　増田茂樹（2001.9）「経営学の研究方法と学的性格―経営哲学の存在を問う―」『経営哲学学会第18回大会報告要旨』。
IV　大平浩二（2000.1）「経営哲学の経営原理」小椋康宏編『経営学原理（第2版）』学文社。
V　大平浩二（2002.1）「経営学説の研究(1)―科学史としての経営学説の方法―」『経済研究』（明

治学院大学）第122・123号。

VI　Popper, K, R. (1959) *The Logic of Scientific Discovery*. （森　博・大内義一訳『科学的発見の論理(上・下)』恒星社厚生閣, 1971-72年。）；(1972) *Objective Knowledge*. （森博訳『客観的知識』木鐸社, 1974年。）

VII　Kuhn, T. (1970) *The Structure of Scientific Revolution* (2ed.). （中山　茂訳『科学革命の構造』みすず書房, 1971年。）；(1977) *The Essential Tension*. （中山　茂訳『本質的緊張(1・2)』みすず書房, 1992年。）

VIII　Lakatos, I. (1978) *The Methodology of Scientific Research Programmes : Philosophical Papers*. （村上陽一郎訳『方法の擁護―科学的研究プログラムの方法論』新曜社, 1986年。）

IX　伊藤俊太郎・村上陽一郎（1989）『講座　科学史1　西欧科学史の位相』培風館。

9　経営哲学確立の方法論

梅　澤　　正

1．経営哲学の確立—日本企業の課題

　1970年以降，日本社会と世界社会が日本企業に寄せる信頼性は，著しく低下した。何故か。経営理念が実践されていない，あるいは経営理念と企業行動のあいだにズレがあって，固有の存在意義を確立しそこなっている企業が多いという現実があるからである。世界の国々から，日本の企業と社員の「顔が見えない」としばしば言われるのもそのためである。
　コスト削減と生産性向上の技術に優れていながら，必ずしも企業業績として結実せず，高くて強い経済力を誇れる状態にはない。それを埋めるかのように，不正な取引や規範逸脱的経営行為が横行する。最大の問題点は，社員が自らのライフキャリアを展望できない状況におかれているという現実である。日本の企業経営に対して，世界の国々から，経済性と技術性に偏しているとの指摘がなされるのも故なしとしない。多くの日本企業が，文字どおり哲学を身につけていないことの例証であろう。
　根源に立ち返ってモノゴトの本質を問い，モノゴトに固有の意味や意義を明らかにしようとするのが哲学ではなかろうか。したがって経営哲学を確立させている企業は，企業経営に臨む原理・原則を定め，基本思想をしっかりと打ち樹てる。そもそも事業とは何か，経営とは何かと反芻し，企業経営の本質・意味・概念を確立しようと努める。顧客・社会・社員に対してどんな考え方でどう行動したら道理や条理に適っているのかを，しかと弁えようとする。
　企業経営にかかわるあらゆる要素，たとえば事業・組織・人事・能力・商品・市場・技術・コスト・生産性・広告といった一つひとつについても同様

な問い掛けをし，その本質に迫ろうとする。哲学をもつ会社は，「理」（ことわり）を弁えた企業である。

いずれにしても「哲学をする」とは，自ら（主体）を時間的な流れ（過去，現在，未来）と空間的な広がり（地域，社会，世界，宇宙）において位置づけ，確認しようとすること。その意味で経営哲学の課題として，普遍的企業価値とは何かに関する考察は重要である。これまで日本の企業は，経営哲学の学習が不十分であったために，普遍性に立ち返り，普遍的企業価値に立脚して自らのあり方を定めることをしてこなかったかも知れない。経済主義と会社主義の虜になり，マイカンパニーの成長を基本指針にしてきた。

しかし哲学的発想を身につけるなら，経済性と技術性が優秀であるのみならず，併せて社会性・人間性・文化性・自然性に適った社会制度になることが要請される点に思いがいたるであろう。世界に開かれた企業，企業市民として地域と社会に寄与し，社員に夢とロマンを提供できる経営の実現が期待された点にも気づくであろう。これからの企業像は，次世代の発展を視野にいれ，世界とのつながりを思索することを通して展望される。

2．実態調査を踏まえた方策の考案

こういった，いわば経営哲学とは何かを主題にした論議は，学会にとってきわめて重要である。だが併せて思案すべきは，日本の企業にどうやって経営哲学を植え込むかの方法論であろう。どうしたら日本企業に経営哲学を身につけてもらえるかを探求することは，経営哲学論の大きな課題になるはずである。

もし順序を踏むことが許されるなら，まずは，① 日本の企業と欧米やNIESE諸国の企業が，どれほど哲学性を身につけ，哲学的要素を豊かに持ち合わせているかを比較調査することが大事であろう。

そこを省略し，直接日本企業を調査対象にすえるのもやむをえない。② 哲学性や哲学度を，企業の存在と活動にどれほど内包させているかを，経営や組織の体質面，制度や施策の面，社員の思考・行為様式面の3領域について調べるわけである。

これらを踏まえて，次には，③経営哲学確立の方法論を探求するという段階へと駒を進める。

さらにいえば，経営哲学学会が，このことに学会全体として取り組むことが期待される。いまや経営哲学論は，そこに実証科学を持ち込むべき局面に遭遇しているように思われる。日本の企業に経営哲学をどう植え込むかの方法論は，次のような取り組みを通して考案されることになろう。

(1) 実証研究A；なぜ日本企業には哲学がない，顔が見えないと言われるのか

日本企業には，成功した先行事例から学び，それをモデルにするのをよしとする体質がある。そこで以下のようなテーマで掘り下げた研究をし，経営哲学を確立することが企業業績の向上にとっていかに有用であるかを理解してもらうといったやり方が有効であろう。

① 世界の優良企業は，経営哲学に関してどんな取組をしてきたか

イ．経営哲学の確立を経営課題ないし経営戦略としてどれほど重視しているか

ロ．どのような手立てで経営哲学を確立し，組織への浸透，培養，体質化を図ってきたか

② 日本の優良企業は，経営哲学に関してどんな取組をしてきたか

イ．経営哲学の確立を経営課題ないし経営戦略としてどれほど重視しているか

ロ．どのような手立てで経営哲学を確立し，組織への浸透，培養，体質化を図ってきたか

③ 世界は，日本企業の経営哲学問題をどう受け止めているか

イ．主要先進国の政策担当者からの声を収録（アンケート，インタビュー）

ロ．先進的グローバル企業からの要望を聴取（事例研究，実地調査）

(2) 実証研究B；日本企業の「経営哲学内包度」に関する実態調査

以下のような領域とテーマについて，当該社員を対象にアンケート調査を実施する。質問文のサンプルは，末尾の参考欄に記載することにしたい。

〔X〕経営風土・社風・職場の雰囲気など「経営や組織の体質」面での哲学性

〔Y〕人事制度や組織構造，経営目標や経営戦略，マネジメント活動やリーダーシップ行動など「制度や施策」面での哲学性
〔Z〕仕事に対する考え方や職場におけるコミュニケーションの仕方など「社員の思考・行為様式」面での哲学性
(3) 方策研究；日本企業は，どうしたら経営哲学をもった企業と言われるようになるか
① 日本企業は，哲学性をなぜ希薄化させてしまったのか
② 経営哲学を確立することの重要性を，日本企業にどう認識させるか
③ 経営哲学の浸透・培養・体質化・構造化を実現する方法論の開発，ないしは発見

3．まとめ

　科学は，歴史的事実をふまえつつ，理論を構築し，政策を構想することで完結する。経営哲学論もまた科学でありうるためには，政策を持たなければならない。経営哲学学会の会員は，等しく日本の企業社会に経営哲学が未確立であることを愁うがゆえに集い，研究と研鑽を重ねているかと思われる。

　学者や学会がどれほど実践の世界に足を踏み入れたらよいかに関しては論議が必要だろうが，何故に経営哲学が未確立なのかを，日本企業の実態にそくして分析することは経営哲学論にとって不可避である。では原因分析をすれば，あるいはそれが出来れば十分であろうか。そこから提起された現状診断にもとづいて，どうしたら経営哲学をふまえた企業と経営が日本社会に根付いていくかに関する方策を考案することが，これまた不可欠なのではなかろうか。

　産業社会学を専攻する一会員として，拙い問題提供をさせていただいた。

〔参考〕「経営哲学内包度」に関する実態調査─質問文のサンプル
〔X〕「経営や組織の体質」面での哲学性
　① 常に経営理念を意識し，大切にする風潮があるか
　② モノゴトの原理・原則を大事にする姿勢を管理職層が持ち合わせてい

るか
③ 自社に固有の存在意義は何かをいつも自らに問うているか
④ 企業としての主義・主張は，基本的に一貫しているか
⑤ 企業としてのビジョンを持っているか

〔Y〕「制度や施策」面での哲学性
⑥ どんな経営施策も，考え方の基本に立ち返って立案されるか
⑦ 新しい施策や制度の導入に当たって，その意味が全メンバーに十分説明されるか
⑧ 供給される商品やサービスの社会的な意義を突き詰めているか
⑨ 人事制度や経営施策に経営理念を反映させているか
⑩ マーケティング活動には経営理念が具体化されているか

〔Z〕「社員の思考・行為様式」面での哲学性
⑪ 社員は経営理念に同意し，経営理念に共感しているか
⑫ 管理者は，常に経営理念を体してマネジメントしているか
⑬ 社員は，常に社会の要請と時代の流れを汲み取るようにつとめているか
⑭ 社員は困ったとき，経営理念との対話を通して解決策を見出しているか
⑮ 社員は仕事の意味をよく吟味し，理解したうえで行動しているか

10 経営哲学と管理の正当性

稲 村　　毅

1．事実認識と価値認識

　哲学（philosophy）が哲学者の理論体系のみを指すものであれば，そもそも経営哲学は成り立たない。哲学をものの見方・考え方としてより広くより身近なものとして捉えてはじめて，経営哲学を論じ得る。この意味で哲学は，哲学者の水準であろうと一介の市民の水準であろうと，基本的に同じ成分からなる。事実認識の方法と価値認識の方法である。経営哲学は経営理論家および経営実践家が企業経営に関して懐く哲学であり，やはりこれら両面からなる。経営理論家の経営哲学は，自身の理論体系の中に表現され，事実認識と価値認識の両面において経営実践家に対する示唆と援助の役割を果たす。経営実践家の経営哲学は，日常的な経営管理の方法のうちに実践的に表現され，社是・社訓のごとく簡単な定式化以上に理論化されることは少なく，概して言えば，経営理念や人生観をはじめとする価値認識に関わる哲学が中心的地位を占める。しかしこの区別は，バーナードをはじめ欧米に多く見られる経営実践家の経営理論家への転身・兼務によって明らかなごとく，あくまでも相対的なものに過ぎない。その上，経営実践家の経営哲学は単に個別経営者の哲学であるにとどまらず，各種の業界団体や財界団体が形成する政策や戦略思想のうちにもはっきりと表現されるものに他ならないことを忘れてはならない。それは洋の東西を問わず，政官業，さらには政官業学の緊密な関係の下での一国の経済政策・社会政策にまで関連する広がりを持つものでさえある。ここではさしあたり，経営理論家や経営実践家の価値認識に関わる哲学を念頭に置く。

2. 管理の正当性根拠

　経営学の理論になぜ価値認識に関わる哲学が入り込まざるを得ないか。その必然性を理解し説明するための視点を、ヴェーバーの正当性概念に求める。正当性は、どの時代にあっても協働における支配関係の安定的・持続的成立のための基本要件をなす。管理における正当性の確立、これこそが経営学が事実認識にとどまらず価値認識に関わる哲学を含み発展させざるを得ない基本的理由である。

　経営組織における支配の基本原理は官僚制であり、管理の正当性は何よりも制定規則に基づく合法性によって根拠づけられる。官僚制組織を純粋な理念型において分析したヴェーバーは、そこにおける支配権力の正当性根拠を純粋に合法性のみからなるものとして前提し、目的合理性＝形式合理性が自動的に達成される機械システムのごとくに描き出した。これは何も、現実を過度に単純化したということではない。官僚制の本質を抉り出すために必要な抽象であった。しかし、現実態としての経営組織では、正当性は管理の技法に媒介されて具体的に追求され確立されるべきものであり、合法性以外の様々な要素も正当性根拠として追求される。ここに経営学の対象領野が開ける。現実態においては合法性の基となる規則（権限関係や階層制など）そのものからして、所与ではなく創出・編成されるべき管理技術的問題として現われる。その上、目的合理性は純粋に目的合理性さえ追求すれば達成されるというものではなく、価値合理性＝実質合理性との対立・葛藤を通じてしか実現されない。なぜなら、組織で働く人間はまさに人間として自らの欲求・感情・権利を主張するからであり、そのような人格として組織を通じて社会的に成長するからである。支配権力はこれを無視しては管理の正当性を確保することはできず、目的合理性の安定的・持続的達成ができなくなるのである。とはいえ、価値合理性は支配権力にとってはあくまでも目的合理性に対する犠牲・コストとして現われるので、手段的・制約的条件としての扱いを超えることはない。今日求められているのは、両合理性を少なくとも対等な、できれば反転的な関係にもたらす哲学のうちに、管理の真の正当性を確

3. 官僚制組織と実質合理性

　現代の経営組織が形式合理性至上主義を脱して実質合理性を充実させるために追求されるべき価値は，大きく民主的価値と環境的価値からなる。民主的価値は，本来，近代官僚制の基礎をなすものなのであるが，いつの間にか官僚制そのものが民主主義の対立物と見なされるようになってしまった。それは官僚制が，合法性の対象となる制定規則を目的至上主義に隷属せしめることによって民主的価値を破壊する官僚主義と同一視されるようになった結果である。官僚制組織の「随伴的結果」たる官僚主義の打破は官僚制の打破と同じではないことに注意しつつ，経営組織に真の民主主義を甦らせることが実質合理性追求の何よりの課題である。環境的価値の重大な破壊もまた官僚制組織の「随伴的結果」であるが，環境を社会や企業の価値基準として確立して，環境負荷の低い，循環効率の高い持続性ある社会を創出していく課題に直面している。

　民主的価値に関わる問題は経営学誕生以来つねに問題となってきた事柄である。テイラー，フォレット，バーナードの理論はそのことを端的に物語っている。テイラーの「科学」と「協調」を，フォレットとバーナードはそれぞれの視点から継承・発展させ，いずれも民主主義を重視し，その実現方法について思考した。テイラーが「科学」の基礎としての「事実」を，管理者という専門家による専断的収集・決定の対象としてしか見なかったのに対して，フォレットは「事実」を「全員の経験」「創造的経験」による共同的収集がなされるべきものと考えることによって，科学化と民主化の同時的達成にテイラーを超える理論的基礎づけを与えた。バーナードの効率と能率の複眼的視点は，形式合理性と実質合理性の両立視点として重要な貢献であった。しかしバーナード自身は，民主主義を決定方法の形態上の問題としてのみ捉えて，フォレットとは対照的に，理念・哲学としての民主主義に対してはこれを拒否する姿勢を堅持した論者であったので，複眼的視点は民主的価値の観点から充実させ，具体化していくべき課題を残すものである。

4．経営学と価値

　ヴェーバーの「価値自由」命題は，事実認識と価値認識，事実と当為の混同は許されないという意味では堅持されるべきものである。しかしこれを，社会科学理論は価値認識をみじんも含んではならないというふうに解すべきではない。もしそうなら，純粋理論科学として以外に実践的理論科学としての経営学は成り立たないことになるし，そもそも政策論や戦略論の主体的展開が不可能になる。経営学は，理論性と実践性の統一において発展するよりない。実践性を含む理論は科学理論でないというのは，科学（社会科学）への狭きに過ぎる見方であり偏見である。理論家は「価値からの自由」において法則認識を行い，「価値への自由」において実践的認識を行い，どちらか一方のみからなる理論体系を示すこともできれば，両方をミックスした理論体系を作り上げることもできる。実践的認識における価値認識部分については事実による検証にかからないので，価値・理想を巡る論争は多かれ少なかれ避けられない。事実を巡る論争・相互批判と価値を巡る論争・相互批判は，いずれも社会科学理論には不可避であり，それらを通じてのみ理論の発展は達成される。

　とはいえ，価値はすべて主観的なもので個々人によって全く異なるというものではない。価値判断問題は解決不能なものとして放置されるべきものではない。倫理や道徳は，それ自身論争的ではあるがある程度の社会的客観性を示す。法律は，文化や市民意識を反映した価値の国家的客観化に他ならない。健康衛生の価値を否定する者がいないのと同様，民主的価値や環境的価値に社会的客観性を認めることができよう。客観的価値への無知や無関心に基づく理論は無力であるが，客観的価値を無視したり蹂躙する理論は「価値自由」こそが科学の任務であるという錯覚を強める。市場主義万能論の横行と雇用関係の不安定化の中で，民主的価値と環境的価値を問い直し，企業統治の新たな強化を通じてそれらを守り発展させていく哲学と方途を確立していくことが求められている。

（補足）

(1) 価値判断問題は，いかなる価値を採るかは個人の自由であり，この自由を認めることこそが民主主義の基本であるという問題から逃れることはできない。しかし，そこに止まっていたのでは社会科学理論の発展はない。「価値への自由」を認めた上で，その自由に選ばれた価値を社会的に客観的な価値に照らして検証し批判していくことが，理論家の任務となる。事実認識が客観的事実に照らして検証・批判されるのに対応している。その際，客観的価値そのものが絶対的ではなく，社会的に変化・発展するものであることに注意すべきである。

(2) 組織における民主的価値の尊重は，単なる条件適合的（contingent）なものとして考えられるべきではない。組織目的の達成に有効な限りで民主的方法が適合しているという発想（それはバーナードの観点でもあった）は，民主的価値を普遍的なものとして尊重しない根本的欠陥を含んでいる。現在求められているのは，そうした形式合理性至上主義克服の哲学に他ならない。他方，人間性尊重の民主主義が，その統治のありようによっては正反対の非人間性の発揮と容易に結びつく可能性を秘めていることにも注意が必要である。今回アメリカが仕掛けたイラク戦争は，民主主義が民主主義の名において民主的価値を他者に押し付けるために殺戮と環境破壊を平然と行い得ることを示した最悪の例である。

シンポジウム『経営哲学の領域と方法』

パネリスト：中條秀治，小笠原英司，増田茂樹，大平浩二
　　　　　　梅澤　正，稲村　毅
　　　司会：片岡信之，池内秀己，出見世信之

司会（片岡）
　司会の片岡でございます。本セッションは，「経営哲学の領域と方法」でございますが，私どもなりに次の6つに論点を要約しました。まず，① 経営哲学とは何か ② 経営学と経営哲学との関係 ③ 経営哲学と価値判断 ④ その場合に客観的な価値判断（基準）は可能か ⑤ 経営哲学の命題の適否の判断基準 ⑥ 現在のグローバル化，ガバナンス等々といわれている社会・経済状況の中での「経営哲学の領域と方法」を問うことの意味，の6点です。

中條：
　今，司会者の方から言われた点について，まず第1番目の経営哲学とは何か，について述べてみたいと思います。私が書きました論文でいうと，ウェーバーの考え方です。そこで考えていたことは，経営とは何なのだろうか，ということです。そこで分かったことは経営というのは，目的追求行為だということです。それは目的を達成する場合にどうやったら一番良いかというような考え方であり，目的達成の技術と理念の総体みたいなものをウェーバーは，経営という概念で捉えている。しかも，産業革命以降の資本主義の発展の中で出て来た資本主義社会の中で，その経営概念を一番有効に使ったのが，企業だということです。企業と結びついた経営というのが行き過ぎたものが，結局私のいう経営の『毒』です。それをちょっと説明しますと，家計というものの持っていたロジックと，それから経営—目的達成に人間が突き進むという場合の，この禁欲のロジック—とが，全然異質なものだ

ということです。この利潤追求に邁進する人間は，そうすることが良いというエトスを許す資本主義の中では，過剰にそれを追求してしまう。経営者は，経営というものが持っているロジック自体が『毒』を持っているんだ，ということを忘れてしまう。だから経営の『毒』の存在を意識しながら節度を持って会社の経営をやって下さい，というような形で論文をまとめたわけです。

　ここのパネルの問題ですが，経営哲学とは何かと言ったときに，やっぱり私は集団とか団体とか組織という概念を別々に考えているわけです。企業というものを団体という概念で捉え，それを運営する社会的関係を組織と私は考えています。そうすると会社という団体を運営するときに経営を担う主体となる人の考え方が重要になります。要するにどういう形で運営していけば一番良いかということ，そして運営する上での考え方なり価値を持たないことには運営できない。この運営主体の考え方を経営哲学というふうに考えたいと思います。

　経営学との関係は，今言った中に出てくると思います。要するに経営学というのは企業というもの，近代の企業というものと一緒に発達してきたものですから，どうしても利潤追求に走ってしまい，その分非常に過剰になると思います。だから経営の哲学と言ったとき，経営の主体がどういう形で，それぞれの団体と係わっているか，ということが重要です。団体と言っても企業は営利団体ですけど，別に非営利団体といった他の団体もいっぱいあるわけです。それぞれが経営されなければならない。それぞれの団体が持っている性格によって，経営の目的も違うし，経営の理念も違うし，経営の手法も違ってきて，様々なスタイルが出てくるだろうと思っています。

　3番目の価値判断ですけど，当然人間が団体を運営する以上，ある価値を求めて，行為をする。やろうとする目的に価値ありと思えばこそ頑張れるわけですから，価値の混入は避けがたいと思っています。そういう意味で価値は入るわけですけれども，方法論の論争を行う場合，当然ながら違った価値の闘いになると思います。そのときに絶対的な価値というものを私は信じていないので，どうしても価値と価値との戦いが出てきます。ウェーバーの言葉で言うような「神々の戦い」というのは避けられないと思います。だから

例えば経営学の世界で,もし「こういう価値が良いんだ」と言って,みんなが「そうだそうだ」と言ったら,怖い社会になるような気がします。だからやはり,価値を提示して,こういう経営理念でいきましょうと言った時に,「こういう理念でいったら,こんな会社ができますよ,いかがですか」といった単なる提示としてしか,そしてそれに賛同する人が多いとか少ないとかという,ただ相対的な形でしか価値は認められないような気がします。その後その価値では全然ダメだと主張する人が出てきて,また新しい経営価値を出して,価値と価値が交代して,より良い社会に進んでいくというようなイメージで,価値論争を考えています。

大平:

　このセッションは,経営哲学をどう研究するのかという研究の方法と領域について議論する場であると理解しています。経営哲学の中味だけでなく,それをどのように科学としての経営学が扱っていくのかという方法論を議論するのがこのセッションの中心課題です。そこで,私は経営学という学問分野も,19世紀以降に生まれた近代科学の1つであると思っています。換言すれば,経験主義的な性格を持った学問として経営学を打ちたてようというのが私の考えで,ある意味で最もオーソドックスな立場ではないかと思っています。もっとも,こうした点を明確な意識の中で経営学という学問を扱っている人は多くないかも知れません。

　ポストモダンにせよ複雑系にせよ,新しい潮流がある中で,私はむしろ19世紀以降生まれた近代科学というものをもう一度見直すべきではないか,という思いを持っています。むろん,近代科学は様々な課題や限界を有していますが,にも拘わらず,私たちはそれをなくして生活できませんし,課題や限界以上の恩恵を受けていることは事実です。そして,近代科学の基底にあるのは,経験主義とか実証主義といわれる精神で,近代のこうした流れを今一度再構築ないしは,問い直しても良いのではないかと思っています。問い直すというのは否定的に,という意味ではなくて,近代科学が持っている諸々の限界や課題を克服して,作り直していくべきではないかと思っているわけです。

以上のように近代科学の枠の中で考えますと，例えば経営哲学という領域は，いわば経営学という学問からすれば1つの研究対象であって，たまたま哲学という言葉がこの中にありますから，色々な解釈が生まれてくるとは思いますが，私は基本的に経営学の研究対象としての経営哲学というふうに，捉えて良いのではないかと思います。

もう1つが価値判断の問題です。これも非常に大きな問題だと思いますが，先ほど中條先生も価値と価値の争いというのは不可避であると仰っています。私もそう思います。ただそれを学問の中あるいは科学の議論の中で扱う時に，不可避であるがゆえに，経験主義という観点から見て，どのような形，どのような方法がもっともより学問的かと考えますと，一言で言えば，出てきた命題，あるいは仮説ないし理論をどのように経験的にテストできるのか，というところに尽きるのではないかと思います。

ただテストの方法も色々あります。例えば実証的なテスト，よく使われる用語でいえば検証という手法もあります。あるいは批判的合理主義の立場に立てば反証可能性という方法もあります。それから反証可能性をさらに進めていって，もう少しexternalな側面も入れて，科学史的なアプローチを入れたらどうか，という見解もあります。私は基本的には反証可能性を基に，さらに何らかの形でexternalな要素を入れることができるのではないか，という方向を今のところ模索しているところです。したがって，価値と価値の争いは当然あるわけですが，それだけを考えていくと，"好みと好みの対立"ないしは"循環論法"だけで終わってしまうだろうと思います。

むしろ経験主義という基盤に立って考えたときには，私達が作り出したそれぞれの命題ないし仮説というものをどのように経験的にテストができるのか，を問うことが建設的でより実り豊かであると思います。むろん，現時点でも科学すなわち科学的仮説，理論は決して万能ではありません。むしろ経験的にテストできない部分というのは現実の現象の中で，あるいは私たちの生身の人間の社会の中では無数にあるわけでして，その意味で科学的説明の範囲とか限界はかなりあるだろうと思っています。ですからこそ，科学の限界を認識しつつ，しかもニヒリズムやアナーキズムに陥らないで，少しでもより多く現実を説明・予測そして諸問題を解決できるようにすべきだと考

えます。そのことによって，私たちの科学的知識が進歩するのであろうと思っています。私たちにとって大切なことは，科学は今のところここまでは説明できる，そしてそれ以外のところは別の種類の知識によって，納得せざるを得ないのかもしれない，というふうに考えております。

小笠原：

　まず，経営哲学とは何かということですが，この設問が非常に大雑把でありますから，色々な答え方ができるかと思います。例えばこの経営哲学学会は3年に渡ってこのテーマを扱ってきました。それでまだ良く分からないというわけですが，私から言わせればそれは当たり前です。3年くらいで分かるもんじゃないだろうということで，むしろ今後も続くだろうと思います。ですから片岡先生が冒頭に「この機会に明確にして」とおっしゃったわけですが，あまり明確にならないのではないかと，私は予想しております。

　私自身としてはこれは目新しいことではないのですけれども，経営哲学ということをまずフィロソファイジング，哲学するということですね。哲学する行為という側面と，その哲学することによって得られたプロポジションズですね。つまり philosophized されたと言いましょうか，哲学された命題体系との2つの側面からなるだろうと思っています。こんなことはいまさら言うまでもないことですが，あえて哲学することの重要性を，今は強調しておきたいということです。このことは増田先生のレジュメにも哲学するという表現はございますし，梅澤先生もそういうことを強調されていると思います。私たちは，つい哲学された命題体系の方に関心が向くわけです。それは，経営哲学の中味の方，内容論で，そこを議論しなければいけないわけですが，その前に経営を哲学する行為をどれだけ徹底的に行なうことができるのか，ということを強調しておきたいということです。

　私のレジュメでは便宜的なサブアプローチに過ぎないわけですけれども，経営哲学という膨大な学問を今後，切り開いていこうとする場合は，便宜的であれ，何らかの仕分けをしながら整理していく必要があると思っております。ですから，経営学のこれまで取り扱ってきた内容からすれば，まず，経営者のいわゆる経営哲学ですね。それから経営学者が経営理論を通じて表明

してきた経営哲学があります。ここがかなり直接的な研究の素材になるだろう，ということを強調しているわけです。ただし，そのベースには生活者としてのわれわれがいるわけでして，そういう生活者のレベルでも何らかの哲学的なものを，持っているだろうと思います。ただしこの生活者としての哲学はなかなか不鮮明です。ですから，それはたぶん宗教の中に表れているものではないかなと見当を付けておりまして，現にこれまでの研究でも宗教に焦点を当てた，あるいは研究者の宗教観に焦点を当てた研究もあるわけです。こういうわれわれの生活者として抱いている哲学らしきもの，こういうものもやはりベースにはあるだろうし，それからプロとしての哲学家，そういう人たちの非常に難解な哲学説を解釈するのはしんどい作業ですけれども，それもやはりわれわれは参考にしなくてはならないだろうと思います。つまりそういう言葉をツールと言ってよいのかどうか知りませんが，研究の道具としてそういうものを4つに分類したものを利用して研究する，つまり哲学するということが経営哲学の意味内容だと思います。

　ただし，もう1つだけ付け加えておきたいのは，私は形容詞を使います。「哲学的」ということであります。つまり哲学というのがどういうものであるかについては，それこそ哲学学会の方でいろんな議論がなされているようでありまして，それこそ色々なお考えがあるわけですが，その中で日置先生は，思想と哲学を峻別するというお考えです。この議論も哲学者の中にはよく見られる議論であります。私の場合にはそういうふうに峻別することの意義もたぶんあるとは思いますが，哲学プロパーでないということもあり，私の場合には峻別せずに含めております。つまり非常に広い意味で哲学という言葉を使っておりますから，いわゆる思想も哲学の中に含めていて，つまり哲学といっても程度の差があるだろうということです。非常に根源的なところまで議論して，徹底的に物事の本質を追求するような本格的な哲学する行為もあれば，われわれが日常生活する上での人生観のような，あるいは世界観のようなレベルで抱いているものも，一応は哲学的な行為の中に含めている，ということであります。

梅澤：

経営について「哲学する」のが経営哲学だと思います。哲学するというのは，私流の理解をすれば，根源に立ち返って物事の本質を問い続ける行為のこと。それを経営哲学に当てはめれば，いったい事業とは何か，組織とは何だろう，人間とはなんだろう，また組織や人間を通じて経済的成果を高めるとはいったいどういうことなんだろう，というようなことを根源に立ち返って考えるわけです。なお，哲学するとは，時間の流れと空間的な広がりの中で考える必要があると思います。

根源に立ち返って，本質を極めようとするなら，短期的にやることではすまないから，可能な限りの広がりと時間的流れの中で問い続けることになるのだろうと思います。価値観の問題とも繋がってきますが，今何が大切かということだけではなくて，多くの人，あるいは社会にとって，未来的な視点から考えると，何が大切かという問いかけを行おうとするのが哲学であり，それを企業経営についてやろうとするのが経営哲学ではないかと私は考えております。

そういう点からすると，my company 主義に陥っている日本の企業に経営哲学はあるのかなと疑問に思う。長いスパンの中で，社会のことも視野にいれながら考えるのではなくて，自分の会社の利益がどうなるのかと考えるのは哲学ではないのじゃないかな，と思っているわけです。企業文化論の中に強い文化と弱い文化という言い方がありますが，哲学にも深い哲学と浅い哲学というのがあるのではないか，と思います。哲学はどこの会社にもあるとはいえないように思います。

司会の方の整理の中で，2番目以降は経営学と経営哲学の関係，経営学と価値判断の関係云々というふうに，みんな経営学になっておりますが，私は社会学を専攻しています。経営学の先生方は，経営主体の側から見た価値判断を持っているように思います。私の場合は社会の側から企業を見ようとしています。一言で言ってしまえば社会の負託に答えるのが企業の役割だということですから，経営学と経営哲学の関係あるいは経営学と価値判断の問題をどう答えて良いのかなかなか分かりにくいなと思っております。これからの発言の中でもおそらくそういう意味で，私は経営学的な視点ではないということを十分にご承知頂きたいと思います。

増田：

　パネリストのお話しを聞いておりまして，色々と私の考え方に対して問題点が沸いてきて，実は頭の中が混乱しております。片岡先生が3つの点で良くまとめてくださいました。つまり経営哲学とは何か。それから経営哲学の経営学での位置づけ。経営学と経営哲学との関係ですね。それから価値判断を経営学に取り入れるのかどうか，というような問題。この点について私の考え方を明らかにしたいと思います。

　まず経営哲学とは何かということですけれども，私達のセッションが経営哲学の領域と方法という課題を与えられております。私はこの問題に答えるべく，一生懸命考え，そしてこのようなレジュメを書いているわけです。そこに書いてある通りなんですけれども，経営哲学とは何かという問題を，経営哲学の領域と方法について私なりの見解を明らかにするという形で答えてみたい。もう既に片岡先生がよくまとめてくださいましたので，結論的に確認の意味で話してみたいと思います。

　その前に，哲学という言葉，これは小笠原先生そして梅澤先生もですけれども，既に表明されましたように，私も哲学という言葉をフィロソフィーレンするということと，それからフィロソフィーという意味での哲学，の2つに言葉を使い分けていきたいと考えております。つまりフィロソフィーレン，哲学するという行為，あるいはプロセスと言っても良いかと思いますが，そういう哲学するという行為が大事だと思っております。ともかく哲学という言葉をフィロソフィーレンとフィロソフィーという言葉に使い分けていきたいと思っております。

　経営哲学とは何かについて，その領域としてどういうものを経営哲学として考えているかについては，小笠原先生とまったく私は同じ考え方だといっても良いかと思います。経営学の哲学と，それから経営の哲学の2大領域に分けられるというふうに考えています。詳しい内容については省かして頂きます。

　そこで，その経営学の哲学，その研究方法，フィロソフィーレンする方法は，結論的に言えば主体の論理しかないと考えています。主体の論理とは何かということを説明しますと，これは大変なことになりますので，結論だけ

言います。私は主体の論理しかないと考えています。この点で，大平先生からはこのような考え方に対する問題点を指摘されておりますが，後でこのことについて触れたいと思います。経営学の研究方法として，私は主体の論理しかないんだというふうに考えているということです。それからじゃあそのような経営学の研究方法を持ちながら，経営の哲学はどんなふうにフィロソフィーレンするのか。その方法ですね。その方法はやっぱり主体の論理しかないのではないか，と考えているということです。

私は，大平先生のレジュメの中に引用されている，小笠原先生の経営学と哲学との関係を狭義経営学と広義経営哲学の関係を全くその通りだと思っておりますので，このことについては触れません。要するに経営の哲学の方法も主体の論理でなければならないということを言っているわけです。そうすると問題は，激烈な論争になってくるわけですが，大平先生がこの主体の論理でやらなくてもいいのではないか，と言っておられます。つまり近代科学，先生のレジュメを見ながらお話しをしていきたいわけですけれども，その中に「近代科学に対する評価は様々である，好むと好まざるとに関わらず，未だ我々はその枠組みから大きく離れて，学問を論じ得ないし，それに代わる成果を得ていないからである。」こうあります。私は科学の，ここで言われているような近代科学の方法を否定しております。主体の論理に立っていますので，この近代科学の方法を否定しております。19世紀に始まる近代科学，デカルトに始まる近代西洋哲学でもって経営学を研究できるのではないかというふうに大平先生は主張されているわけですが。

私は非常に長い間，経営学を研究してきました。ドイツ経営経済学から入り，アメリカ経営学をやってきました。ドイツ経営経済学にしても，あるいはアメリカ経営学にしても，私は経営学の専門領域は経営財務論でしたので，経営財務論を通じて経営学を勉強してきました。その中で，このような近代の科学に基づく方法ですが，例えばドイツ経営経済学ですと，現実の経験対象は複雑であるから，まず選択でもって対象に迫っていく。そういう形で企業なり経営なりを把握するというようなやり方，これはまさに科学の典型的なやり方です。まさにこれは近代の西洋科学のやり方です。私は，そのようなやり方では経営学はできないと思っています。先ほど科学は行き詰

まっていると申しました。その科学の結果がどのようなものであるか。地球上の人類を含めて生命を殺してしまう。そういう科学の限界というものを誰でも提唱しているじゃありませんか。そして，またそれは科学の限界であると同時に，われわれ経営学の限界というものを私は学生時代あるいは大学院の学生時代に，もう既にドイツ経営経済学をやりながら，これでいいのかというふうに考えてきたわけです。大平先生に質問したいことは，「主体の論理は近代科学に代わって何か問題を解決したのであろうか。」ということですが，逆に近代西洋科学に基づいて今，起っている経営の問題が解決できるとお考えでしょうか。そこのところを聞きたいと思います。

稲村：

　まず第一の経営哲学とは何かということで，経営哲学の領域をそれぞれ一応確定しておくという趣旨だと思いますが，一応対象と主体というところでこれを考えますと，対象になる領域は事実と価値であると思います。経営哲学は，この2つの成分からなる問題をいかに捉えるか，認識するかであると思います。

　経営哲学ですから，哲学一般がそうなのですけど，それを経営哲学という限定の中で考えますと，経営あるいは企業といって宜しいのですが，これをどのように捉えるかということが事実に関する哲学です。哲学と言いましても先ほどから言われていますように，私も哲学というのは，非常にタイトな体系も哲学であるし，一般庶民が考えるような「企業というのはこういうものだよ」というものも哲学であると考えています。非常にルースなものも含めて考えたい。ですから現実の経営というのはどういう原則で行動しているのか，というと営利原則であったり，あるいは生産性原則であったり，また社会経済性原則，あるいは利潤原理であるという意見もあれば，それを否定する意見もあるわけです。これは事実認識を巡る論争であります。事実認識についてももちろん論争は起ります。

　それから価値の側面。これがもう1つの側面であります。価値はいわゆる多様なものでありますから，簡単には限定できないわけですが，M.ウェーバーの言葉でいうと，倫理的，美的，宗教的な固有価値であります。これを

どのように信ずるか，信仰するか，という問題があります。あるいは真善美と言っても結構であるし，あるいは倫理や道徳というものも含めて価値命題になるものは，全部価値の側面で捉えうると私は考えております。この価値の内容につきましては後で，もうちょっと限定して考えたいと思っております。

それから主体に関して申しますと，もちろん経営を研究する，経営学者が持っている経営に関する見解，及び経営に関する価値，についての見解が一方でありますし，それから経営の実践に当たっている経営者，あるいは管理者が持っている事実及び価値の両側面に関する考え方があります。これもC.I.バーナードのように理論家で，学者と全く同一のレベルもあれば全く井戸端会議的なレベルの考え方もあるわけです。言い換えると，意識的に形成した経営哲学と，必ずしも意識していないけれども，結果的にその人の行動，行動原理なりを観察して摘出して指摘したものがあります。これは学者の研究課題になるわけですけれども。そういうものも含めて経営哲学あるいは経営哲学の領域というものを考えたいと思っております。ちなみに経営学の方法論という問題がありますが，私は経営学の方法論自体を哲学として捉えるよりも，方法論に含まれている成分を考える中に経営哲学を見出します。本質を考えることを哲学と言うならば，方法論を考えることを哲学と言ってもいいのですが，私の定義からすると，方法論に含まれる両側面ということになると思っております。

それから経営学と経営哲学の関係でありますけれども，私は経営学は経営哲学に関わらざるを得ないと思っています。一方では経営とは何か，企業とは何かという事実の側面がありますが，差し当たり私は，特に今回は価値の側面を対象にして考えてみたいと思っております。その点で，経営学と経営哲学との関係で言いますと，その経営学に価値が関わるというのは何故なのだろうかと考えた場合に，私はこれもウェーバーからの示唆から思い立ったのですが，経営管理における支配の正当性の問題です。それをいかに確立するか，という問題が，経営学と経営哲学とが価値の側面で関係を持たざるを得ない必然性となるのではないかと考えております。支配の正当性について言えば，現代の組織はもちろん官僚制組織ですから，合法性というのが基本

原理にあります。これは間違いないのですが，経営の現実，経営管理の実践においては，単に合法性によってのみ正当性が確立されるのではない。ウェーバーが挙げているルール以外の様々なものも，現実においては問題になるわけで，経営学は正に，もちろん合法性も含めてですけれども，そういう多様な側面から管理の正当化を研究し，いかにして協働関係を安定的に維持するかという問題を扱わなければなりません。このことを経営学は避けることはできない。経営者はその点を不可避的に実践しているわけですが，経営学者は理論的に，側面から示唆なり支援を与える必要があります。支援を与えるというのは弁護するということではなく，より根本的に批判をする。批判的に研究するということも含んで，私は示唆・支援ということを考えています。ですから経営哲学との関係というのは，価値の側面に限定しますと，そういう意味での関係が必然的に生ずると考えています。

　その場合に，私は，経営学が関係せざるを得ない価値というものを，先ほど経営学とは何かの所で価値という一般的な表現で言いましたが，経営学の課題として，そして民主的価値として限定して捉えたいと思います。限定というのは範囲が狭まるということではなくて，例えば価値の性格です。真善美，倫理，美的，宗教的な全てを含むわけです。人間的価値と言っても良いのですが，その人間的価値を民主的価値として捉えたいと思います。つまり人間的価値というのは様々な立場や見方，例えば民主的な立場でも言えるし，軍事政権の下ででも成立するわけです。殺戮・破壊に至上の価値を求める，美を求める，倫理を求めるというのも人間的価値の主張として成り立ちますから，そういうものを排除するという意味では，やはり限定しなければならない。民主的な立場から見た人間的価値，そういう意味で私はあえて民主的価値を主張するわけです。その場合に，民主的価値とは何かということが問題になると思います。これは議論の必要がありますが，私は基本的には，ジョン・ロック的な水準で捉えた，基本的かつ根源的な民主主義（democracy）だと思います。つまり人間の生命・自由・財産を守る，言い換えれば公共福祉を徹底的に守るものです。これの破壊を許さない，というのが私の言う価値であります。ですからそれを破壊する，違反するというのは，これは現代経営哲学の課題としてそれを排除しなければなりませんし，

逆に言えば民主的価値を確立する，守るという課題が生ずると考えます。

 3番目の経営学と価値判断の問題は，従来よりマックス・ウェーバーの没価値性，価値自由を巡って色々議論されてきております。非常に難しい問題を含んでいますが，ウェーバーに立ち返って理解することも可能であると私は思っています。つまりウェーバーの没価値性，価値自由に関しては，科学者は価値について論じてはならないと言ったわけでは決してないということを再認識しておきたいと思います。つまりウェーバーによれば，科学は真理の探究，言い換えれば，事実の思考による秩序付けという表現をしております。事実を思考をもって秩序付けて説明する，真理を探究する，というのが科学の任務・使命であるといっています。この真理の探究には，一切の価値の介入ということは許されない。真理はあくまで何人も認めざるを得ないものです。ところが価値というのは何人も認めざるを得ない，というものではありませんで，倫理的・美的・宗教的価値というのは，それぞれ，最終的には個人の信条・信仰の問題です。そういう意味では，真理の持つ客観性ということは考えられません。

 それでは，そういう価値を経営学者・科学者が主張することができるのか，という問題が価値自由の問題にあると思います。ウェーバーがどのように言っているかというと，事実認識はあくまでも価値自由において成立する。どのような価値を選ぶかは自由なわけですが，他人の価値判断を批判する，評価する場合，例えば経済政策なり経営政策—政策というのはウェーバーの言葉で言うと理想の提示ということですが—それを批判するということができるのかどうか。信念に従って提示された政策を批判する，評価するというのは科学の任務であろうか。

 ウェーバーのいう科学は，あくまでも事実探究，事実の認識だと言っていますから，価値の評価は科学には入らないという立場なんですね。それでは科学者から一切，価値判断を禁止したかと言いますと，ウェーバーは禁止できないと言っています。科学者が価値評価，価値判断をすることを禁止できない。客観性論文が出来たのは，ウェーバーが編集者になった社会科学，社会政策雑誌という雑誌の編集方針を述べる為に出来た論文ですが，偏った論者ばかりを集めるのを避けるために，そういう方法論を展開したわけです。

どうして科学者が価値判断をすることを禁止できないかというと，価値判断をするのは科学ではなくて，意欲する人間であるからです。ですからウェーバーでいうと意欲する人間は，人間として価値判断を行なう。自分の信念に基づいて，自分の選択する価値に基づいて，判断をするんだとウェーバーは述べて，科学と価値判断とを峻別したわけです。ただし科学者が価値判断をしてはならんというふうには言っていないわけです。その場合に欠かせないのが，自らの価値を明らかにして，他人の価値と対決することが必要である，ということを言っています。

科学者もやはり意欲する人間でありますので，科学者であろうとこれは避けることができない。その場合に自分の価値がどういう理想，理念を持っているのか明らかにして，他との違いを明らかにする必要がある。ウェーバーはそれは科学に有用であるし義務でもあるというふうに言っています。それが経営学における経営哲学，あるいは経営哲学研究の課題になるんじゃないかと私は考えております。

司会（池内）：

先ほどの経営哲学とは何かということの議論の中で，大平先生から小笠原先生に対しまして，経営学の哲学これは科学哲学に沿うのではないかというご質問がございました。それから増田先生から大平先生に対しまして，主体の論理は近代科学に代わって何を解決したのかとおっしゃられるけれども逆に，近代西洋科学の下において，現代の様々な問題は解決できるのかというご質問がございました。まず最初に小笠原先生の方に対するご質問に今お答え頂きまして，それから増田先生のご質問の方に移りたいと思いますので，どうぞよろしくお願い致します。

小笠原：

大平先生が指摘されている問題ですが，私は科学論は不勉強ですので，議論というよりは私がどう考えているかを勝手に申し上げます。まず経営学の哲学というのは皆さんご承知のように，山本安次郎先生の表現を借りています。山本先生という経営学の泰斗と言いますか，大家の言葉をそのまま借用

すること自体，非哲学的でありますけれども，しかし哲学のジャンル分けの常識でもありますから，いわゆる知識哲学，科学哲学に対応する問題として経営学の哲学というのが当然あってしかるべきだろうということです。

この点について，大平先生はいわゆる科学哲学のジャンルで処理できるのではないかというご指摘ですが，もちろん科学哲学のジャンルに入る問題領域であることは，もうその通りとしか言いようがないわけです。ただ経営学の方法の議論が，いわゆる科学哲学の議論に全て吸収されるのかという点については若干疑問を持っております。つまり科学哲学というのはおそらく科学一般の方法でありますとか，あるいはさらに拡大すれば社会科学に共通する方法を探究する作業だろうと思います。経営学も科学一般の方法を用いる，あるいは社会科学に共通する方法を用いるというレベルにおいては，その問題領域において経営学の方法を議論するということは在り得るというか，むしろ当然かもしれません。しかし科学哲学で出されている議論が，初めにそういう方法ありきということでは済まないだろう。つまり経営学はやはり１つの個性的な学問であります。つまり独特の対象を持った学問であります。私は今のところそのように推量しているわけです。ですから経営学という個別学の方法論的反省を成す作業というのは科学哲学の議論の中に全て吸収されないだろうというふうに思います。

ですから，経営についてもいわば存在論的な認識を取り直すという作業から，新たな経営学の方法論を開拓していく必要があります。むしろ私がここで言っている経営学の哲学というのは，経営学批判の経営哲学でありまして，経験科学としての経営学の中に批判の方法を内在させる必要性を強調しているというふうにご理解して頂ければと思います。

大平：

先ほど増田先生から２点ほど再質問を頂きました。第一点が，「選択原理」や「認識対象」に基づく考えが近代科学の特徴であり，これには限界がある，とおっしゃっておられます。この選択原理の考えは，今から約100年前の新カント派の中の特にドイツ西南学派の考え方です。主な学者としては，ヴィンデルバント，リッケルト，そしてアモンと言った人たちの考えです

が，正直申し上げますと今現在，新カント派の考え方は全世界的に見ましてほとんど影響はありません。しかも，この新カント派でもって，近代科学を代表させるのはちょっと行き過ぎではないかと思います。

　私がここで近代科学の方法として考えていますのは，簡単に申しますと，その一つの例は論理実証主義であり，批判的合理主義であり，あるいはその後のクーンにせよポストクーンにせよ，またエクスターナルアプローチを含めた科学社会学や科学史といった流れを指しております。従いまして，新カント派そのものが経験主義の中に入りきるのだろうかという疑問もあるかと思います。もちろん近代科学は，おおむね18世紀の啓蒙思想以後の知識形態を意味しますが，むしろわかりやすくいえば，ここで意味している近代科学は，論理実証主義以降であると考えてもいいかも知れません。これが最初のご質問に対する私の答えです。

　2番目として，それでは近代科学が何か問題を解決したのか云々というお話しがございました。この点について，こうしたご質問をいただいたことについてやや困惑しております。というのは，そうした具体的な例は無数にあるからです。もちろん近代科学といいますのは，自然科学も社会科学も入っておりますが，思いつきの例で誰でも知っている例としては，結核という不治の病が今ではほとんど治るようになった。これは近代科学，ないしは近代医学の大きな成果の一つです。ついこの昭和の20年前後までの日本人の平均寿命は50歳代でしたが，今では世界の最長寿国となっています。これは素晴しい科学の成果だと思います。もちろんここには薬を使うことによる副作用問題や，未だ解決されえない疾病があることも当然の事実です。その他，交通機関の発達，経済予測の進歩等きりがありません。もっとも，経済予測の方は，前2者に比べると，若干見劣りするかもしれませんが。

　そして少なくとも，私たちが病気に罹ったり，外国に行くとか，投資をするとかというときには，他の種類の知識，例えば何か宗教的な知識にほとんどを頼って治そうとする人は，終末医療を除いて，ほとんどいないであろうと思います。100人の内の98人くらいは近代科学の恩恵に与るでありましょう。それからもう1つ，例えば経営の中で何か問題を解決したのか，あるいは理論的な成果があったのかどうか，ということですが，端的に1人だけ例

を挙げてお答えしたいと思います。みなさんどなたもご存知の，ハーバート・サイモンです。サイモンは自他ともに認める論理実証主義者であります。サイモン自身は非常に多くの論理実証主義に関する科学哲学的論文を書いております。そしてそれに基づいて彼は言うまでもなく組織における人間行動の解明に努力しました。もちろん彼の成果が100％完全であるとかないとか，賛成であるとか反対であるとかは別にして，経営学という領域あるいは組織論という領域における大きな認識の進歩をもたらしたであろうと，私は考えております。

ただ，私は近代科学が完全無欠だなどとは言っておりません。このシンポジウムの最初の方でも申し上げましたが，むしろ，科学には限界があり，その中で科学的知識の進歩をいかに達成するかが大切であるように思います。

増田：

私の質問に対してちゃんと答えてもらってないような感じがするんです。私が大平先生に質問したことは，ドイツの経営経済学が経験対象を経営あるいは経営存在ですけれど，それを選択原理でもってそこから見ていく。つまり本質的なものと非本質的なものを分けるためのアウスバール・プリンチィープでもって見ていくという，これは例えば1つの例であって，大平先生がいっておる近代科学哲学で，つまり論理実証主義あるいは批判的合理主義の研究方法でこの学問が，このような学問は悩みはないのと言いたいんですか。今経営の問題をあるいは経営を超えて，地球の問題，色々な問題をこのような研究方法で，できるんですかということを聞いたんです。解決できるとおっしゃっているんですか。ドイツの経営経済学があるいは研究方法が，その歴史の中で色々な形で変わってはきております。それは知っております。変わってはきているけど，やはり根本は変わっていない。なぜなら，要するに主体の論理じゃないからです。つまり対象を対象化して対象としていくからです。私たちの主体の論理では，対象を対象化して対象としていったんでは，企業や経営は本当には見ることができないと考えているんです。その辺の悩みを克服したくて，私はずっとやってきたわけです。

それはまさに地球上の生命の問題にも関わってきます。その経営存在を本

当に把握する方法は，見るものと見られるものが相対しているのでなく，見るものが見られるものの中に入り込まなきゃいかんと思っています。中に入って経営をしてみるくらいにね。経営者になって，行為してみたらどうですか。経営者になって行為するやり方でなければ，私は経営学は成立しない。あるいは今日問題になっている経営哲学は哲学できない。経営哲学の方法は近代西洋哲学の方法を根底から越えなければならんと考えている。そのことについて質問したわけです。いや越えなくて良いよとおっしゃっているのかどうか教えてもらいたい。つまり論理実証主義，批判的合理主義で出来るかということです。

大平：

　一番最初に申し上げたように，近代科学は決して万能ではありませんし完全でもありません。ただ，近代西洋哲学ないし近代科学が，世界の様々な諸問題を他の知識体系に比べれば，相対的にはより多く解決していることは疑いのない事実です。その事実を好ましく思うか否かは別の問題です。そのところをもう一度虚心坦懐にご確認頂きたいと思います。一部の問題点だけを取り上げて，近代科学では学問ができない，というのは論理の飛躍でしょう。

　それから，増田先生は，議論の最初に主体の論理というところから始まっておりますが，なぜ主体の論理かという基本的なところのご説明を頂かないと，というのは例えば池内信行先生も近代の西洋科学に限界を感じて主体の論理を主張されています。そのときに，ひとつ重要な点は，この主体の論理が近代科学の限界に対する補助的な補完作用として機能する，というのであれば理解できます。近代科学も万能ではありませんから。しかし，増田先生は，近代科学に代えて，と仰っておられますから，全面的に近代科学を否定し，それに変えて主体の論理で諸問題を解決できるとお考えのようです。それであれば，主体の論理に基づいてどのような成果があったのか，どのような問題を主体の論理は解決したのかを，この50・60年の間―あるいは，先生が「非常に長い間，経営学を研究してきました」―の期間の中で結構ですのでお教えください。具体的なご提示を先生はされていませんので。

それからもう一点は経営学者も経営の中に入り経営をするんだと仰いました。先生は，経営学者が「経営者になって行為するやり方でなければ，私は経営学は成立しない」とおっしゃいましたが，それでは経営学者である先生が経営者のご経験があるか，そしてその結果どのような成果を得られたのかもぜひともお伺いしたいと思います。

増田：

今のご指摘2点あったと思います。この点についてはもう既に書いてあるもので答えておりますので，わざわざ答える必要はないかと思います。分かろうとして，分かってもらうよりないと考えております。むしろ色々ご質問ある方どうぞ。

司会者（出見世）：それではフロアーからの質問をどうぞ。

庭本：

私も経営学は行為主体の理論だろうと思います。ただし，行為主体の理論であるということは，同時に価値を内在化させている理論だということです。そうすると経営哲学は成り立つのか，成り立たないのか。それは経営学そのものではないかと思う。ですから，たまたま大平先生のレジュメの中に小笠原先生の図が載っていますので，これを使わせて頂きますと，狭義の経営学の理論の中にそもそも哲学的な要素が入っていて，経営学の理論なんてみんな価値を帯びていて，真っ赤か真っ黒か分かりませんけど，価値判断が入った上で，理論が形成されていると思います。そうすると，研究戦略として分けて展開するということは，意味があるとは思いますけれども，経営哲学は成り立つのか，成り立たないのかについて示唆を頂きたいと思います。

中條：

経営哲学が成り立つのかどうかについて，経営学の中に価値そのものが組み込まれているということですが，先ほどの議論の中で，哲学するとありました。経営するということもあります。経営哲学は何を経営して，何を哲学

するのか。僕は団体という概念を重視しており，その中に企業もあれば，国家もあれば非営利組織もある。また経営主体としては「私はどうして生きているのだろう」とか，人間存在の意味も問いますね。だから，団体の経営をするときに，団体存在の意味は何かをまず経営主体は問わなければならないと思います。つまり，何の為にそもそも団体が存在しているのか，その意義は何か，です。意義が問われた後で，それでは経営主体はどういう形で自分は経営していくのかということを，今度はその経営主体が自分の立場を明確にしていく。あるいは価値について言えば，価値を選択していかなければならないと思いますね。だから経営理論が色々あったとしても，経営主体はどの理論をとるかという形で，また価値の選択ということが起ると思うんですね。

質問者　庭本：

　誤解かもしれませんけど，私は経営するということがもし，経営学が行為主体の理論として成立するとすれば，その根底のところから，理論の根底のところから初めから哲学があり価値を帯びている。例えば私は自分で経営学しているつもりですけれど，私の経営学は初めから，ものすごく価値を帯びているわけです。ペーパー上は概念化できますけれど，もともと理論の存立基盤が，この理論を取るかあの理論を取るかというよりも，哲学を内包しているのではないか。だから経営学はその点が，経済学とものすごく違うところだと思う。社会科学一般は，価値と事実を峻別しようと一生懸命やっていますが，むしろ峻別が難しいから一生懸命やっているのだと思う。その中でも，特に経営学は難しい。そこで経営哲学が独自の学問として成り立つのか，ということが気にかかります。私は自分が経営哲学じゃなくて，経営学をやっているつもりですけど，お前の経営学の中味は経営哲学と言われたらその通りです。

中條：

　僕は経営学というのは運営学だと思っています。だから，運営するときには人間が行為するので，常に価値判断を伴います。実践でいうとその価値判

断のところは避けて通れないわけですね。例えば稲村先生が先ほど民主的価値が一番良いんだと言ったけれど，僕は全く反対なんですね。なぜかというと，戦争状態における軍隊をどう経営するかという時の将軍のケースを考えたときに，民主的価値というもので組織を運営したら必ず上手くいくとは限らないわけですね。そのときには，行為主体は，自分が運営している軍隊という団体の社会における存在価値は何なのか，と問うわけですね。戦争に勝つことがその存在価値だということであれば，それに最もふさわしい組織のあり方，人の動かし方はどういうものかが重要になってきて，この場合はもっと統制が利いたトップダウンでやりましょうとなってもいいわけです。戦争に勝つのであれば，その方が経営者の責任としては確かで明確です。僕はそういう意味で，どんな経営でも民主的価値が一番なんだという，そういう提示の仕方はちょっとおかしいんじゃないかなと思う。その意味で価値選択，存在意義を常に問いつづけていくというプロセスが必然であると思うんです。

小笠原：

　庭本先生が私の図のことを言われたので。ほぼ私は先生のおっしゃっている意味が分かるつもりなんですが，自分の経営学の中にあるいは経営の研究の中には一定の哲学がある，と思っています。自分の経営学は経営科学と言ってもいいし，経営哲学といってもかまいません。それは先ほどの日置先生の言葉の峻別から言うと思想だろうと思うんですね。こういう価値を信じて，信じる価値の上に乗っかって何かを研究する，とかあるいは何か物事を成すということだと思うんですね。

　それに対して哲学的というのは疑うことだろうと。つまり自分の価値を常に問い直すということだろうと思います。つまり思想を，ある信じるものをベースにそれを疑わないで，1つの学問に携わるというのであれば，果たしてそれは哲学的といえるのかという，そういう議論が出来るのかなと感じます。

増田：

要するに価値判断を経営学の中に持ち込むべきかどうかという問題だと思うのですが，1つの価値から出発して，そういう意味での価値判断を持ち込むことは，私は学問として宜しくないと思っております。価値判断そのものが，あるいはそのプロセスがフィロソフィーレンであって，その結果1つの価値が見つけ出されてきます。だから，価値判断を始めから持ち込んでしまって，そこから何も論じない，何も考えない，もうそれは絶対だというような，すすめ方ではいけないと考えています。それはむしろ，哲学，フィロゾフィーレンを拒否することになってしまいます。

稲村：

　民主的価値には反対だということで軍隊を例に引き合いに出されたんですけど，私は軍隊は対象にしておりません。私が対象にしたのは経営哲学です。経営，ないし企業と言ってもよいと思います。しかし，軍隊はまさに本来，存在自体が民主的価値，人間的価値に反する目的を追求するものですから，私は軍隊を引き合いに出して，民主的価値に反対すると言う意見には同意できません。その場合に，ただし民主的価値が至上であるということには，私は否定しないのですが，企業の場合に，民主的価値に基づいて民主的やり方に置き換えてやった場合に，企業は目的合理性や機能主義を至上命令として従来やってきたわけですから，民主的という観点からすると，非常な不能率と言いますか，効率を低下させるという恐れがありますわね。その問題は民主主義は合意に基づいて，行動し管理をするということが基本原理にならなければなりませんから，一切そういう民主的手続きというものを踏まえると，効率性とのコンフリクトが生じることは事実です。事実ですけれどもそれは，なんらかの社会的合意のもとで折り合いをつけていくしかない問題だと思います。とにかく軍隊があるから民主的価値がどうのこうのと言うのは，これは私の対象外であると言っておきたいと思います。

質問者　日置：

　小笠原先生が私の名前を挙げられましたので，ちょっと一言，言いたいと思います。私は永井均と言う哲学者の思想と哲学を峻別しようという考えを

採用しております。彼に言わせると，哲学というのは考える方法を明らかにする学問であり，思想はかくあれかしという主義主張である。この主張を対象としてそして知識社会学研究というふうにしていくと，きれいな経験主義的な分析が可能になる。それを経営哲学研究というふうに言うこともおそらく可能だろうと思います。ただそういうふうにしてしまうと残余部分が出てくる。どちらかというと大平先生の議論というのはその経験主義に載せる方向での議論ではないか。それに対して主体の論理はまさしく哲学の主題であるわけですから，考える方法を突き詰めていくと，どうしても否応なしにその自分の存在に行きあたらざるを得ない。二つの方法が実は同じ経営哲学という名前のものに混在していて，それで議論が実は噛み合っていないけれども，論争になっているという状態ではないかという風に思います。

司会（片岡）：

今のことに関連して，大平先生は，哲学をメタ科学として位置づけられています。さらに，経験科学の経営学のところに経営哲学論があります。その下に経営哲学現象と書いておられます。この経営哲学論というのは何を意味するのかということを，今日置先生がおっしゃったことと関連してご説明下さい。

大平：

日置先生はある意味で簡潔に分類されたと思います。一番上に置かれる「哲学」は一般に言う哲学で文字通り形而上学そのものです。その下の，経営哲学論は，経営学の一部としての領域を意味します。簡単に言えば経営組織論や経営労務論とともに経験科学である経営学の各専門分野の一つを意味しています。もっと例を書けば良かったのですが，スペースに余裕がなくてこれだけしか書いていません。そして経営哲学論は，経営哲学現象を研究の対象とします。それは，ちょうど経営組織論とか労務管理論が経営組織現象や経営労務現象を対象とするのと同じです。

質問者　高澤：

私は経営哲学に興味あるのは，最近企業が色々な問題を起こしていますので，そのことと絡めますと，ああいう問題も経営哲学であれ，経営のトップの人が経営についての考え方が反映しているのではないかと思います。そうなると，何が良くて，何が悪いかという問題や，生命の尊厳の問題が出てくることになります。そうするとこの問題は宗教の問題として打ち出されるものだと思うんですね。それを抜かして，経営哲学の問題を考えることが出来ないのではないかと思います。

　私はやはり今の企業の問題の基本には，ミーイズムと言いますか利己主義があるだろうと思います。小笠原先生にお聞きしたいのですが，先生は経営哲学と宗教の問題との関連をどうお考えになるのか。

小笠原：
　まずは先ほど口頭で宗教観，あるいは宗教と言ったのは広い意味の使い方で申しました。例えば日本人の宗教観，あるいは宗教の中に，世界宗教としての仏教をどれだけ確たるものとして持っているかというのは大いに疑問とされています。しかし日本人にも何らかの宗教観のようなものがあるだろうと，いうような範囲まで広げてこの言葉を使っています。そうすると何人であろうと一定の世界観あるいは死生観というものを持って生活しているわけで，ですから市民としての生活，それから哲学者もそれから経営学者もあるいは経営者も何らかの広い意味での宗教観のようなものを持って生活しているということが言えるだろうと。ただ，それを明らかにすることが，私の場合には経営哲学にとって有益なアプローチになるだろうと思っています。経営哲学でそれをやってもナンセンスだという意味じゃなくて，私個人としては，今のところ普遍的な価値を一挙に持ち出そうということについては禁欲的です。ですから，例えばある特定の経営者がどのような宗教観に基づいていたのだろうかというようなことは研究の1つのプロセスの中で重視したいと今後の私の課題でも在りますが，しかし私自身は，そこから一挙に経営哲学というのはこういうものだというような普遍的価値を提示するということは今のところ考えていません。もっと慎重にやりたいと思っています。

質問者　高澤：

　稲村先生は，ウェーバーを取り上げて，価値判断の問題を取り上げていらっしゃいました。ウェーバーは宗教の問題も宗教社会という脈絡で取り上げていますが，当然そのような文献も読まれてご報告されたのかなと思いまして質問させていただきました。

稲村：

　ウェーバーを私が取り上げたのは，倫理的・美的・宗教的な固有価値に関連してです。こういう価値を信じて行動するのが価値合理的な行動です。ご承知のように目的合理的・価値合理的・感情的・伝統的と4つ行動類型があるわけです。それに関連して価値ということが問題になります。民主的価値というのはそういう価値の信仰の自由を認めるということです。これを認めないのが軍国主義であると思います。もちろん現代の経営においては，そういう自由を認めた上での経営でなければなりません。どのような価値を信ずるかは自由でありますが，経営者はそういう哲学，宗教を他の管理者なり労働者に強制するというのは，許されないと思います。この点は，ウェーバー的に言うと，信仰は自由であるけれども宗教的価値の強制はダメであって，この点は当然表明していくべきものであると私は思っています。

質問者　藤井：

　大平先生にお伺いしたいと思います。先ほど日置さんのご質問の中で，経験主義に問題を載せていくのを，どういう具合に考えるか。私も大平先生のご発表を経験主義の再構築ということかなと思ってお聞きしたんですが，載せるというより，載る部分だけを考えているというように，おっしゃられているような気が致しました。その訳は，命題の経験的テストに尽きると，価値の争いを考えるときに命題の経験的テストに載る部分の価値の争いを考えていくけれども，載らない部分は科学として限界があるとはっきりおっしゃったわけですね。その部分は別の基準で納得せざるをえないのだという具合に，大平先生はおっしゃったのですが，そのとき別の基準で納得するというのはどういうことであるのかを伺いたいと思います。科学哲学につい

て，特に論理実証主義以降の科学哲学とイコールで考えていらっしゃるだろうと思うんです。それは１つの立場として分かりますが，他の哲学の可能性をどう考えておられるのか，あるいはこれから論理実証主義的な経営学をやっていってですね，どんな成果を期待しかつ，これからの展望をお伺いしたいと思います。

大平：

　まず最初の命題を経験的にテストし，それに耐えたものを一応科学（厳密には仮説）と呼び，そうでない場合は科学的ではないということになります。ただ，申し上げたいのは，この区別において，テストに耐えたからといって上であるとか，そうでないからダメだとか，ということはまったく意味してはおりません。あくまで，科学と非科学の区別をしておきたい，ということです。そして，少しづつでも，経験テストに載る部分を増やしていきたいと思っています。

　そして，私が申し上げた別の基準と言うのは，科学的な説明は全てを説明できるものではなく，限界を持っていますので，解決できない問題はたくさんあるわけですね。その解決できない多くの問題に対して，私たちはどうやって納得しているかというと，科学とは別種の様々な知識によって納得しているわけです。例えば，不治の病に罹って現在の近代西洋医学では直らない，という場合には，ある人は宗教の知識に救いをもとめるでしょうし，ある人は東洋医学に救いを求めるかもしれないし，これは人によって異なるでしょう。まさに，個人の世界観，人生観が前面に出てくることとなりましょう。また，様々な経営理論に頼ったけれども会社が倒産しそうな時には，ある経営者は占いの知識に頼るかもしれないし，また政治（家）の力に頼るかもしれない。それ以外の別の方法に頼るかもしれない。色々な納得の仕方があるだろうと思います。先ほど別の基準と言ったのはそういう意味です。ただ，私たちは経営学者ですから，自分の専門として，学問的ないしは科学的な方法のあり方，そしてその進歩ないし発展に努力したいということです。

　それから，近代科学と論理実証主義との関係ですが，いうまでもなく前者の方がはるかに広い概念です。論理実証主義と批判的合理主義だけで近代科

学を代表させているのではありません。もっともこの200年ほどの間でも，この70〜80年の間における論理実証主義が世界の様々な分野に及ぼした影響の大きさについては，素直に認めるべきだとは思います。もちろん，その随伴的な結果も含めて。近代科学の限界や，副次的作用が言われるのは，それだけ近代科学の成果が大きいことの裏返しであるといえます。

　私自身の現在の方法論的な視点は，批判的合理主義と，それをベースにして，更に今模索中ではあるのですけれど，科学史的なアプローチを，経営学の研究方法として組み込むことができないだろうかということです。具体的に申しますと，1つの例としてラカトシュのリサーチプログラムもありますし，クーンが言ったパラダイム論も一つの示唆を与えてくれるかもしれません。それらをヒントにしながら，いわゆるエクスターナルアプローチを付け加えて行きたいと思っています。

　そうした方法論で，例えばどういう学問的ないしは，経営学の成果の見通しがあるのかというのが次のご質問だったと思います。これはなかなか根本的なご質問だと思いますが，それは私たちがどういう知識というものを科学的知識と考えるか，ということに関わってきます。最近面白い実例がありまして，ご存知の方も多いと思いますが，経営関係の雑誌等に「仮説―検証型の経営戦略」などという表現を見ることがあります。この「仮説―検証」という言い方は，文字通り論理実証主義の専売で（した）すが，論理実証主義を知らない人たちまでもが猫も杓子も金科玉条のごとく唱えているのは面白い限りです。ただ，私は決して手放しで喜んでいるわけではありませんが。

　ただこの仮説―検証という方法であれ，反証可能性であれ，そのポイントは，仮説なり理論なりがどこまで現実を正確に説明そして予測できているのか，あるいは経験的に説明できているのかということにあります。企業の例でいえば，ある経営戦略が，どこまで当該の経営の現実を正確に把握しているか，言い換えれば，現実から離れた単なる理想や夢想によってなされていないのかどうかを識別する基準となります。私自身は仮説―検証型よりも，仮説―反証可能性型のほうがより有効だと思っています。企業の経営も，つまるところ人間の意思決定によってなされますので，その成果に対する評価は，その意思決定が，どこまで正確に現実を踏まえてなされたかにあるので

はないかと思います。

　その場合に，全く禅問答のような循環論法的な説明の仕方もあれば，非常に合理主義的な方法もあるということになります。循環論法的な説明というのは，場合によっては，事実の説明力以外の要素で他人を納得させる怖さ（ないしは魅力）を含んでいます。企業行動を説明する場合でも，こうした要素は経営学の中からは排除すべきでしょう。なぜならば，現実の正確な説明や予測ができないからです。それゆえに，独断的，教条主義的，盲目的な決定を追認するだけとなります。近年の日本企業（だけではないが）の経営上の意思決定や戦略の失敗の根本的な原因がどこにあるのかを考えるとき，単なる経営上の判断ではなく，その根底にある正確な現実説明力ないしはその予測力にその理由の1つがあるように思えます。

　そのための方法として，今のところ私は反証可能性という方法がより合理的な方法だと思っています。もちろん私は，これが，100％完全な方法だと思っていません。反証主義に立つということは，逆にその反証主義そのものも反証されるかもしれないわけです。反証可能性を多くすることによって，経験的な説明妥当性の部分を広げていくことによって，現実をより客観的に知ることができる客観的知識というものを，私たちは得ることができるのではないかと思います。

　むろん，その方法でも完全ではありませんから，現実の経営がうまくいかなかった時は，自分個人の価値観だけに基づいた説明だとか，先ほど言いましたように，何かの占いに頼ることになるかもしれません。それはそれで私は生身の人間の行動としては意味有る行動だとは思います。ただ，科学という枠の中での説明の方法は何なのか，ということを考えたときに，具体的に言えば反証可能性をどれだけ増やしていくことができるのか，というのが今のところ一番の科学的な説明の方法ではないかなと思っています。

司会（池内）：
　最後に小笠原先生から梅澤先生にご質問をお願いします。

小笠原：

梅澤先生がご指摘のように，色々議論していても企業が，やっぱりそれを行動化せずにそういう議論は不毛だと考えている。もっと彼等，企業が主体的に経営を哲学するような，そういう仕組みを作り，その方策を考えるべきであるという主旨の御発言がありますが，これは非常に重要なご指摘だと思っています。こんな当たり前のことがどうして行動化できないのかということで，基本的な問題でもあると同時に，非常に重要な問題でもある。つまり梅澤先生が考えられているのは，経営哲学論というのは経営技術として，企業に哲学する態度を植え込むためにはどのようなシステムを構築したらいいのかというような，経営技術論としてお考えかという質問であります。

梅澤：

これまでずっと蚊帳の外で，やっぱりと思っていましたら最後にチャンスを与えてくださいました。私はむしろ技術論のことは好きじゃないんですが，経営哲学という学問の，実際的効果についても考えてよいのではないか。80年代以降，色々なことが起ってます。そもそもバブルを起こしたことから始まって，遂にバブルを崩してしまって，今日本の企業はフラフラフラフラしている。研究領域の重要な部分として，経営哲学を確立・浸透・定着させること，あるいはそのことの大事さというようなものを企業自身に認識してもらうようにする。その方法論というのを，そろそろ考える時期に来ているんじゃないでしょうか，というようなことを言ったのです。

そのためには実態調査からいかないといけない。そうするとお金がかかる。科学研究費はなかなかもらえないし，学会としての研究会活動となれば，あるいは出るかもしれない。経営哲学を，実証科学的なものにしていきたいなという，気持ちの表れです。不毛というのは，理論に加えて方法・方法論を持つことが大事で，そのための議論が必要だという意味あいです。

司会（片岡）： パネリストの皆さん，そしてフロアーの皆さん。本日はどうもありがとうございました。

第Ⅲ部　経営哲学の課題

11 経営哲学の現在
――21世紀経営哲学の課題――

庭 本 佳 和

1. 21世紀の哲学的課題

　20世紀はフォード・システムによって実現した大量生産・大量消費の時代であった。これが物質的豊かさをもたらした。そこから生成したのが，広い意味での情報化現象にほかならない。豊かさが絶えざる非連続な変化を生み，そこに差異＝情報が現れる。これを速やかに把握するのが情報化（狭義）であり，コンピュータとネットワークの融合的発展だ。

　急進展する情報化（狭義）がグローバル化の技術的基盤であるが，情報化がまたグローバル化を促したともいえる。グローバル化とはさまざまな国や地域の社会状況や経営体の繋がりが地球全体に拡張して行くプロセスだが，一つの価値が他の価値を駆逐して普遍化してゆく現象のように見える。しかし，世界が文化価値多様性の保持に失敗すれば，創造性の源泉だけでなく，生命の多様性を保持する基盤まで失うことになりかねない。いわば，グローバル化の「思わざる結果」である。とかく普遍性が強調されがちなグローバル化は，その普遍性が特殊性に基礎をおく両義的なものだと理解することが必要だ。つまりグローバル化とは，生命の多様性を保持してきた地域特殊性に光をあて，共存をはかる新たな意味の問いかけなのである。21世紀の社会と経営はこれに応えねばならない。

　グローバル化を促進した情報化は，一時鎮静化したかに見えた環境破壊が，実は地球的規模でますます深刻化していることをあぶりだした。1980年代末に浮上した，いわゆる地球環境問題だが，豊かさを実現した大量生産・大量消費の過程で排出される廃熱・廃液・排ガスを含めた「生産プロセス廃

棄物」と「製品廃棄物」がその元凶である。60年代末には公害に困惑した人々も，30年を経た今日，資本の論理や生活の論理（大量消費の上に成立する豊かな生活様式）との繋がりだけでなく，一部で自然観や自由の理解と関連することに気づき始めた。未だ対処療法の域を超えてはいないが，一般的にも自然や生命，そしてエコロジーに対する関心や意識を確実に高め，それを社会的コンテクストに埋め込むに至っている。地球環境問題は今や「人類共通の解決しなければならない問題だ」と人々に真剣に受けとめられており，その対応いかんが経営体の盛衰を決定するようになった。21世紀経営の最大の課題であり，その原理的解決の提示は経営哲学の至上の役割である。

　地球環境問題は，その本質を端的に言えば，「自然の破壊と生命の危機」の問題であり，有史以来の人類の願望であった豊かさ追求の「思わざる結果」であった。これに情報化やグローバル化の「思わざる結果」が絡めば，事態はより深刻化する。情報技術革新の速さとそれが及ぼすスピードは，経営体に脅威と機会をもたらすだけでなく，人間の身体的反応をはるかに超えているからだ。それどころか，バーチャル・リアリティで地球環境の危機を理解し，バーチャル・コミュニティで人々と接するとき，知識と身体が切り離され，身体性に基づく主体が簒奪されている。それを生命性の簒奪と言い換えてもよく，情報化の「思わざる結果」である。それは地球環境問題の理解と解決の限界ともなりやすい。

　情報化，グローバル化，エコロジカル化に通底するものは「生命の多様性の危機」であり，「生命の意味」の復権への社会的要請である。経営哲学とは，社会的課題を経営の論理に乗せて解決をはかる思想的営為だとすれば，21世紀前半の経営哲学の課題が生命の意味を内包した経営思想と論理の確立だという主張はそれほど的外れでもないであろう。

2．生命（意味）システムとしての「人間」と「経営」

　アナロジーやメタファーを超えて，経営（体）や人間を生きたシステムと理解する場合，その「生きている」意味が問われねばならない。

　生命の本質は「余分なエントロピー（汚れ）を処分する」（シュレーディ

ンガー）ところにある。環境にエントロピーを増大させるという犠牲のもとに，自らのエントロピーを減少させる能力をもつ社会や経営（体）も生きている。重力をもつ地球は，物質的・物エントロピー的には閉じていても，エネルギー的・熱エントロピー的には閉じていない。土壌循環（微生物）の働きで，物エントロピーから転換された熱エントロピーを，地球は水循環と大気対流によって宇宙に捨てる能力をもっているからだ（槌田）。生命はこの地球に自己生成してきた。生命とは循環のある定常解放システムであるが，限定された意味であれ，環境としての地球が生きているからこそ，生命システムは生命を維持できるのである。

したがって，① 水循環と大気循環をもつ地球から，② 生命（微生物による土壌循環から人間に至る生態的自然循環）が生成し，これを土台に，しかもこの範囲内で生命システムとしての人間活動からなる ③ 社会が成立し，その大きな部分は企業をはじめとする ④ 経営体が担っている。そこには①から ④ に至る生命の包括関係（①＞②＞③＞④）ないし生命の階層構造がある。② は ① を超えて，③ は ② や ① を超えては生きられず，④ は ③ や ② や，それを含む ① を超えては生きられない。これが生命の論理であり，自然の秩序である。もし「自然に秩序がなければ，自然と共に生きることは難しい」（バーナード）。地球に自己生成した生命は，生命の包括関係ないし階層構造を自己に内在化させている。それは，いわば「生命の暗黙知」だ。

地球を含めた生態的循環が「生命の論理」だとすれば，生きている地球，生態的自然に対する要素としての生命の関係が，当該生命の「意味」である。したがって，生命の「意味」とは，生命の論理を生命自らが内在化したものにほかならない。ここに創出した意味は，「生きる」世界を切り開いた当該生命の生命性を反映するとともに「生きとし生けるものを産み出す」世界を反映することになる。そこでは生命の関係としての意味，つまり「生かされ」て「生きる」のであり，この「意味」に導かれて生命は自律的であった。あるいは，生命とは自己に内在する意味（生命の暗黙知）を通して生存をはかるシステムだ。ここに注目すれば，生命とはより一般的・抽象的には「意味システム」である。

もっとも，言葉を生成させて協働を可能にした社会的存在である人間の活

動が，生存水準を超えるとき，生命の意味を膨らまし，意味の過剰を生み出した。それは一方で「生かされる」と「生きる」の乖離を引き起こす「意味の分裂」をもたらし，他方で「意味の豊穣」を生み出した。人間の精神活動を豊かにした意味の豊穣は，創造性の源泉であるが，容易に意味の浪費に転化し，過大な消費現象を造り上げる。文化による欲望の捏造現象である。それが人間による略奪性を高め，自然の破壊を招いたことは言うまでもない。

「調整された人間活動」からなる組織を中核にした経営の意味は，「社会の意味」から生れ，とりわけ営利性を基礎にした「経済の論理」「市場の意味」を多く取り込んでいる。経営が，生命の意味を踏みにじっても市場に即応しようとするのは，そのためだ。もともと人間協働が生命の意味を超える過剰を生み出し，これが経営の基盤であることを思えば，経営の意味に生命の意味が自生することは難しい。経営の意味に生命の意味を組み込む工夫が必要である。その役割を果たすのが経営哲学にほかならない。過剰な意味システムだからこそ，人間や経営（体）には哲学が必要なのである。

3．経営哲学の実践としての事業

ここに，自らが過剰な意味の産物である哲学は，乖離しやすい生命の意味と過剰の意味を統合する新たな過剰の意味（文化や価値）の創造をめざすことになる。それは，実に困難な知的営為である。経営哲学の場合，それに加えて，経営（体）それ自体の存続・発展を導く役割も負わねばならない。

経営体は必ずそれを存立させる内在的・自律的目的と外在的・社会的目的をもっている。企業の場合，社会的に要請された，あるいは社会的に受け入れられる製品・サービスを適正な価格と品質と方法で生産して提供すること（＝社会性の発揮）が，社会にその存在が認められる存在目的である。そこには，顧客への誠意，取引先へのフェアな態度，従業員への思いやり，生命の多様性を内包する自然や地域社会への配慮なども含まれている。それを通して獲得した利益を資本の提供者（株主）に配当することが，内在的・自律的な目的にほかならない。いわゆる営利性だ。本来の意思主体（事実上は投資主体化）に端を発する目的であるだけに，これが唯一の目的と認識されや

すく,「企業の目的は利益追求である」と主張される根拠になってきた。そこでは社会性は手段視されてしまう。

しかし,企業も社会性の発揮があってはじめて営利性が社会から認められる。市場経済体制といえども,営利性の正当性は社会性に基礎づけられているのである。社会性もまた営利性を容認することによって実現される。もちろん,社会性の水準と内容は時代とともに変わり,そこに「企業は社会意識の関数」といわれる理由もある。この社会性の水準と内容の新たな問いかけをなすのが,経営哲学の役割であろう。

もちろん,経営体としての企業の発展は,投資対象であるとともに行為対象であり,何よりも生存領域ないし存立基盤である事業の成否にかかっている。企業の営利性(意味の過剰)と社会性(生命の意味)を具現する事業は,市場性が問われるだけでなく,当然,事業内容と成果,そして事業方法の社会的妥当性が問われる。つまり経営の責任性と正当性が問われるのである。この問いを内包しつつ,これに応える技術革新,製品(サービス)革新を含んだより高度で,時には異質な事業領域に転換しうる経営革新への道筋を示すのが,経営哲学の役割であろう。その意味で,事業こそが経営哲学の貫徹の場ともいえる。

参考文献
庭本佳和(1993)「意味と生命システム」『経済論叢(京大)』第152巻第3号。
庭本佳和(2000)「組織と意味の展開」『組織科学』Vol.33, No.3。

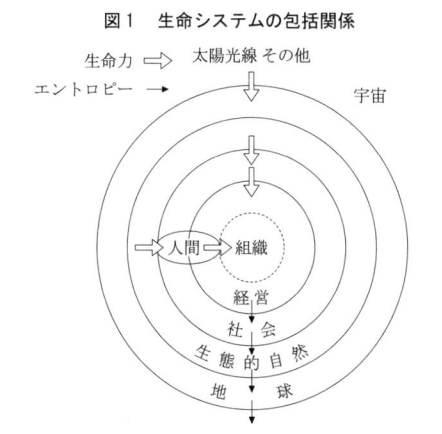

図1　生命システムの包括関係

図2　生命システムの階層構造

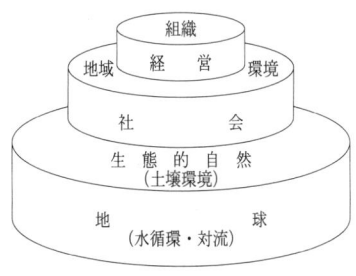

12 再帰的近代化時代の集団的組織的協働
——チーム作業方式の進展・普及——

大 橋 昭 一

　組織離れ・個人化が進行している現在，単に経営だけではなく，社会全体にとっても最も重要な問題は，人々の集団的組織的協働をどのように確保し，有効なものとするかということである。この問題に関連して筆者は「再帰的近代化の経営学」の構想のもとにいくつかの論考は発表してきたが，本稿はこの問題について，現在欧米を中心に世界的関心が高まっているチーム作業方式の問題を中心に論述するものである。

1．チーム作業方式の進展・普及

　チーム作業方式について世界的に関心が高まったのは1990年代以降である。もともと欧米は，日本とくらべると市民革命の度合いが強く，個人（主義）志向の程度が高くて，チーム制のような協働体制はなじまないとされてきた。集団・組織と個人との問題についていえば，アメリカの社会心理学者オールポート（Allport, F. H.）は1920年代，集団は究極的には個人の集まりであって，個人の集合以上の集団独自なものがあるのではないと主張している。

　このオールポートの見解は，欧米では比較的最近まで強く堅持されてきており，組織的行為において眼目となるのは個人の力能であって，チームなど集団や組織は生産力向上や人々の労働意欲などにおいて特に大きな力にはならないと主張されてきた。

　そこで，集団では集団行為調整のためのロス（調整ロス）が生まれ，集団の生産力は，根本的には，個人能力の合計からそうした調整ロスを差し引

いたものという主張がなされたり，集団では，他人が一生懸命努力するから自分は手抜きしてもいいといった社会的手抜き行為（social loafing）や，組織的活動の成果にタダ乗りするフリーライダー行為が生じ，マイナスの協働効果（シナジー効果）がおきるという主張が強くなされてきた。

しかし他方，集団や組織には個人を越えるものがあることを指摘する試みや主張も古くからあった。すでに1890年代フランスの社会学者デュルケム（Durkheim, L.）やアメリカのトリプレット（Triplett, N.）はそうした主張を行っており，1926年ドイツのケーラー（Köhler, O.）は72人の若いボートマンを実験対象にそれを立証している（ケーラー効果）。しかしこうしたプラスの協働効果の主張は，比較的最近まで注目されることなく，ケーラーの試みは長く埋もれたままであった。1989年ようやく再発見され，一躍世界的な注目の的となったが，それはチーム制が欧米で脚光を浴び始めたころで，ケーラー再発見はチーム理論研究の一環でもあった。

欧米では一般にチーム作業方式には3つの源流があるとされている。①日本の QC サークルなどに代表される小集団活動，②イギリスのタビストック研究所の社会＝技術システム論的チーム理論，③アメリカのホーソン実験を端緒とする参加的管理である。こうした系譜のもとに，種々のチーム作業方式が展開されている。

この点について，トヨタ方式をリーン方式とよび，世界一と激賞したMITのウオマック（Womack, J. P.）らの著（*The Machine That Changed the World*, 1990）に対抗して，フランスのデュラン（Durand, J.）らは世界の主要工業国12か国の約 200人の研究者から成る研究活動を展開し，トヨタ方式＝リーン方式を唯一ベストと考えるのではなく，少なくとも現時点では，チーム制には4つの類型的方式がありうることを1999年主張している。①伝統的なフォード方式チーム，②日本のトヨタ方式チーム，③トヨタ方式を日本以外でも可能にしたところの日本方式と当該地元方式とのハイブリッド型チーム，④北欧・ドイツ等の準自律的作業集団的チームである。

チーム制はこのように多様であるが，欧米では今や広く定着し，集団的組織的協働の場で行う仕事の仕方として新しいパラダイムを形成する気運にある。例えばドイツでは，これまで職場の指導は職長（マイスター）が行い，

労働者の要求は経営協議会を通じて代表される仕組みになっていたが，チーム制の進展・定着によって経営協議会による経営参加体制は空洞化しつつあるといわれてきた。事実，これに関する経営体制法（経営組織法）は2001年経営体制改良法（Betriebsverfassung-Reformgesetz）の制定という形で改正され，従業員100人以上の経営（事業所）では，経営協議会は経営体制法上の任務をチームに委譲できることになった。

2. サービスとしての管理

デュランがあげたチームの4類型のうち，①の伝統的なフォード方式チームは，テイラー主義的チームともいわれ，流れ作業などでは古くからあったもので，現在でも結構多くの実践例があるが，現在チーム制として論議されているものはそれ以外のものである。これらのチームにも種々なものがあるが，とにかくチームが欧米で特に注目されているゆえんは，何よりもチームでは何らかの形で管理が自主的に行われて，旧来のような管理は不要になるであろうという点，換言すればチームでは管理が不要になるよう自発的努力がなされるという点にある。

まず後者の自発性についていえば，チーム制の源流となった日本のQCサークルなど3種のものでは，共に作業者・労働者の自発性が土台となっている。日本のQCサークルやアメリカの参加的管理については説明の要がないが，タビストック研究所のチーム理論について一言すれば，それは同研究所で考案されたものではなく，労働者たちが作業をよりよく遂行するよう自然的，自発的，直観的に始めたものである。タビストックの研究者たちはそれを記録し体系化し理論化したものである。

もともとチームでは，何らかの自発性が生まれるものであるが，それ以上にチームではチーム内の管理的問題をも何らかの形や程度においてチームで自発的あるいは自律的に処理する必然性，「管理の技術的，社会的内在性」があることが特徴である。この点について詳しくは大橋／竹林編著『現代のチーム制：理論と役割』第1章をみていただきたいが，現在欧米で一般に前提になっているのは，チームにかなりの自律性がある自律的作業チームであ

る。その中でも目標とされているものは，チームのなすべき課題をもチーム自体で自主的に設定し，チームリーダーもチームで選出する自主率先的チーム（self-leading team）である。チーム代表者をチームで選出する例は欧米ではすでにいくつかある。

　これらのことは，今や管理が旧来のように部下に対する命令や権力の行使と考えるのではなく，サービスと考えるべきものであることを意味している。これはもとよりチーム作業に限られるものではなく，広く一般的にそう考えるべきものであり，この点について詳しくは拙稿「サービスとしての管理活動」をみていただきたい。一言のみしておくと，すでに1976年ハーバード大学のサッサー（Sasser, W. E.）は，直接的にはサービス産業についてであるが，そこでは物を売るのではなく，サービス，すなわち人間の行為・仕事・労働を売っているのであるから，従業員の仕事の仕方が決定的に重要性をもつとして，従業員も顧客も人間として区別することなく，従業員を顧客（内部顧客）とみて，相手のニーズに合わせた企業活動を行うマーケティングの考え方が，外部顧客だけではなく（エキスターナル・マーケティング），従業員にも適用されるべきことを主張している（インターナル・マーケティング）。もともと管理は管理者の行為・仕事・労働であり，人を動かすことであって，サービス活動と変わらない。

　同じくアメリカのウォルトン（Walton, R. E.）は，1895年旧来の従業員に対するコントロール政策に代えてコミットメント政策をとることを提唱している。コミットメント政策では管理者は「部下を指揮する（direct）よりも手助けする（facilitate）ものであり，管理の技術的専門力を行使する（practice）よりもそれを伝える（impart）ものであって，部下が自ら管理する能力を身に付けるよう助けるもの」と規定される。従業員に対するこうしたコミットメント思考は今や人的資源管理論の根本的原理の1つになっている。

3．再帰的近代化の進行

　わが国ではこれまでのところ，管理をサービスとする考え方はあまり理解

されていないようであるが，これは一つには，組織離れ・個人化の大きなうねりが十分に理解されていないからである。管理を命令や権力の行使とする考え方は，企業や組織体の運営がトップダウン的な命令の一元制の確保にあるという考え方にたち，部下や部下集団の自律性を認めない，あるいは認めることができないものである。それは要するに，20世紀に典型的であった組織された資本主義時代のものである。

しかし，現在は異なる。組織された資本主義は1960～70年代に終わりを告げ，今や組織揺らぎの資本主義時代となっている。その根本的土台となっているのは，近代化が人間個人にまで及び（再帰的近代化），人間の自主性自律性の尊重が不可欠の時代になっているという認識である。再帰的近代化は，組織化を中心にした近代化により経済水準・生活水準が向上して個人化傾向が強まり，組織離れ現象が生まれて，それまでの組織的経済は立ち行かなくなるようになっていることをいうものである。それは個人の近代化であって，第2次近代化といわれるが，個人化は個人の自律性自主性の尊重を要請し，それに立脚した集団的組織的な仕事の形態を必要とする。チームはそれに適したものの1つである。ここにチーム制が1990年代以降嵐のように欧米で広まっている理由がある。経営はこれに応えねばならない。

参考文献

欧文文献を含め，本稿に関連した出典については何らかの形で下記で示しているので，これをもって代えさせていただく。

大橋昭一／竹林浩志編著（2003）『現代のチーム制：理論と役割』同文舘。

大橋昭一（2000）「サービス活動としての管理活動―再帰的近代化の経営学への一視点―」『関西大学商学論集』45巻4号，10月。

13 経営哲学と企業の社会性
——企業と NPO のコラボレーションを中心にして——

大　滝　精　一

本文要約

　本報告では，企業と NPO（民間非営利組織）との協働（コラボレーション）に関する事例研究を通して，企業の社会性とその経営哲学的な意味について検討する。これまで，企業と NPO とは，営利と非営利ということで，「水と油」の相容れない関係にあると考えられがちであった。しかし両者の関係は，一定の条件の下では，補完的な関係にあり，協働を通じて互いにメリットを享受し合うことができる。両者の関係は，寄付者と受益者という一方的な関係から，共同で社会貢献を行ったり，ともに新しい事業や商品・サービスを開発していく双方向的な関係へと発展していく。こうした協働の形成と発展は，企業の社会性に新たな地平を開き，経営哲学の面からも興味深い含意をもたらすことになる。

はじめに

　1998年の NPO 法（特定非営利活動促進法）の施行以降，わが国では NPO 法人格をもった１万以上の組織が活動している。また，単に数の増加だけでなく，多様な分野において企業と NPO との新たな関係の構築も始まっている。NPO へのこうした関心の高まりは，現在世界的にも起こりつつあり，クロス・セクター・コラボレーション（ないしパートナーシップ）に関する研究も蓄積されてきている。本報告では，企業と NPO との協働について先行研究をレビューするとともに，報告者が仙台を中心に実践している具体的

な事例についても紹介しながら，その経営哲学的な意味について検討していく。

1．企業と NPO との関係

これまで，企業と NPO とは，特にその目的の面からみて，一方は営利で他方は非営利であり，双方が相容れることの難しい「水と油」の関係にあると考えられてきた。しかし，ここ数年の間に，両者の関係に変化が起こっている。

まず，企業が社会貢献活動を実施していく際，そこに NPO を巻き込んでいくケースが少しずつ増えている。現在，企業にとっては効果的かつ効率的な社会貢献活動を実施するためには何をなすべきかが問われており，そのための選択肢のひとつとして，専門分野の NPO との協働が活発になっている。

また，企業が「本業の外」で行う社会貢献活動ばかりでなく，「本業そのもの」に NPO が深く関わってくるケースも現れている。たとえば，NPO の存在自体が，企業にとってひとつの重要なマーケットを提供する場合がある。この場合，NPO は企業にとって顧客となり，ビジネスの直接的対象となる。さらに，現在では企業の事業／製品開発の過程に NPO を参画させることも，企業にとって大きな課題となっている。NPO との協働によって，コミュニティのニーズや問題が解決され，企業側にビジネス機会の獲得や拡張がもたらされる。

他方で現在のわが国における NPO の多くは，資金をはじめとする経営資源の不足に悩んでいる。このために NPO の側にとっても，企業との提携や協働を通して多様な資源を獲得したいという誘因が高まっている。最近では資金のほかに，人的，物的，あるいは情報的資源をいかに獲得するのかという点も，NPO にとっての重大な関心事となっている。

2. 協働のタイプと進化

このように，企業とNPOとの協働にはいくつかのタイプが存在している。ここでは「協働」という用語を関係とか提携といった概念を含めて，広義に考えておきたい。一般に，企業とNPOとの関係は，これまで社会貢献やフィランソロピーのように，寄付者と受領者といった一方向的な関係の中で議論されることが多かった。しかし，こうした一方向的関係だけでなく，両者が共同でマーケティングを展開するタイプもある。ここでは，企業がNPOと提携することによって，ブランドを多くの消費者に知らせ，商品の購入を促すとともに，それと引き換えに売上高の一部をNPOに提供することによって，双方がメリットを受けることができる。さらに，最近では両者が共同で製品／事業開発を行うなど，本業の開発プロセスにNPOが参画するタイプも現れている。

以上の3つのタイプを，それぞれ「社会貢献型」，「取引（または交換）型」，および「統合型」の協働と呼ぶとすれば，これらのタイプは，個別の協働ないしプロジェクトの性質を表現していると同時に，企業とNPOと協働が，社会貢献型→取引（交換）型→統合型へと，その内容が協働の継続に伴って進化していく方向を示しているともいえる。

もっとも，企業とNPOとの間に協働が成立し，さらにそれがより深い内容へと進化していくためには，(1) 目的ないし使命（ミッション）の共有，(2) 相互理解と信頼，(3) 自律性と対等性，(4) 役割分担（補完的関係の形成），(5) 相互学習，といった条件が満たされている必要がある。

3. 仙台における協働の例

(1) せんだい・みやぎNPOセンターのサポート資源提供プロジェクト

せんだい・みやぎNPOセンターは，NPOをさまざまな意味で支援するためのNPOであり，一般にインターミディアリー（中間支援組織／媒介組織）と呼ばれている。このNPOセンターが現在取り組んでいる「サポート

資源提供プロジェクト」は，仙台市および宮城県に存在する大企業の支店・支社や地域の中小企業と NPO が提携して，互いにメリットを享受することのできる仕組みをプロジェクトとして立ち上げていこうとするものである。そこでは，「物品・場所」，「パソコン・情報」「基金・寄付・資金」，「人材・ノウハウ」の4つのメニューを選択し，これらの資源を NPO センターが仲介しながら，企業と NPO との間でリサイクルする仕組みをつくり上げている。このシステムの構築によって，NPO 側は企業にある余剰資源を獲得でき，その活動をより充実したものにしていくとともに，企業側は社会的アピールや信用を創造することが可能となる。

パソコンのリサイクルの例をとると，NPO センターが「寄付と受領のマッチング」を図ることによって，各社が個別にパソコンを NPO に寄贈するよりも，はるかに効果的かつ効率的にパソコンをリサイクルすることを可能にしている。このようなシステムの構築は，企業と NPO との協働を促進することによって，地域経済の活性化に寄与するメリットもある。

(2) みやぎモデル・イニシャティング・ネットワーク (MIMINet)

MIMINet は，アメリカのシリコンバレーから起こった「スマートバレー構想」を発想の原点に置いている。この構想は，シリコンバレーを単なるベンチャー企業の集積地のままとどめるのではなく，バレーの中にあるさまざまなコミュニティのニーズを探り出してきて，それらのニーズや問題を解決するための事業を NPO の中から創出していこうとするものである。この構想の核心にある考え方は，「コミュニティとエコノミーの融合」である。つまり，コミュニティのさまざまなニーズと，企業のもっているシーズ（技術）を NPO を介して結合することによって，地域社会の抱える様々な問題の解決を図っていこうという考え方である。それによって，コミュニティはより高い生活の質（クォリティ・オブ・ライフ）を実現すると同時に，そこに立地する企業も新たなビジネス機会を獲得することができる。

MIMINet では，現在いくつかのプロジェクトが平行して実施されているが，その中からは，身体障害者へのパソコン教育のボランティアから出発して，障害者に使いやすいパソコン用マウス（ポインティング・デバイス）を

商品化した通研電気工業のような成功例も出ている。また，MIMINet の理念に共感した企業のひとつである針生印刷では，個別に高齢者支援の NPO である仙台シニアネットクラブと共同で，高齢者向けパソコン用テキストを事業化している。

4．協働の経営哲学的意味

　企業が事業そのものを通じて，明白な社会的問題や不満を解決し，なおかつ売上高や利益をあげていくことを「戦略的社会性」と呼ぶとすれば，企業と NPO との協働は，そうした戦略的社会性を推進する有力な方法といえる。企業がそうした社会的問題や不満を発見し，それを解決するためには，問題の起こっている現場に直接に身を置き，ユーザーと協働しながら商品や事業を試行錯誤的に開発していく必要がある。組織学習論では，そうした社会的実践がくりひろげられる場を，「実践共同体」（コミュニティ・オブ・プラクティス）と呼ぶが，企業と NPO との協働は，まさにそれを通して「実践共同体」を創造するプロセスといえる。

　21世紀は，環境リサイクル，医療福祉，教育，文化など社会やコミュニティの問題を解決することをひとつの事業としていく「ソリューション・ビジネス」（問題解決型事業）の時代といわれている。自らの足元に存在する社会やコミュニティのニーズを深耕し，それを満足する商品やサービスを提供していく「ソリューション・ビジネス」の概念は，グローバル化に縁の薄いわが国の多数の中小企業・地域企業が存続していくキーコンセプトともなるはずである。そうした「ソリューション」とはそもそも何であり，またそれをどのように獲得しうるのかというテーマは経営哲学の面からも，また実践面からも興味の尽きない多くの問題を投げかけている。

参考文献
Austin, J. E. (2000) *The Collaboration Challenge*, Jossey-Bass.
Sagawa, S. and E. Segal (2000) *Common Interest, Common Good*, Harvard Business School Press.
大滝精一 (2001)「企業と NPO とのコラボレーション―仙台における活動事例を中心として―」，『マネジメント トレンド』Vol.6, No.1, 経営研究所.

シンポジウム『経営哲学の課題』

パネリスト：庭本佳和，大橋昭一，大滝精一
司会：小椋康宏，飫冨順久，石井脩二

司会（小椋）：パネリストの方々には，それぞれのご報告を要約していただきましたので，ここで早速フロアーの方々からご質問を頂いて，このシンポジウムを始めたいと思います。どなたかいらっしゃいますか。

質問者　高澤：
　これまでの統一論題で，不満に思うのは論者がそれぞれ主張されるのですが，演壇に立った方の見解がどこが同じか違うのかというのが全く分かりませんでした。今回では，大橋先生は独自ですが，大滝先生と庭本先生の中では，例えば庭本先生は市場性に即して経営の問題を考えるべきだと言ったのですが，その市場性という点で大滝先生と庭本先生は違うのではないかと思います。僕は立場としては大滝先生の説明は非常に分かり，今の社会の中の問題点を鋭く突いていると思いますけど，その相互関係がわかりません。
　もう1つ，市場性を巡ってずばり言うと，庭本先生の場合は，今の社会における経済性中心のことを問題にしているのではないか，大滝先生とはかなり論点が違うのではないかと思うのですが，何か誤解があったら教えて下さい。

質問者　渡辺：
　ちょっとピンぼけの質問になるかも分かりませんが，御存知のように私は経営大臣が出来たら良いなあと思っておるのですが，今の経済大臣ではくだらんと思っているのです。このまま経営とか経済活動を続けますと，結果的

には地球が滅びるということに気が付いたんです。工業社会では大量生産,大量消費で,要するに,自然を破壊して,ここまで来ました。このまま放っておいたら人類の方が滅びる。メタン,フロンガスなんかもその典型的なやつであります。このまま勝手なことをしていると,人類が滅びるのであります。生産という名目で石油や石炭を取り出したり,技術などを発達させました。理論などと言って,仮説でございますから,現実とはずれているんであります。

　もう1つ。哲学というのは,この地球の自然を再生さすためには皆が智恵を出してどうしたら良いのか。これを考えるべきでしょう。地球を存続させるためにどういうようにしたら良いかを考えなければなりません。そういった点で僕はこの経営哲学学会は世界最高の良い名前であって,やるべき仕事がたくさん残っているような気がいたします。僕はそう考えております。

司会（飫冨）：環境問題と経営哲学の関連で宜しいですか？

質問者　藤木：

　大橋先生にお伺いしたいのでございますが,個人化の問題と職場の民主主義の問題,これをどういう風に捉えていくかということだと思うんです。もちろん,社会の中で経済の中で,経営が置かれている問題について考えるということは重要だとは思いますが,経営の中に起こっている問題について哲学的に思考することが重要だと思います。そうしますと,これまで哲学の課題として,民主主義を発展する,職場における民主主義をどう発展させるかということは極めて哲学的な課題であったと思います。これがまさに危機に瀕しているということは,現代哲学における最も重要な課題ではないかと思いますので,民主主義との関係でお伺いしたいと思います。

質問者　大隈：

　大滝先生への質問になると思うんですけども,NPO自体について,社会の意見を取り入れるというのは私も賛成しているんですけども,どうしても忙しいとかで,会社に勤めているとなかなか社会の意見を反映できない。自

分がNPOに入りたい，やろうと思ってもやれないというような制約があって，NPO自体の性格，NPOにどういう人が集まっているのかという所を少し教えて頂ければと思います。それと，もう1つ，経営哲学とは何かという話がずっと出てるんですけども，企業は動いていて，その場その場で皆ジャッジをやっていて動いてる。ここには哲学があるんだと思うんですけども，この点について，今から考えるべきなのか，もうあるのかどうなのかというのも少し教えて頂ければと思います。

質問者　那須：

さまざまな立場から経営哲学のあり方，あるいは経済の発展，社会の成り立ちの上での経営哲学のあり方ということを，お教え頂いたのですが，やはり経営というのは企業としての立場，あるいは個人の集まりとしての立場，あるいはそれで連帯を作っての社会の中での立場というのがあると思いますが，経営哲学を進めていく上で，マクロとしての経済の哲学があると思います。例えば，私が聞きました所で，経済哲学という，そういうことを研究する所があると思いますけども，ミクロとしての経営哲学と更にそれが大きく集まったマクロとしての経済哲学。これのつながりがどうなっているか大橋先生にお教え頂ければありがたいと思います。

質問者　西岡：

大橋先生に御願いしたいと思うのですが，先程先生は，組織離れ・個人化ということ，それからそれの行き着く先の1つの出口を挙げられました。1つの例かも分かりませんが。それが何か異質のような感じがするのです。それから先生は，最後にエチオーニのコミュニタリアリズムのことを申しましたし，それと企業の崩壊ですが，短い時間でしたので十分御説明になれなかったのだと思いますが，そこの所をもう少し全体の関連付けを含めながら御説明願いたいと思います。

質問者　藤井：

大滝先生にお伺いしたいのですけども，先程の高澤先生の質問とも関連す

るんですけども,私は大滝先生のレジュメを拝見してお聴きして,1つお伺いしたいのは,先生のおっしゃった内容からでは,今まで企業がやってきた通常の市場調査などで,ニーズを表面的なアンケートから取るというのと,非常に深い所までマイニングするというのと,どこが本質的に違うのかがはっきり分からなかったという所です。高澤先生の御質問と関連というのは,レジュメを拝見した感じでは,私はむしろ庭本先生の方が市場万能主義ではもちろんないだろうという風にレジュメ拝見してたんですけども,その辺りちょっと関連も致しますので,お聴きしたいということです。

庭本:

　市場性について大滝先生と私の理解が違うのではないでしょうか。多分,その違いは高澤先生が言われた逆の方向で違うのだと思います。大滝先生も私も市場ということについて同じだと思いますが,私が市場性と言った時には,例えば地球の問題とか自然の問題とか社会の問題を経営の論理に内包して,市場で生きないといけないという意味であるわけです。藤井さんが言われたように実は違うと思いますが,高澤先生が言われた意味の違いではない。むしろそれは逆だろうというように思います。1つは,多分,大滝先生と私の扱ってる部分が,最終的には大滝先生の方に近い形になるかもしれませんが,課題の析出というところにあり,それを今日私は中心にお話したわけで,経営哲学としてこれをするという経営学全般が課題だという形ではなくて,自分ならこれを課題にするという析出の仕方をしたわけです。それに対して,その思想的な究明,あるいは,哲学的究明という段階があって,それから経営の論理の構築があって,それを受けての実践のレベルの哲学的考察といいますか,その3段階,4段階あって,その最後の部分が大滝先生が言われた部分だろうと思います。私は全部を論文の中では書いておりますが,むしろ今日は課題ということもありまして,析出の問題を中心にやったということです。

　それからもう1つですが,お聴きしてこれは間違ってるかもしれないですけど,大滝先生と私は視点が違います。大滝先生は研究者の視点か,やや企業経営者寄りの視点,おそらく研究者の視点が強いと思います。もちろん,

私だって研究者個人の視点も離れられませんし，個人の問題も離れられませんが，基本的には経営そのものの視点から構築しようとしている。だから，市場性という時に，例えば，社会的なものを果たさなければならない，自然の維持・存続をしないといけないと言いながら，現実には「市場性から逃れられない」。一本の経営の論理として展開しないといけないという風に考えていますから，私個人では社会とか個人の方が大切だと思いますけれども，経営学で研究する時の視点と言いますのは，経営の視点で一貫しております。で，経営が生きるために自然を大切にしないといけないんだし，経営が生きるために社会を大切にしないといけないんだと思います。それをいかに取り込んでくるか，ということですね。もちろん，私個人は自然とか社会の方が大切です。

　それから，渡辺先生の問題ですが，多分一番その部分に触れているのが私だから私ということになったのだろうと思います。私自身，基本的には経営が生きるためには地球は最終的に熱死して分裂するかもしれませんけど，地球の滅亡よりは人類の滅亡の方がずっと早い。これは間違いないと思います。で，それをいかに伸ばせるかというのが今，我々に与えられた課題だろうと思うんです。そういう観点から，私自身は析出した問題の中心に生命性というのがあると思っています。生命性をなおざりにしてるという問題が我々の中にあると思うんです。それを哲学的に単に考察したり，思想的に考察しただけでは，経営の問題にならないので，それをいかに経営の思想として，経営の論理として，最後は経営の実践思想としていかに取り込むかと今考えています。

　で，そこで非常に難しいですけれども，経営も人間も同じ生命システムです。そういう同型的な理解が何とかできないかと思います。人間は非常に矛盾しておりまして，単なる生命システムではなくて，生命の余剰というような過剰の部分を作り出していると思います。学問も過剰だと私自身思っております。で，その部分の生命の過剰の最良の部分に，意図せざる結果と言いますか，負の部分をどういう風に包み込み解決させるのか，それが学問だと思います。だから，そういうものをここで全部お話出来ませんけれども，渡辺先生にはもし宜しければ，私の書いたものを御送りしたいと思います。そ

れで御許し願いたいと思います。

大滝：

　私は今日は企業の経営哲学という所で，企業の経営哲学を中心にお話をしたわけですが，私自身はいろんな環境の問題を含めて，全て市場で解決できるとはもちろん全然考えていません。企業が出来ないことで，しかもそれが場合によっては企業と鋭く対立するような環境の問題といったようなものをNPOとNGOが取り組んで解決するというようなことは当然ありうるだろうと思っていますし，だからこそ，またNPOの役割というものがまた世界的に非常に大事なものとしてクローズアップされているということがあるのだろうと思います。ただ，今日，私がお話をした大切なエッセンスの1つは，そうであったとしても企業のミッションなり経営哲学とNPOのミッションなり経営哲学がどこかで重なり合ったりクロスするという場面があるはずで，そこでどういうことが行われうるだろうかということを考える時に，やはりそこで1つの可能性というのを見出すことが出来るのではないかということを，お話をしたかったわけでして，そこではある種の市場性とか市場原理みたいなものもうまく使いながら企業とNPOが手を組むということも十分にありうるのではないかという，そういう論点から話をしたということが1つです。

　それから先程この問題にかかわって，普通の企業がやっている市場調査というのと本質的にNPOと連携することによるニーズの探索というのは変わらないのではないかというお話があったと思うのですが，それは私から言わせると，程度の問題であるかもしれません。本質的にここからここまで白と黒で綺麗に変わっていくということを振り分けることは難しいかもしれません。ただ私が強調したかったことは，今多くの企業に求められている製品とか事業開発の非常に大事な部分というのは現場で悩んでいるとか困っているというのが何なのかということを，困っている人と企業の人が一緒になって現場に身を置き，同じように悩んだり苦しんだりしてそこからその悩みとか苦しみとかをどういう風に解決していったら，商品とかサービスとかを開拓出来るかという，こういう問題が非常に大きいんだと思います。そういう意

味で，現場とか臨床の知といったものをどういう風にして企業がNPOのような組織と連携しながら作り出していくかというそういうことが非常に大事な問題になってきている。その時にNPOやNGOの組織をパートナーとして選ぶというのは，ある意味では非常に効果的なやり方ではないかと思うということが言いたかったことです。

最近，私は専門ではないのでよく分かりませんが，マーケティングの議論の中では，そういう現場に入って悩んでいる人とか苦しんでいる人と共に経験をするとか，そこに身を置きながら一緒になって開発をしていく手法とか探求の方法というのを，マーケティングの研究者の人達は苦労しながら開拓されているようですけども，そういうものの一つの流れという風に考えていただければ宜しいと思います。それも一種の市場調査のやり方ではないかと言われれば，その通りです。探求の方法の1つとしてそういうものがありうるということであって，NPOでなければ出来ない特殊なことだけをやっているという風に，ここの部分は誤解されてしまうとちょっと困るのかなと思います。私が申し上げたいことは以上です。

大橋：

市場化という問題について私の報告が舌足らずでしたので，若干補ってお話申し上げたいと思います。第1に例えば，近代化という問題は資本主義という概念の中での問題で，資本主義体制内部の問題であります。資本主義を打倒して革命を起こして次に移るという問題ではございません。資本主義の中での今までの歴史でいうと，19世紀の自由競争段階から20世紀の独占段階への移行という変化があったわけでございます。それに類した変化が近代化の中であった。近代化というのは資本主義でございますから，資本主義の中で第一近代化と第二次近代化とがあるというのが再帰的近代化論者達の主張でございます。第二次近代化は徹底的な近代化と呼ばれています。徹底的な近代化には，二つ意味がございます。一つは近代化で取り残された前近代的なもの，小家族制だとか地域共同体だとかが，前近代性を失って近代化していくこと。例えば家族が変わるということでございます。

第二の徹底的な近代化は，司会の方がおっしゃいました，科学技術が徹底

的に，科学者の欲するままに徹底的に進められてしまう。それが社会と人間にどのような影響を及ぼすかということを一切抜きにして勝手に進められる。そういう徹底化が行われるという意味でございます。

この二つが，近代化の進展で必然的に起こっているというのが大きなポイントです。それは必然的に起きると考えられています。例えば，物的に豊かになりたいというのは，人間が持っている必然性ですから，それは必然的に起こる。知識を増やしたいというのも必然的なものですから，ほっといても必然的に起こる。こういう考え方なのです。そういう必然性があったから，こういう結果が生まれていますが，ここでこの必然性を止めるためには，人間が今までのやり方を改めなければいけないわけです。改める方向で全世界的に多くの人が増えているのですが，今までの自然破壊を止めようとかという考え方が起こってくるということも，人間の心の中で起きる必然的なことというならば，私は問題は解決されると思います。

もしこれが解決される，例えば，個人化と共同体の問題も一応これで済みます。科学技術もストップされます。だけど，果たして現在の段階で自然破壊を止めようだとか，科学技術も止めようだとかということが人間に必然的に起こるものかと言われると，まだ全世界的な意見の一致は見ていない。私も首を傾けざるを得ない。やっぱり人間は豊かになって金持ちになりたいという本能的なものを持っているのではないかと私も思っております。

しかし，そうでない事実が増えていることは否定しがたいことであり，それによって物事は変わってきます。例えば，やっぱりNPOでやらなければいかんという人が増えていけば，変わるのではないかと思うのであります。先程，ご質問がありました労働が変わるというのも実はそれであります。少し細かく申し上げますと，現在を1960年代，70年代から見てみますと，ご承知の通り，労働時間が減っています。またフルタイム労働者が減っています。パートタイム労働者が増えている，派遣労働者が増えている。これにより，それまでの第一次近代化の労働体制が変わってきた。これには，個人化もあるし，グローバル化もあると思います。科学技術の発展も大きい。それほど人手がいらない機械ができていますから，大企業体制の中で雇われる人が少なくなってきているわけです。労働時間が全体として少なくなってきて

います。そういうような体制がだんだんできてきていますから，働こうという人の中には，今はフルタイムでない人がだんだん増えてきている。例えば，ボランティアで働く人も増えています。一生アルバイトでいきたいというフリーターの方も増えてきています。そういうようなことを考えると，旧来の大企業体制は崩壊に瀕しているのではないかという考え方が出てくるのであります。

　少々細かい話になりますが，日本の統計をみましてもご承知の通り，いわゆる製造業の労働に従事している人は今の日本では一番多いというものではありません。もっとも多いのはサービス業です。教育関係と医療とかその他サービス業が一番多い部門です。このように人の働く所が変わってきていますので，旧来の製造業中心にした体制はもはや変わってきているといわざるをえません。そういった点が組織離れ・個人化にからめて再帰的近代化として論じられているところがあります。これに対して，ボランティア労働等について組織離れだとか個人化だというようなことを言うわけにはいかないと思います。組織離れだとか個人化というのはいわゆる大企業体制のものだと思います。そういう状況にあるといえると思います。

　最初に戻ります。私が今日申し上げているのは資本主義体制の中の問題でございますが，今申し上げたパートタイムの進行とかいうような問題をみますと，これまでの資本主義体制はどうも難しくなりつつあると思わずにいられません。ただし再帰的近代化論者達は資本主義体制を前提にして何かならんのかということを論じているのであります。これまでは革命を起こせばそれでおしまいという考えであったようですが，それでは，解決にならん。この体制の中で何とかしていったら良いではないか，そうすべきではないかというのがこの考え方でございます。

司会（石井）：何かご意見ございますか？　どうぞ簡単にお願い致します。

渡辺：

　単純な質問でございます。市場は存在すると思うか，ということです。あるいは，グローバルというのは，アメリカンスタンダードはございますが，

グローバルというのは存在するのか。私はローカルは存在する。ローカルを全部足したら，それがグローバルになるかと言ったら，そうではない。平等・公正，これは無いと思います。不平等であるから，何とか生き抜かんといかんなあと思って，皆いろいろやっているんでございます。

端的に申し上げますとマーケット，あるいはマーケティング，市場主義と言っておりますけれども，それは国家主義に結びつくのではないかということを言いたいのであります。ご存知のように国家主義の方向を向いていないとキャンペーンはやっております。このようなイデオロギーの教育はやっている。グローバルスタンダードが存在するかのように言っているけれども，言っているのはアメリカンスタンダードを押し付けているだけでありまして，やがてそれは行き着く所は，国家主義に向いていっているような気がするんでございます。

企業が市場というのは，企業が開発した縄張りを守るということでしょう。縄張りを守るには力がいるわけでありますね，国力がいるわけでございます。守らなかったら，競争に負けて取られてしまうんであります。ですから，哲学的に考えていくと，最終的には国家主義に行きつきます。それは現に今，どの国を見ても現れているような気がするんであります。ですから，奇麗事ではないと思います。

司会（小椋）： 今のことについてお答え頂けますでしょうか？

庭本：

ちょっと意味が今ひとつ，理解できなかったんですが，市場があるかというのは，グローバルな市場があるのか，ごく一般的な市場があるのかという意味で言われたのか分かりません。一応，深く考えずに国家に結びつくにしろ市場はあるということでないと，多分理論が成立しないのではないかと思います。

もう1つですね，グローバル化というのは，要するに，アメリカンスタンダードじゃないかというご指摘だったと思います。私もそうだと思います。本当はそうでない方が良いんでしょうけど，こうなる可能性の方が強いわけ

です。だが，そこに問題があるということがこの報告では，十分グローバル化について言えませんでした。私は国家レベルが云々という以前にですね，本来グローバル化するということはローカルなものを浮かび上がらせて，地域の価値多様性を浮かび上がらせてその重要性を認識することだと思いますけれども，そうならない可能性があって，そこに生命を維持するという時に非常に問題があるんだと思います。レジュメの方にはそういう書き方をしてあります。

司会（飫冨）：本当はもう少し続けたいのですが，時間の関係もありますので，この辺で次の問題へ移りましょう。

大橋：
　最初に藤木先生からのご質問で，個人化と職場の民主主義の問題をどういう風に考えているかということでございます。私は，3年位前に1つ論文を書いたのですが，マネジメントを，とりあえず英語でそのまま使いますが，マネジメントをサービスとして考える。こういうことが必要でないかということを主張したのです。この論文を書いたら，何人かの人から戯言言っとるなあ，アホなこと言っとるなあということを言われましたけれども，私は今でもこれは確信しています。
　サービスというのは，概念的に申し上げると，人間対人間なのであります。お医者さんとか学校とかをお考え頂ければ分かると思いますが，人間が他の人間に直接関与することです。この場合，例えば医者にかかった場合に，患者はお金を払いますけれど，注射とか薬を除けば，物は貰わないのです。相手の行為を貰うわけです。介護も同じです。そういう風に考え形態的に考えると，マネジメントというのは，サービスです。経営とか企業の内部を変革せねばならないというのであれば，まずここを改めねばいけないと思います。マネジメントについて，上司が権威を持って部下を叱るとか押さえつけるという考え方では，私は今日では絶対駄目だと思います。ここから改めなければいけない。
　この点について，私の戯言ではなくて，アメリカの一例を挙げますと，

ハーバード大学のウォートンは今からもう20年位前にそういうことを言っています。マネジメントは，コントロール戦略からコミットメント戦略へ，つまりサービスに変わらなくてはいけないという主張です。

それから，作業形態でいきますと，チーム制が注目されるべきと思います。特に自主率先的作業チーム，あるいは，それに類するものでございます。チームは進歩した形態ですと，チームの長，リーダーもチームで選ぶことをしています。それこそ民主主義です。民主主義を徹底したやり方でやっています。今，日本ではこういうチーム制が注目されてきていますから，こういうように変わっていく，また，こういう風に変わっていかないと企業は栄えないと思います。このチーム制についてアメリカとイギリスで物凄い勢いで議論がありますが，その人たちの議論によりますと，チームの中でも自主率先的作業チームにおいて，コントロールの究極の基準になるのは何かというと，市場性であります。自分達の作ったもの，あるいは自分たちの行っている行為が市場で認められるかどうか。これが基準になります。ただしそれもチームで判断するというものです。

こういうことになれば，職場と民主主義の問題も私は1つの解決をみるのではないかと思います。そして企業の市場対応性もこれで1つの解決をみるのではないかと私は思っております。

司会（石井）：西岡先生からの個人化の流れと全体との関連が出ておりましたが……

大橋：
先程のお話しに触れてありましたので，割愛いたしました。失礼いたし申し訳ございません。ごく簡単にいいますと個人化は結局，人間の個人主義的性向，必然性から生まれてくると思っています。日本でみると明治維新以降，個人的な利得やそういうものを目指して組織が発展し，組織的に豊かになって個人が豊かになってきました。更に個人が豊かになろうと思って，今起こっているのが，個人化とか組織離れという事態だと思います。そう考えると，個人化・組織離れというのは，人間が持っている必然性がそうならし

めているのではないかと思っております。これが一点目であります。

　しかし，このように個人化が進むと人間はバラバラになってしまい，人間は困ってしまいますから，やはり共同体化と言いますか，組織化を図る方向，傾向がでてくると思います。これについての必然性は，くどいようですが，私はまだ無いと思っております。いやあるのではないかと言われれば，大変な救いであります。私はまだ無いと思っています。それを何らかの形で人間の中に起こしていくという必要があるのではないかと思っております。

　ただし考えてみますと，例えば環境重視ということも，今から10年位前と今を比べると，経営学界でもかなり取り上げられるようになりましたから，やっぱり変化はあるわけです。それからその他のいろいろな問題，例えば，差別という問題でもセクハラという問題でも今から10年20年前と比べると，人間変わってきているといっていいと思います。

　ですから，人間は考え方が変わる。変わることも必然であるといえば，私もそうかなあと思っております。そうなってくると，共同体ということができて，個人化という土台の上で，新しい資本主義の中で新しい体制ができあがってゆくのではないかと思います。この問題につきましては，私は今までは組織と個人を天秤に掛けてみると，組織と個人が対等と言えず，やはり組織の方が優先しておったと思います。今後は，そうではなくて，本当の意味での個人をベースにした組織，共同体というものを作っていけるのではないかと思っています。

司会（小椋）：時間が押し迫って参りました。新日鉄の大隈先生の持つ疑問に対して，3人の先生方どう思われますか。

庭本：

　先程の新日鉄の大隈先生にお答えしようと思います。現在，例えば個々の経営者あるいは経営体に哲学があることは私もその通りだと思います。でも，その哲学が現在の社会的コンテキストと言いますか，そういうものと合致していれば問題無い。でも，大体の場合，哲学・信念形成される時に，それは少し前の時代に形成されてきていると思います。

もし，経営者に全て哲学があって，今更そんなことが必要でないのならば，経営哲学を論じること自体，無意味になってしまうわけですが，そこに現在の環境状況と現在の起こってきた問題と，現に意思決定している人の経営哲学とが恐らくギャップがあるから問題なんだろうと思います。で，石井先生がおっしゃるように地球とか自然がなぜ哲学なんだということを考えなければなりません。これは哲学的なもの，自分の哲学の中に入れ込むというのは非常に難しいわけです。しかし，そういう状況が起こってきたのは，これまでの経営哲学の結果ですから，それを変えないことには問題は解決しないと思います。ですから，やっぱり経営哲学を再構成し続ける必要があるのではないかという風に考えます。

大滝：

私はさっき，経営哲学というのを企業の価値観・使命，あるいはステークホルダーに対する存在意義とそれを達成・実現するための行為の規範の体系・システムという風に定義しておこうとお話しました。今の定義でいくとですね，全く企業が何の価値観も持たない，何の使命も持たないで会社を始めて，ずっと歴史的に延々ときているということは多分無いという点で言うならば，多かれ少なかれ程度の差こそあれ，企業に経営哲学は私の定義からすれば，あるという風に言って良いと思います。

しかしそこで問題となるのは，庭本先生がおっしゃったのとちょっと似てるんですけども，例えばそうした価値観・使命，ステークホルダーの人に対するあるいはそういう人達に対する存在意義というのが，一体企業の中でどのくらい共有されているのか，明示されているのか，あるいは，次の世代の人たちにどういう風に伝達・伝承されているのかを考えなければなりません。最近話題になっているように，株主という特定のステークホルダーの存在意義だけを考えていて他のステークホルダーに対しての目配りができていないということも問題になるでしょう。それから先程の地球環境の問題のように重要なステークホルダーが現れてくるということに対して企業としてのしっかりとした存在意義を示していないというようなことが今，いろんな所で起こってきている。だから，私は経営哲学というものを再興するとか，再

構築する必要性があるのだと思います。

したがって，確かにご質問のようにこれまでいろんな企業が歴史の中で経営哲学を持ってきたし，それは存在してるんじゃないかという疑問に対して，私は半分は Yes。しかし，もう1つはそこはもう少しきちんと考えなければいけませんよというのが私の考えです。

大橋：

経営哲学はあったと思います。しかし経営哲学の中には，消費者を欺くような哲学もあるわけです。少なくとも過去にはあった。しかしそう言う経営哲学の所は潰れるわけです。だから，私は経営哲学については，健全なる経営哲学が絶対にいると思います。それから第二点は，企業が活動するのはやっぱり人間を通じてでありますから，人間がどういう考え方を持っているか。例えば昔のように命令をすればそのまま言うことを聞く人達か，そうでない人達か。これは企業経営のあり方に大きく関係してくるものではないかと思っております。

三戸：

僕は経営哲学の意義の所で，はっきりしておきたいと思っておったんですけども，学者のやる経営哲学，学問としての経営哲学というものと，経営の中におる人間が経営者から下っぱまで全部経営に携わっている人に関して，経営というものはこのようなものである，俺はこのようにするんだというのを皆持っていない人はいないと思うんです。その普通の身体的に持っている経営哲学というものと，学者がやっている経営哲学の二つがある。それはどういう関係にあるのかということを経営哲学をやってる人は，はっきりさせるということもこの度の課題になっているのではありませんかと，私はずっと言ってきているつもりです。

それから，もう少し経営というものが，現代のいろんな生々しいことを物凄く利便性や文化が極めて大きな成果を生んでいるけれども，それは皆，組織・管理が創り出しているのではありませんか。だから，現代社会でそれを論ずるのを経営哲学というものが取り上げる，一番根本的な学問じゃないか

と。僕はそういう風に思っております。

島袋：

　皆さんの討論を見て参考になりました。時間が無いのでずばり言いますと，今，三戸先生が言われたのをそういう方向で良いと思うんですが，やはり言葉の問題，定義の問題よりも何が一番問題なのか。この経営哲学の基本的な生命になるキーワードは一体何だろうということを僕は考えています。これを私流に言えば，生命論的哲学の欠如が今の世界的な問題を変な方向へ持っていってると思います。

　しかし，大橋さんが言われた言葉もそれはそれなりのお考えで言われたと思うのですが，私は耳が少し遠くなってきたので不正確かもしれませんが，資本主義体制を前提としてということは，もうその限界は超えているのではないか。私は破壊という意味ではない。それを活かしながらナチュラルキャピタリズムという言葉が今非常に問題になっている。それとどう違うかというこれは専門的な技術的な問題ですから説明できませんが，もっと第三のいわゆる経営の活性化，人間，いわゆる人本主義といえば人本，人間のエゴに繋がる問題もあるので，簡単にそうですとも言えない。だから，あるべき第三の創造的な経営とは一体なんだということが問題です。

　資本主義ではありませんとは言わないけれど，そこから問題が出てきて，非常に見苦しい体制，経営哲学学会も力が足らないなあと非常に私が反省をしてるんです。その問題を企業側では生命論にバックして全てのものを解決するという観念論ではなく，非常に技術的な問題も入れながら，そういう意味では自然，地球生命との関係，環境の問題，資源の問題，経営との融合の問題，フュージョンの問題ですね，ここら辺をもう少し科学的にやればやっぱりいくらか良いのではないかと思います。今，石井さんが言われたように疑問だと言われたら，我々ももう少し勉強をやらなければならないかなともう少し反省する。必要に迫られた限界を克服しようというところまできているのではないかと思います。

　必ずしもアメリカのグローバリゼーションが結構だとは誰も言ってません。一部では言ってますけどね。そういう意味では基本的なキーワードはや

はり生命的な問題，人種問題を超越した第三のいわゆる経営の活性化の創造的な価値体系，価値システムをどうしたら良いかというもう少し具体論に突っ込まないといけないと思います。ちょっと言い過ぎかな。終わりです。

司会（石井）：

これで経営哲学の課題というセッションを終わりたいと思いますが，もう私がまとめるまでもなく，3人の先生方がおっしゃった人間の復権や自然との調和や地球環境問題，地球の再生の問題そういうようなものを組み込んだような規範の体系を作り上げていくということが，これからの経営哲学の課題であるということについては，ほぼ同じ方向で理解が出来たのではないかなあと思います。しかし，三戸先生がいみじくも言われましたように，日常実践の中でもやはり経営哲学というのは非常に必要である。そして，皆が持っていると言われましたけれども，恐らくまだ持っていないから，今も経営哲学学会に実務界から入りたいという人が多いのだと思うんです。

ですから，問題はこの研究者の間で人間の問題だ，自然の問題だ，調和の問題だと言うのは簡単なんですけれども，それを日常の実践の場にどれだけ具体化させて活用していけるのか，それを土台として意思決定をしていけるのかというところまで具体化しない限りは，あくまでも抽象論であって，意味をなさないという風に私は話を聞いていて思いました。ですから，恐らく経営哲学の課題というのは，方向としては明らかなんですけども，それを今後どのように具体化させていくのかという所にも1つ大きな課題が残されているのではないかなあと感じを受けて，まとめに替えさせて頂きたいと思います。これでこのセッションを終らせて頂きます。どうもありがとうございました。

第Ⅳ部　経営哲学の新たなる探究
──科学・哲学・文明──

14 科学的管理革命
――科学,哲学,そして文明――

三　戸　　　公

1. はじめに

〈経営哲学の新たなる探究〉を,〈科学・哲学・文明〉と副題して論じようとするとき,それは自ら〈科学的管理とは何か〉を問うことにならざるをえない。何故か。それは,経営学が対象とする経営とは今や管理＝マネジメントとほとんど同義であり,現代の管理は科学的管理であるからである。経営学は科学的管理をもって始まるとされ,それを創り出し,それについて論じたF.W.テイラー（1856～1915）は経済学におけるA.スミス（1723～90）になぞらえて経営学の父と呼ばれている。そしてテイラー自身〈科学的管理の父〉と墓碑銘に刻することを遺言した。

　科学的管理を問うことは,科学とは何か,管理とは何かを問うことなしに科学的管理の何たるかを明らかにすることは出来ない。そして,科学的管理を媒介として科学を問い・管理を問うとき,科学が管理が新しい相貌をもって立ち現れる。そして通説に従って事物を根源的に問うことが哲学であるとするこの学もまた新たな相貌をもって立ち現れる。さらに,科学的管理が何時どのように出現し,どのような世界を切り開いたか見たとき,科学的管理の世界・科学的管理文明の人類史的意義もまた自ら明らかになるであろう[1]。

2. 科学的管理とは何か――3つの意義と3つの領域

　事物はそれぞれに相異なった存在であり,それぞれに相異なった意味をも

つ。その意味は当然存在に即したものであるとともに人間が付与するものである。その意味を問うことはメタ・フィジカルな領域であり，哲学的領域である。科学的管理とは何か。事物その存在の意味を問うことは，哲学的接近である[2]。

科学的管理は3つの意味をもつ。第1は，課業を作業の科学にもとづいて設定し，その課業を遂行する管理の技術的体系としてのテイラー・システムと把握するものである。第2は，テイラー・システムの原理・原則と把握するものであり，ティラリズムと称されてきたものである。そして，第3は，テイラーの発言通りに「科学的管理の真髄は〈対立からハーモニーへと経験から科学へ〉の精神革命であると把握されるものである。

この3者は，それぞれにテイラーの主要3著述である *Shop Management* (1903), *Principles of Scientific Management* (1911), *Taylor's Testimony* (1912) に対応し，それを中心に把握されるものである。

管理において何よりも技術を重視する者は科学的管理を即テイラー・システムという技術的体系と把握し，理論を追求する学者はテイラー・システムの原理・原則を中心に論ずることになる。そして，両者は議会の科学的管理特別委員会におけるテイラーの精神革命論を「自ら創り出した技術的体系さえ否定する苦しまぎれの混乱に満ちたもの」として，これを積極的に取り上げ論ずることなしに今日に及んでいる。私はテイラーの発言どおりに科学的管理を精神革命論を中心に据えて把握しようとするものである。

科学的管理をテイラー・システムという技術的体系と把握するとき，コンベア・流れ作業体系のフォード・システムによって過去のものとされ，また人間関係論の出現によりマシン・モデルとしてH.サイモン等によって古典的位置を与えられることになった。科学的管理をテイラー・システムの原理・原則と把握し，その本質を〈計画と執行の分離〉とつかんだP.ドラッカーは〈計画と執行の統合〉を本質とするドラッカー・システムの提唱によって，科学的管理は自分によって乗り超えられたとした。

だが，テイラーの発言通りの〈精神革命こそ科学的管理の真髄だ〉という第3の把握に立てば，テイラー・システムという技術的体系は〈対立からハーモニーへと経験から科学へ〉の精神・理念・規範によって創り上げられ

た最初のものであり、科学的管理第1号とでも把握されるべきものと位置づけられる。このテイラーが掲げる科学的管理の精神・理念・規範は、テイラーの全著作の中に多かれ少なかれ表明せられており、「科学的管理の原理」の中では、テイラー・システムとの関連において原理・原則として明確に規定せられているのをみることができる。そして、テイラー・システム以降の一切の管理にして、このテイラーの精神革命に立脚した科学的管理の枠を超えるものは、何1つ無い。テイラー以降の管理の発展は科学的管理の発展であり、問題をはらみつつも今日なおこれに代わる新しい管理の体系は具体的な姿を見せていない。

3. 科学的管理の領域とその真髄

テイラーの科学的管理の3著述により、管理は技術と理論と規範の3つの領域をもつものであることが、明確に表出せられている。そして、彼の管理の対象は作業に始まり、工程に及び、更に組織の構造変革を具体的に示し、経済的単位としての工場である。

彼の著述の一切は、彼が管理者として創り上げた具体的な管理業績についての言語的表出である。管理者としての科学的管理の創出とその著述の一切は、テイラーの全身全霊をかけた行為の結果である。そして人間の行為は、各人のもつ哲学を中核とする身体知の露出する具体的表現である。科学的管理は、テイラーの哲学＝身体知の具体的表現であり、彼の著作はその文書的表現である。

テイラーは、科学的管理を技術・理論・規範の3領域に自ら分けて著述することによって経営学者となった。そして経営哲学者となった。すなわち、哲学は全ての人が各人もつ身体知としての哲学と学者が学問の対象としてもつ専門的領域としての哲学の2者があり、その間には困難な問題がある。テイラーは、そこに立っている[3]。

人間の意識は知・情・意からなる。人間は環境・対象が〈何であるか・どうなっているか〉の知と情に立つ〈かくあるべし〉とその両者によって、目的と手段を意思によって決定し、行為する。この3者は一体的なものである

が，学として分科したとき理論と規範と技術の3領域となる。経営学は行為の学であり，テイラーによってその3領域が示されている。

さて，科学的管理の真髄たる精神革命は，〈対立からハーモニーへ〉と〈経験から科学へ〉の規範であり，命題（Proposition）である。私は，前者を第1命題とし，後者を第2命題と把握する。それは，テイラーがその順序で掲げているからであり，また管理とは何かを考えたときそう把らえざるを得ないからである。

管理は人間協働の維持存続の機能である。ハーモニーとは，異なった音・異なった色や形が調和のとれた美しく心地よき状態におかれることを言い，異なった利害や意見がそれぞれに満足せしめられる状態をいう。テイラーの場合は，労使と職場内の人間関係が意識せられていた。彼は，それを生産性向上にもとづく高賃金・低労務費なる方策として提示した。この第1命題ハーモニーは，彼の父母の感化・躾にもとづくキリスト教のテイラー的表出とみてよいであろう。そして，ハーモニーは現代風にかわいた表現をもってするなら，統合と言うことが出来よう。

第2命題の〈経験から科学へ〉もまた，勤勉・節約・合理的態度という近代資本主義の精神となったプロテスタントの倫理の生み出したものとも言えよう。第1命題を統合と言いかえたように，第2命題をより一般的な概念として機能と言いかえることもできなくもない。だが，この第2命題はテイラーの場合，〈経験から科学へ〉以外の表現を絶対に許さぬものである。それは，管理の二大規範・二大原則は統合と機能であるということができるが，それは管理が科学的管理となって以降のことであるからである。〈経験から科学へ〉は，管理がそれ以前とそれ以後とを二分する象徴的な言葉であり，人類史を二分するものとさえ受け取るべき意味をもつ宣言とさえ，私は思うのである[4]。

4．第2命題，科学について

〈対立からハーモニーへ〉を科学的管理の第1命題とし，〈経験から科学へ〉をその第2命題と，私は捉える。何故，前者を第1命題とし後者を第2

命題とするか。テイラーがこの順序で語り,「前者が欠いた一切の能率増進の科学的仕組みを私は科学的管理とは呼ばない」と明言したこともさることながら,より根本的な意味があるからである。そのことは後述することにして,まず,第2命題〈経験から科学へ〉をとり上げよう。それは当然,科学とは何か,テイラーの科学とは如何なるものであり,如何なる意味をもつものであるかを明らかにする作業となる。

テイラーの科学は〈作業の科学〉である。彼が創始した作業の科学とは如何なるものであったか。それは銑鉄運搬作業とかショベル作業等の具体的個別作業を対象としたものである。彼はその作業の一流労働者を選び出し,彼の作業を動作に分解し,目的達成に最も有効な一連の動作に再構成したマニュアルをつくり上げるというものである。そして,その動作研究,マニュアルづくりは時間研究という測定がセットとなり,目的達成の最短時間が指向せられた。

テイラーは〈科学とは何か〉について,次のように言っている。「収集し,組分け分類し,分析し,法則・規則を見出し,形式化し,もって科学を作り上げる」と。これ程,単純,明解な科学の何たるかを示した表現が他にあるだろうか。テイラーは科学を作業に適用したのである。そして,ドラッカーはテイラーの作業の科学を次のように意味づけている。「彼は人類史上はじめて,作業を至極当たり前の疑問の余地ないものとはしないで,観察研究し,数量化できるものとした。これなくしては生産・流通の一切の作業はもちろん,システマティックな関心さえ考えることは出来ない」と。そして,ドラッカーはテイラーの科学的管理を産業革命に次ぐ生産性革命と位置づけ更に自分をマネジメント革命の唱導者としてテイラーになぞらえている[5]。

テイラーの科学の定義はおそらく誰も首肯しうるものであろう。だが,〈テイラーの科学〉は科学史の上で特別な意味をもつものであると思う。

科学 Science は,周知のように,Philosophy 愛知・学問・哲学と同義に用いられていた。だが,哲学・学問は分化してゆき,科学は分科の学としての科学となった。科学は対象と方法との限定のもとに成り立つ学となり,自然科学を確立させた。だが,近代自然科学の父とされるニュートンの主著の題 *Philosohiae Naturalis Principia Mathematica*『自然哲学の数学的基礎』

(1687)によっても明白に示されているように，科学はなお哲学であり，科学は哲学と絶縁せられたものではなかった。

　資本主義社会は分業社会であり，その発展は分科の学としての科学の新しい領域をつくり出し，産業革命以降，社会科学・人文科学と自然科学とともに工学を発展させ，社会・人文科学を発展させた。だが，19世紀の社会科学はマルクス・ウエーバー・デュルケム・フロイト等の業績はいずれも科学であると同時に哲学として把握されるものであった。哲学と科学はともに信仰に支えられたものから脱皮してもなお，それは真理追求の学としてそれ自身が目的であり，価値あるものとされていた。

　だが，テイラーによって明確なものとなってきた科学は，それまでの科学と根本的性格を異にするものとなってきた。科学は同時に哲学であり，愛知の営為であり，それ自体として価値あるものであり，目的であった。ところが，テイラーの科学は作業の目的達成に有効な手段・方法のマニュアルのための知であり，科学である。それは，その知によって作り上げられたマニュアルがどれほど目的達成にとって有効であったかを，数値的に評価される知である。科学それ自体が愛知という人間的営為として価値ある追求さるべき目的とされてきたものが，設定された目的を有効に達成するための手段に奉仕するための知となり，その知によって作られた手段が目的達成にいかに役立ったかによって評価されるという，目的と手段の転倒という事態が科学という知的行為において起こったのである。

　テイラーによって象徴的に惹き起こされた科学の性格転換は，資本主義ないしは資本制生産の一定の発展段階において起こるべくして起こった事態である。近代資本主義の母国といわれたイギリスを19世紀の後半においてアメリカが凌駕し，以後資本主義の牽引車的役割を担って現在に到っている。テイラーはその19世紀末から20世紀初頭にアメリカ産業の当時の牽引車的産業であった鉄鋼業で生きた。彼は見習・職工・職工長として身を起こし，通信教育によって大学卒となって技師・技師長となり，当時能率増進運動の担い手であった。アメリカ機械技師協会の有力会員・会長となった人物である。その過程において，彼は出来高賃金その他を考案し，テイラー・システムを創始し，科学的管理を唱導したのである。

見習職工が経験を積んで職工となり，更に経験を積んで職工長となり，職工長による内部請負制などあった〈職長天国〉と表現されていたのが当時の工場である。能率増進運動の中で伝統的な時間賃金，出来高賃金が標準作業量＝課業を基準とする能率給が生み出されるという状況の中で，テイラーが課業の設定を作業の科学をもってなし，課業遂行のシステムを工場管理体系としてテイラー・システムを創始したのである。

　テイラーの貢献は課業管理の一歩の前進にすぎないと機械技師協会は評価したが，テイラーは既存の一切の管理を超絶するものと認識していた。それを〈経験から科学へ〉と表現した。だから，彼はテイラー・システムという皆が使う呼称を拒否して，科学的管理と自ら呼称した。

　作業の科学は，工場管理のための知であり，課業管理より正確には課業設定のための知であり，生産性向上にどれほど貢献したかが数値的に表現され評価される知である。そして作業の科学は，作業一般の科学ではない。それは特殊な・個別的な・具体的な作業＝仕事の科学であり，異種の作業のそれぞれに独自な科学が成立するものである。このテイラーによって転換された科学は真・善・美の追求・真理追求のそれ以前の科学に対して，機能性追求の科学とも言いうるであろう。機能性の追求は，損得そして強弱の価値に従属する価値である。その知は人間のための知ではなく，まずは資本のための組織のための知として生まれてきた経緯は以上の通りである。

　〈経験から科学へ〉という表現における科学が上述のものと把握されたとき，従来経験科学と呼ばれてきた経済学・経営学・社会学等はその表現が不適切なものとなる。テイラーの科学は，経験にもとづく知の精錬・論理化をはかるそれら諸学に対して，あくまで実験・実証により測定され数値的表現をとるものである。マルクスもウエーバーもデュルケムもフロイトのような学問は，テイラーの科学ではない。テイラーの科学こそ現代の科学である。最近のノーベル賞の多くが，手段的性格の業績に対して与えられている事実を想起するまでもあるまい。

　〈経験から科学へ〉について更に言えば，この科学的管理の第2命題はまさにテイラーの科学的管理創出の経験的過程の表明にほかならぬものであった。先にも述べたように，作業が経験・熟練にもとづいて為され，経験を積

んだ職工長によって管理せられている世界を体験し、経験知とは全く異質の次元の科学を工科大学を卒業することによって我がものとし、それによって作業の科学を創出し、テイラー・システムと呼ばれる科学的管理の創出の個人的過程を、科学的管理のエッセンスとして〈経験から科学へ〉と命題化し、その過程を精神革命とさえ表現したのである。

ここには、さきのテイラーによる彼以前の科学と根本的に異なる科学性格の問題を超える深い問題がある。それは経験とは何か、経験と科学とは如何に異なるものかの問題である。比べることのできるには、同一性の面を探り出さねばならぬが、この問題に入ってゆくことは控える。

ともあれ、テイラーの科学的管理創出過程である個人的過程の表白である〈経験から科学へ〉は人類史的意味をもつものである。すなわち、人類は生まれてこの方経験によって生きてきた。自分の経験に加えて他人の経験をもまた伝達されて我がものとして生き発展してきた。宗教を生み、言語・文字をつくり、学問をつくって発展してきたが、なお経験にもとづいて生きてきた。さまざまな文化・文明を生んで生きてきた。だが、テイラーの科学・科学的管理によって、人間は〈経験から科学へ〉生きる基礎を代えることになった。それは人類史を二分する出来事となった[6]。

5．第1命題，哲学について

科学的管理の第1命題〈対立からハーモニーへ〉について論じよう。何故、これを第1命題とするのか。そして、この命題はいかなる意味をもつものであるか。

〈対立からハーモニーへ〉について、テイラーが具体的に対象としていたものは、労資関係であり、労使関係であり、そして工場内・職場内の人間関係であった。彼は労使の対立が組織的怠業を生み、同時にそれが職場内の不和を生み人間性を損なう現実を克服する手段として、科学的管理を創り出して生産性を向上させ、高賃金・低労務費を実現し、もって労使の永久的繁栄をもたらそうとしたものであった。テイラー・システムの出現はアメリカ総同盟の激しい反対運動を惹き起し、議会の科学的管理特別委員会がもたれ、

そこでテイラーは「一切の科学的な能率増進の技術・技法も〈対立からハーモニーへ〉の精神をもたないかぎり，私は科学的管理とは呼ばぬ」と叫んだ。学者たちは，これを矛盾に満ちた苦しまぎれの発言としている。労働者がそれをもって労働の基礎としてきた経験・熟練が奪われ根こそぎにされることに，黙っているはずはないし座視するはずはない。だが，高賃金・低労務費の実現はアメリカ総同盟は科学的管理を許容し，これと和解することとなる。ドラッカーはテイラーによって始められた生産性革命は資本主義・社会主義をこえる第3の道と称揚している。だが，それは一面の真実をついているにすぎない。

テイラー・システムは，テイラーの企業・工場そして構成要素としての人的・物的諸要因の関係の認識にもとづく，作業＝仕事・組織・工程・賃金・原価等々の工場管理の統合的体系である。それによって〈対立からハーモニーへ〉の実現を企図したのである。ハーモニーは，異質の諸要素の統合によってのみ可能であり，部分とともに全体観に立って可能である。事物の位置と意味を確かめることによってのみ，ハーモニーの実現は可能である。

テイラーの第2命題は父母からのプロテスタントの勤勉・節約・合理的態度という倫理の表出であると言ったが，そのことは第1命題についても言うことができる。労資の対立をよしとしない精神・職場内の不和をよしとしない精神がそれである。組織的怠業が職場内の不和を起こし，人間性を損なうものであり，それを克服すべきものと思ったのは，まさにキリスト教の労働観に由来するものである。人間は神によって働くべきものとされ，働くことによって神に嘉せられ人間的成長と充足をうる存在であるという人間観・労働観である。組織的怠業は，神聖なる労働を否定するものであり，その人と人間関係を損なうものである。人間は精一杯働き，皆にも神にも認められるべきであり，管理はそのことを実現するシステムを内容とすべきものであり，そのようなものとして彼はテイラー・システムを科学的管理として創出したのである。

テイラーは，彼は身体知・暗黙知の表現形態として，テイラー・システムを創り出した。そして，その技術的体系を論文として発表し，更にそれを『科学的管理の原理』としてテイラー・システムと呼ばれる科学的管理の何

たるかの理論を論文として書き，更にテイラー・システムの根底をなし，それを超える科学的管理の真髄としてその規範としてのこの第1命題および第2命題を掲げたのである。

　彼は，『科学的管理の原理』において，まず何を目指してこれを創ったかを，次に，管理者と作業員の役割について論じ，科学的管理の原理について論じ，更に科学的管理とそれ以前の管理との対比を論じ，更に目指したものの効果を述べ，科学的管理の本質を述べている。そして，科学的管理の本質はテイラー証言において，精神革命その2命題が強調されたのである。

　科学的管理はまずテイラー・システムという技術的体系として語られたが，その基礎には管理とは何かそしてその管理の現状把握が示され，そして管理のあるべき姿としての規範が特記せられたのである。彼によって，管理の領域には技術と対象認識その学問的表現が理論そして規範の3者があることを明確に示されている。

　その3領域は，人間行動における主要な3要因である。すなわち，人間は対象が何であるかをとらえ，如何にあるべきかに立って，何を如何になすかを決定し，その目的遂行の手段として技術を鍛え発達させてきた。

　そして，管理は人間協働の維持機能として不可欠の機能として人間協働の不可欠の要因として存在してきた。そしてテイラーはこの人間協働に科学を導入し，管理の学を樹立したのである。人間協働の第1原理，第1命題は，何よりもまずハーモニーであり，統合でなければならぬ。テイラーは誤りなく，管理・科学的管理の第1命題としてハーモニーを掲げ，そして次に〈経験から科学へ〉を掲げたのである。第2命題は管理の一般命題としては機能というべきであろう。だが，テイラーの歴史的表現としては，それはまさに〈経験から科学へ〉と表現された。科学の本性は，テイラーの科学の本質は〈機能〉である。それは彼以前の科学とは異なる。

　管理における対象認識・理論の領域そして規範の領域は，技術的な領域があくまで物に即しつつも抽象的な数値的表現をとる科学的接近に対して，メタ・フィジカルな領域の学としての形而上学・純粋哲学の領域に接して事物の位置と意味を問う哲学的接近に依拠するものである。

　科学的接近の特徴はどこまでも事物を分化し，組織化し，専門化し，数学

を援用して数値的表現をとり，限定された対象を限定された方法で把握したかぎりにおいてこの成果が得られたとするものであり，確証性追求の知である。

それに対して，哲学的接近は対象を限定して追求する場合において，その対象がそれを包含する全体が何であり，そしてその全体の中でいかなる位置・いかなる意味をもつものであるかを問う。そして同時に，その対象がいかなる諸要因に分解され構成されるものであるか，そしてそれら諸要因がそれぞれにいかなる位置を占め，いかなる意味をもつものであるかを問う。諸要因のそれぞれがいかなる位置を占め，いかなる意味をもつかは，時間・空間において把握され，それを把握するものは人間である。時間的位置と意味は歴史的認識であり，空間的位置関係において事物の意味は浮かび上がり，意味は付与せられる。

科学によって把握せられる対象は，あくまで限定せられ，研究の場において特別に存在せしめられるものであって，現実の日常世界には存在しない。それは常に相互関係する全体の中の部分としてのみ存在しうる観念的存在である。したがって，現実の日常世界においては，部分と全体・全体と部分の何たるかの認識なくしては，人間は意思決定し，行動することはできない。

対象と方法を限定し，細分化し，専門化して科学的に把握した知をいくら集めても，それは統一的な知と為すことは科学的接近をもってすることは出来ない。それぞれに相異なった科学的知を一箇のまとまりのある統合的・統一的な知とする為には，それは特定の価値・特定の目的のもとにそれぞれ位置づけ意味づけをしなければならぬ。それは哲学的接近である。そしてまた，科学者が何を対象とし，如何なる方法をとるかは，哲学的認識と彼のもつ価値体系によるのである。そして，科学的接近の成果はまた，哲学的接近に素材を提供するものである[7]。

学問は，今やそれ自体を目的とし真なるものを追求する哲学的接近と特定目的の機能性を追求する手段としての科学的接近の2大方法をもつものとなった。それが，テイラーの科学の出現による科学の性格転換以降の状況である[8]。

6. 科学的管理の発展

　科学的管理は，テイラー・システムをその第1号として創出されて以来，どのような発展，展開をみせたであろうか。管理学は大ざっぱに言えば，主流と本流と名付くべき2つの学派として発展し現在に到っている。主流は，第2命題の機能性追求・科学的接近の学派であり，多数派であり，ますますその傾向を強めている学派である。本流は，テイラーの意図通りに第1命題ハーモニー＝統合・第2命題機能の両者を追求する哲学的接近の学派である。主流は次々に新しい対象を研究の俎上にあげ，それぞれに専門的領域を形成しつつ，機能性を追求して手段技術の進化を求める。これに対して，本流は管理の全体をその何たるかを明らかにしようとする。主流はこれをしない。本流は，管理が人間協働の維持機能なるが故に，人間とは何か，人間協働とは何かを問うことなしには一歩も進むことは出来ない。人間とは何かを問うことが哲学であるとすれば，管理学＝経営学は人間学であり，哲学である。そして経営学の哲学的接近は，これまでの多くの哲学が個人中心の学であったのに対して，集合的・集団的人間を出発点とし，終結点として人間探究が為されるが故に，哲学それ自体もまた新しい相貌を帯びてくることになる[9]。

　主流はテイラーの作業の科学に始まり，次にホーソン実験を契機としてメイヨー・レスリスバーガー等によって人間関係＝非公式組織が科学の対象として浮かび上がり，これによって経営社会学・経営心理学・行動科学などが成立してきた。メイヨーは人間関係の哲学的接近を試みているが，管理とは何かを問い，その関係において人間関係を問うていないが故に，彼を本流には加えない。組織＝公式組織は既に伝統的なライン・システムの新しいファンクショナル・システムへの変革が提起せられてはいたが，組織そのものを科学の対象としてシステム・アプローチを駆使して新たな研究対象の領域としたのはバーナードである。そして，バーナードに依りつつも新しく意思決定を科学の俎上に登場させたのが，サイモンである。更に主流は環境を科学の対象に加え，情報の科学・技術の研究を新たに加えた。おそらく，作業，

非公式組織，公式組織，意思決定，環境，情報という6つの要因の科学化によって管理を構成する主要なる領域は出揃い，管理学はその全容をようやく現してきたかにみえる。

　本流は主流の業績を視野に納めつつ，人間論に立って管理の理論，規範を探究し，方法を問う。テイラーに続く巨人は，フォレットであり，バーナードであり，ドラッカーである。フォレットは，「集団組織を通してのみ真の人間を見出しうる」という人間観に立って，統合を論じ，統合をキー・コンセプトとして規範論即機能論としての組織の理論を構築した。バーナードは，これなくしては一歩も進めることは出来ないとして全人仮説をたて，これをもって人間協働に接近した。協働体系は抽象的な組織と具体的な環境の2要因からなるものであり，組織維持機能としての管理は組織を環境適応せしめる意思決定を中核とするものであり，そこには道徳性・規範が不可欠の要因として存在することを論じた。そして，テイラーの統合と機能は彼独自の有効性（目的達成）と能率（組織構成員の動機満足）という組織存続の2大原則として把握し直されて論述の全体を貫流せられている[10]。

　ドラッカーは人間の本質を自由であると把らえている。そして，この自由に立脚しつつも機能する管理体系の構築を目指した。しかも彼は，現代社会を人間協働の組織体が社会を構成する決定的な制度であり，その代表的なものが〈マーケティングとイノベーションのサバイバル競争〉に勝ち抜くことによってのみ存続可能な企業であると位置づけられる組織社会であると同時に，テイラーの時代が肉体労働中心の社会であったのに対して，今や知識労働が中心の社会であり，資本より知識が重要となった知識社会であると把握した。そして，そのような組織環境に適合した〈自由にして機能〉する管理をドラッカー・システムとして構築し，テイラーを高く大きく評価しつつもはじめて彼を超えた位置に自らを置いた[11]。

　主流はますます主流情況をしめす跛行的進行を嘆く[12]。

7．科学的管理の現在，文明

　科学的管理は人類史を2分するものであり，人類がそれまで経過してきた

一切の文明を根本的に覆し，全く異質の文明をそれが生まれ出て百年の間に出現させ，人類は全く新しい世界の住人となった。そのような世界を現出せしめたものは，たった一言〈経験から科学へ〉である。

　人類は生まれて以来15万年の間，経験によって生きてきた。言語をつくって宗教を生み，文字をつくって学問（哲学・科学）を生み，道具を手足の延長として生きてきた。それは，せいぜい5千年のことである。そして資本制生産の成立，近代国家の成立を背景とする近代文明は産業革命を経過して現代と言われる時代に入るが，その近代文明の発展を助走として，科学的管理はおどり出た。

　経験によって生きた社会は伝統社会である。伝統社会における学問は哲学も科学もともに真理追求の学であり，科学は哲学と同義であり，また科学は同時に哲学でもあった。だが，テイラーによって意図された科学は行為の目的達成を有効ならしめるものと方向転換したのである。人間の行為・協働行為の機能性追求の手段たる技術のための科学であり，技術もまた科学となった。科学＝技術によって作り出された身体機能を超えた観測と測定，それによって生み出される機械・装置とそのマニュアルの機能は身体知＝経験を超えて人間を極微の世界に導き地球を脱して宇宙にまで運ぶ。

　科学的管理はこのような科学技術を生み出し，それによって人間労働を武装し，人間協働自体を科学的に管理する。組織社会といわれ，組織が社会を構成する基本的制度となり，その組織が科学的管理せられる社会となった。経験によって生きた伝統的世界は，なおそれは自然的世界であり，自然によって育まれ，自然につつまれていた。だが，科学的管理はたった百年で人間を自然的世界の住人から人工的世界の住人に変えた。その人工的世界は人間の創り出したものでありながら，百年前までの経験的世界に生きた人間の想像を絶した世界である[13]。

　組織の本性たる目的達成の有効性を追求する科学的管理のもたらした驚異的な目的的結果は，それ以前の人間がこれまた想像することを遥かに超えた随伴的結果を生んだ。科学的管理の出現を見て，これを〈資本主義の最高の所産〉と把らえたウエーバーは，あの有名な「精神なき専門家・心情なき享楽人，これら無ともいうべき者どもが，人類のかつて到達せざりし段階に登

りつめたと自負するであろう」と予言したが，まさにその予言は適中した。だが，その彼をしてもなおこの科学的管理によって生み出されつつある随伴的結果の具体的諸相については想像を絶するものであったに違いない。

人間の行為は本能的，自然的行為ではなく意図的・合目的的行為である。それは，達成され，あるいは達成されなかった目的的結果を結果するとともに，必然的に意図せざりしプラスかマイナスかの随伴的結果を結果する。そして，目的的結果が大となればなるほど，比例的にまたそれ以上に大なる随伴的結果を発生する。科学的管理のもたらす目的的結果が大となれば大となるほど，その随伴的結果もまた大となる。

科学的管理は管理を組織維持と定義し，組織を環境適応・環境創造をその内容とするが，そのとき主たる環境は市場であり，技術であり，文化である。たが，随伴的結果は人間の生きる環境を破壊する。限りなく自然を破壊し，限りなく社会を不安に陥れ，そして人間性を喪失せしめる。その諸相を具体的に述べる余裕はない。そして今，科学的管理を生み，科学的管理を最も発展させた国の脅威の前に，世界中の国々がさらされている[14]。

科学的管理の現在を，それ以前に返すことは出来ない。出来ることは，テイラーの叫んだ科学的管理の真髄・精神革命に立ち返ることである。すなわち，〈経験から科学へ〉一辺倒をやめ，これをあくまで第2命題の位置におき，〈対立からハーモニーへ〉の統合原理を第2命題に優先する第1命題として高く掲げるべきである。

ハーモニー＝統合原則を第1命題とするということはまさに精神革命であり，それは人間が資本物神・組織物神の軛より脱する決意をすることである。それは経営哲学再興の決意を言いかえることも出来よう[15]。

注
1) 大会報告は，2000年度大会での「経営における科学と哲学」を前置きとし，主として「情報そして情報技術の何たるか」を吉田民人「大文字の第2次科学革命」（2000年度報告）を意識して語った。だが，本稿は2000年度報告を精錬したものを掲載するのが適切であると考えた。なお，『科学的管理の未来—マルクス，ウエーバーを超えて』未来社，2000年，『管理とは何か—テイラー，フォレット，バーナードを超えて—』文眞堂，2002年を参照されたい。
2) 山内得立（1967）『意味の形而上学』岩波書店。
3) 身体知としての哲学と学問としての哲学は全く次元を異にするものであるにもかかわらず，同じ哲学という用語が用いられている。ここには，単に用語上の違いをこえた困難な問題があ

るが，それには立ち入らない。小笠原英司報告は，この問題を〈日常の哲学〉と〈哲学理論〉と表現して論究した。そして，村山元英報告は「経営哲学の旅路—歩く学問：東西南北」の題が示すように，この2次元の哲学世界を自由に往来した。

4） 村田晴夫報告は，大会に先立って関東部会で為され，会員の基礎的知識ともすべきとプログラム委員会で評価され，'99年度大会報告者に前もって配布されたものである。これは形而上学としての哲学というオーソドックスな哲学観に立ち，そこから経営哲学に接近し，これを経営の意味の探究，経営学方法論の探究，経営理論としての経営哲学の探究という3領域を設定しその統一を論じ，人間観から経営学へを論じたものである。経営学の学習から出発した私の場合，村田論文を肯定しつつも，管理には技術・理論・規範の3領域があり，そしてそれぞれの領域に科学的接近と哲学的接近とがあると把握したのである。この2つの接近方法を科学的管理の2命題とかかわらせて論じている。

5） 拙稿（2003）「二つのテイラー像—P.F.ドラッカーの科学的管理観を超えて」（『名城論叢』第3巻第4号。

6） 村上陽一郎『科学・哲学・信仰』第3文明社，『近代科学と聖俗革命』新曜社，『文明のなかの科学』青土社他の多くの著作から学んだが，教授は私のこの科学的管理を鍵として把らえた経営学徒の科学観をいかに受けとめられるか。

大平浩二「科学としての経営学と経営哲学」報告は，科学方法論の諸学説のまさにメタ・フィジカルの領域研究の最たるものであった。私の大鉈をふるった科学観との距離は幾何であろうか。シンポジウム大会報告では哲学と科学との両者が登場することによって領域の接近がみられる。経験・哲学・科学に論究している。

7） 日置弘一郎報告「子供のための経営哲学」は「経営哲学とは集合的自己としての企業や組織が自己存在についての考察を行う営為である」と定義して，集合的行為主体をバーナードに拠りつつ論じる試みをしている。

8） 科学的管理を鍵として考えた私の科学・哲学観は，哲学者ヤスパース，村田信二訳『哲学とは何か』白水社，の論述に近いものがある。

9） 鈴木辰治報告「経営哲学の役割と実践への適用原則」もまた，哲学を科学の対比において把らえ，それを企業における経済性と倫理性の拡大的統合化として論じている。

10） 中條秀治「〈経営〉の概念とその文明論的意味」は，バーナード組織論を機能論にすぎぬとし，組織・経営の光と影＝毒の総体をとらえる概念をウエーバーに依拠して構築する営為を示した。

同じくウエーバーに依拠しながら，稲村毅「管理の正当性」と題する報告は，管理における人間論として重要課題である支配・その合理性の問題を論じた。

11） 増田茂樹「経営学の研究方法と学的性格」は，日本における代表的な経営学説として山本安次郎・山城章の学説をとり上げ，それが日本を代表する西田哲学とかかわる〈主体性の論理〉の展開を示して経営学を論じ，更にシンポ大会では「経営哲学の領域と方法」と題して小笠原報告が提起した問題をとり上げ，問題を深めている。

増田報告に関連して，日本の経営学，そしてドイツの経営学について想うことがある。それは，経営学を主として経済学と対比させて，これを如何なる学として形成するかに力を注いで来た過去をもつ。それは，経営とは何か，管理とは何かを理論的に問いつつも，それを対象とする学を確固たる体系をもった自他ともに許す学を構築しようとして，その学問的性格を問うた。ドイツ経営学の諸学者の多くが池内信行を筆頭に方法論を主戦場とした。独・米の経営学の総合をはかった諸学者，藻利重隆・山本安次郎もまた経営より経営学にこだわった。

経営・会計という対象を積極的に解明することを主たる課題とした馬場克三は，「方法論に時間を惜しむ」と言いつつ〈五段階説〉を創り上げた。方法なくしては対象接近は出来ぬ。だが

方法はあくまで方法であり，それを用いて把握した成果が問題である。筆墨なくしては書けないし，鉋なくして削ることは出来ない。だが，求められるものは書画であり，家である。
12) 主流は組織の環境として科学・技術の対象とし，その主要な領域として〈文化〉を取り上げた。だが，文化は組織・管理がそこより成立し，その中で発展するより基礎的な領域であり，必然的な文化論的・哲学的研究が展開して来ることになる。梅澤正「経営哲学への企業文化論からのアプローチ」報告は道標的成果である。
13) 組織社会における代表的組織は言うまでもなく利潤追求の企業であるが，この組織の発展は他の諸組織をNPO・NGOとして補完せしめ，その役割に対する要請が増大して来た。大滝精一「経営哲学と企業の社会性」報告は，この問題をとり上げた。
14) 庭本佳和「経営哲学の現在」報告は，随伴的結果のもたらす自然環境破壊に対応すべく，生命システム・意味システムとしての人間と経営を論じた。また，大橋昭一「組織離れの時代における経営哲学の根源」報告は，科学・技術の巨大化に伴う人間性喪失を〈個人化〉として把らえ，論を展開した。

厚東偉介報告は，近代文明の基軸を〈機能分化・機能限定〉と把らえ，それが生み出した〈大量生産・消費・廃棄〉社会を，〈多元的機能統合〉を基軸とした〈循環型社会〉への転換を論じた。
15) 高　巖「経営哲学者に求められるもの―価値選択と企業倫理」は，価値選択は自由であるが，そこにこそ研究者の責任が存することを強調した。

15 新科学論の視座と哲学の視座
―― 経営哲学およびその方法的基盤をめぐって ――

吉 田 民 人

1. 科学と哲学の21世紀的変貌

　私が第17回大会（2000年・新潟経営大学）で報告した〈大文字の第2次科学革命〉ないし〈新科学論〉によって，近代科学の守備範囲は大幅に拡大かつ変質し，科学では解けず哲学でしか解けないとされてきた諸問題が科学の射程に入るようになる。これを裏返していえば，この新たな科学の構想が，哲学の解体再編を促す。新科学論の骨子をこの論考に関わる限りで要約すれば，次の三点である。
　第1に，19世紀に制度化された科学の目的を拡張して，村上陽一郎のいうプロトタイプの科学を現象を認識する〈認識科学〉と限定的に再定義し，現象を設計する〈設計科学〉を新たに導入する。
　第2に，人間と文化を含む全自然の根元的構成要素をめぐって，17世紀以降の〈物質エネルギー〉に加え，〈非記号情報〉と〈記号情報〉を導入する。全自然に遍在する非記号情報は〈物質エネルギーの差異＝パタン一般〉と定義され，生物界と人間界にのみ遍在する記号情報は〈一定の進化段階の記号の集合〉と定義される。記号は〈意味作用をもつ物質エネルギーの差異＝パタン〉であり，意味作用はシグナル記号に特徴的な〈指示対象の指示〉とシンボル記号に固有の〈意味表象の内包〉とに分かれる。
　第3に，人間と社会を含む全自然の根元的秩序原理をめぐって，17世紀以降の〈法則〉を物質エネルギー界に限定し，生物界および人間界には〈プログラム〉という新たな秩序原理を導入する。生物界の秩序原理はゲノムその他，シグナル記号で構成される〈シグナル性プログラム〉であり，人間界の

秩序原理は法や様式その他，シンボル記号で構成される〈シンボル性プログラム〉である。プログラムは〈非記号的・記号的情報空間の秩序を制御する記号情報〉として特異的な記号情報であり，シグナル性プログラムからシンボル性プログラムへと進化した。そのプログラム形態の進化の延長上に位置づけられる計算機プログラムは，二値のディジタル記号情報空間の合理的な秩序原理として，人間が目的意識的に構築した特異なプログラムである。

こうして物理科学は物質エネルギー科学かつ法則科学であり，生物科学はシグナル性情報科学かつシグナル性プログラム科学であり，人文社会科学はシンボル性情報科学かつシンボル性プログラム科学である。それぞれ前者が〈構成要素〉視点であり，後者が〈秩序原理〉視点である。〈物質エネルギーと法則〉という17世紀以降の正統派近代科学の二つの根本範疇が全面的に妥当するのは，唯一つ物理科学だけだという主張である。

人類の巨大な遺産である伝統的哲学は，この新科学論の登場により，あえて極論ないし不遜にいえば，第1に，文学や芸術の創作と並ぶ〈価値観や思想の創作〉，第2に，文学や芸術に関する研究と並ぶ〈価値観や思想の研究〉，すなわちシンボル性情報科学の一領域，そして第3に，現象学や哲学的解釈学などの哲学的方法については，各種の科学的方法や記号論などとともに，認知的・指令的・評価的——すなわち認識論的・実践論的・価値論的——な〈情報と情報変換と情報循環〉を対象にする基礎研究，すなわち〈基礎情報学〉の一領域へと解体することになるのではなかろうか。なお，以下，シグナル記号をSN，シンボル記号をSBと表記することにしたい。

経営哲学，社会哲学，経済哲学，政治哲学，教育哲学，等々の〈領域哲学〉もまた，1）当該領域に関する価値観や思想の創作，2）当該領域に関して創作・提案された価値観や思想の研究，すなわちSB情報科学の一つの領域，3）当該領域に関する基礎情報学的研究へと三分されることになる。

ところで，領域哲学の一つとしての現行の科学哲学の内容は，〈通常科学〉化された正統派の大文字パラダイム，すなわち〈物質エネルギーを自然の唯一の構成要素と見なし，法則を自然の唯一の秩序原理と考える認識科学〉を対象にした基礎情報学の一領域である。ということは，物質エネルギーに対置される記号情報，法則に対置されるプログラム，等々，新科学論

が提唱する新たな大文字パラダイムについての基礎情報学——旧科学論でいう科学哲学，つまり伝統的な表現に託していえば〈新科学哲学〉——は未だ確立されていない。以下は，その試みの一つである。その試みを踏まえて，経営哲学問題を考えてみたいと思う。

2. 新科学論による哲学的課題の継承

(1) 価値問題と新科学論

〈認識科学〉すなわち通例の意味での科学が現象を記述・説明・予測する知の営みであるとすれば，新たに導入される〈設計科学〉は，現象の在りたい姿や在るべき姿を計画・説明・評価する知の営みである。それは，理系の工学や文系の規範科学，政策科学，実践科学など，あるいは広く実学と称されてきた，いま相互に分断されたままの，しかしすでに実績豊かな知識の一形態を文理を横断して統括し，かつ一般化して公認しようというものにほかならない。けれども，公認によってこの科学形態は理論的・体系的に整備される。例えば，認識科学も設計科学も理論的整合性（論理的整合性を含む）や経験的妥当性など一定の認識論的価値を前提にしている。認識科学のテーマも知るに値するという自覚的・無自覚的な価値判断なしには選択できない。けれども，認識科学が実践論的価値へのコミットメントを排除ないし禁欲するのに対して，設計科学は実践論的価値へ積極的にコミットする。だが，それには一定の方法的配慮が必要になる。すなわち，設計科学は認識科学の仮説的（hypothetical）事実命題に対応して，仮設的（provisional）価値命題を設定し，その理論的・経験的な妥当性を検討するという方法を導入する。その結果，科学と価値との関係は抜本的に転回することになる。

やや具体化していえば，こうである。設計科学は，所与の設計目標の前提になる価値命題を含む，当該状況に関連した多様な価値観とその要求水準に基づいて，予期せざる随伴効果を含む，設計活動の結果を総合的に評価しなければならない。一定の価値観とその要求水準，すなわち一定の評価基準を所与とすれば，評価は事実判断に帰着する。だが，一連の評価基準のセットそれ自体の選択的構成，またそれに基づく総合評価の合成は，論理的な整合

性判断はともかく，これを事実判断に帰着させることはできない。この一連の評価基準による総合評価が芳しくなければ，設計とその前提になる価値命題は再吟味されることになる。こうして問題の核心が〈一連の評価基準のセットの選択的構成〉および〈総合評価の合成〉にあることが明らかになる。

　だが，メタ価値論ないしメタ倫理学の教えるところによれば，価値命題の普遍妥当性は論証も実証もできない。したがって，上述の意味での評価空間の構築に関する理論的・経験的妥当性は，歴史的，文化的，社会的，経済的，政治的，生活的，個人的，等々，各種の状況に依存すると考えるほかない。すなわち，多次元的な評価空間の選択的構成と総合評価の合成は，状況相関的・文脈依存的だということである。その結果最終的には，評価空間の構築は，ハーバーマス風にいって〈権力ほかの社会的勢力の介入のない自由かつ合理的な討議〉に基づく社会的な合意形成を必要としている。理論的・経験的妥当性のこの拡張解釈によって，設計科学は科学の範疇に組み込まれる。以上を換言すれば，価値命題の妥当性，すなわちその理論的・経験的な状況的妥当性は，事実命題の妥当性以上に，まだ反証されていないというだけのことである。

　事実，この種の〈評価空間の構築〉，すなわち一連の評価基準セットの多次元的で状況相関的・文脈依存的な選択的構成と総合評価の合成は，あらゆる実践的課題の一般的・特殊的・個別的な解決，というより合理性を目指す慎重な意思決定一般において，様々な抽象─具象水準で実行されている。設計科学は，それらの現に観察される〈評価空間の構築〉を帰納的に一般化し，新たに設計科学の一環として設計科学の営みに組み入れるのである。

　経営に関する設計科学においても事態はまったく同様である。経営哲学が規範として導入する価値命題をあくまで仮説的なものと解釈して，その理論的・経験的妥当性を問い続けることになる。経営に関する価値命題の理論的妥当性とは，何らかの他の，とりわけ上位の価値命題との整合性であるが，それはいかなる価値を採択するかに左右される。他方，その経験的妥当性とは，何らかの個人的・集合的な機能的要件の充足であるが，それはいかなる要件を採択するかに左右される。すなわち妥当性は，判断基準となる価値や要件の選択の如何に依存する。しかも，これに評価の合成という難題が加わ

る。こうした事情は，設計科学としての経営学に，〈一連の評価基準のセットの状況相関的・文脈依存的な選択的構成およびそれに基づく総合評価の合成〉という仮設的作業を要請することになる。

　しかしながら，経営哲学の場合，例えば，テイラーにおける〈心からの兄弟のような協調〉，フォレットにおける〈統合〉，ドラッカーにおける〈責任ある選択としての自由〉等々，思想的な価値選択は価値命題の仮設とは考えられていない。それは，価値の多様性と価値自由という〈仮設的〉問題意識からするなら，当該の価値命題が一定の状況的妥当性をもつ場合にも，〈一面性〉や〈単眼性〉という原理的な困難ないし課題を自ら背負いこむことになる。すなわち，〈選択的に構成された多次元的な評価空間〉の自余の価値命題群との関連でなされるべき〈総合評価〉における位置づけが，一般には考慮されていないからである。

　すでに認識科学としての経営学は，研究対象の側で間主観化された非仮設的な価値命題，例えば利潤や市場占拠率を Sein として扱ってきた。だが，設計科学としての経営学はそれらを仮設的な価値命題と位置づけ直し，Sollen の立場からその理論的・経験的妥当性を吟味することになる。例えば，ドラッカーによる〈企業維持のために必要不可欠の未来費用としての利潤〉という利潤解釈は，仮設的価値命題としての〈利潤追求〉の理論的・経験的妥当性を一つの形で保証することになった。三戸 公のいう〈随伴的結果〉は，いかなる価値や要件を基準にして評価するかが先決的課題となり，すでに間主観化され自明視された評価基準を前提にする限り認識科学——所与とされる評価基準に合致するかどうかは事実判断——であるが，その自明視された評価基準の妥当性を吟味したり，新たな評価基準を導入するのであれば，もはや認識科学ではなくて設計科学の領域に踏み込むことになる。現状維持に満足しない現状批判は，設計科学の営みの一つのフェーズである。

(2)　全体性問題と新科学論

　科学は〈全体的なるもの〉を扱えないとされてきた。だが，認識科学（＝認識）と設計科学（＝実践）の統合，理系科学と文系科学の統合を目指す新科学論は，つぎの二つの全体認識に挑戦する。第1が〈人工物システム科学〉の構想である。ここで〈人工物〉とは通例の意味での物質エネルギー的

人工物（建物や機械や発電所）ばかりでなく，生物的人工物（交雑育種や分子育種やクローン生物），社会的人工物（慣習や法，家族や都市や国家），精神的人工物（様式や技法，文学や芸術や宗教）等々，合理的・非合理的な人間行動の意図的・無意図的，自覚的・無自覚的，直接的・合成波及的な，望ましい，また望ましくないすべての産出物を意味している。人間行動の影響を蒙る限りでの大気圏，水圏，土壌圏，地下圏，生物生態圏などもすべてここでいう〈人工物〉に含まれる。農地が意図的・直接的な土壌圏の人工物化だとすれば，オゾンホールは無意図的・合成波及的な大気圏の人工物化だという了解である。

人間中心的な発想を脱却して惑星地球的な発想に転じるなら，人間の意図的・直接的な産出物としての物質エネルギー的・生物的・社会的・精神的な人工物は一括され，大気圏，水圏，生物生態圏，等々の人工物化，すなわち〈人工物化された自然環境圏〉に対して〈ヒト圏の人工物〉だという解釈になる。

新科学論は，この意味での〈人工物システム〉に関する〈統合された認識科学と設計科学〉を近代科学の〈遠大な〉究極的・最終的目標であると位置づける。すでに Sustainability science は，国際的合意のある Sustainability を価値命題とする人工物システム科学の一例にほかならない。エネルギー，資源，環境，人口，食糧，水，等々，冷戦の終結以後顕在化してきたグローバルな人類的課題は，殆どすべて人工物システム科学という総合的・学際的な視野を必要としている。

人工物を以上の意味で使用するなら，すでに人文科学は精神的人工物の科学であり，社会科学は社会的人工物の科学であり，工学は物質エネルギー的人工物の科学である。だが，人工物システム科学は文系と理系にわたるすべてのタイプの人工物を学際的に問題にしうるし，文理にわたる人工物を学際的に問題にしうるのは人工物システム科学だけである。それゆえ，人工物システム科学は，全人工物という固有の対象と，後述する全自然の三層のハイブリッド形成という固有の方法をもった，まさしく総合的・学際的な研究領域なのである。

人工物システム科学の今日的課題は多様であるが，三戸流にいえば，環境

破壊と人間破壊との克服である。人間破壊は確定しにくい概念であるが、その一つの解釈は、人間における〈全自然、すなわち物質エネルギー界と生物界と人間界をめぐる自由で豊かな表象空間〉の偏向であり矮小化である。言語の基盤となり、芸術や文学や宗教、そして科学を生み出してきた人間の自由で豊かな表象空間は人間の最大の特性の一つである。だが、それはまた旧科学論の公式的見解と物質エネルギー志向の価値観・幸福観が最も無視ないし軽視してきたものである。一例を挙げるなら、他者をめぐる表象空間の衰弱や信条・信念など脱実証的な表象空間の過小評価は、人間破壊の一つの顕著な特徴であろう。

とりわけ指示対象の有無存否を問う必要のない、あるいは問うべきでないSB情報空間は〈純SB情報空間〉と名づけられるが、物質エネルギー空間の存在者だけを存在者と認定する旧科学論は、〈神〉観念に代表されるこの純SB情報空間を拒否してきた。だが新科学論は、〈神〉表象その他、表象空間それ自体を指示対象とするSB情報科学を成立させる。

なお、〈人工物システム科学〉の構想は、吉川弘之が提唱した〈人工物工学〉における〈人工物〉および〈工学〉の概念を新科学論に立脚して拡張・一般化したものである。

第2に、新科学論は、この人工物システム科学の基本枠組みとして〈全自然の三層のハイブリッド形成〉という総合的な枠組みを提唱している。〈通常科学〉化された近代科学における〈全自然の法則的生成〉という公式的見解に代わるものである。それは、全自然が、1）法則的に生成する物質エネルギー層、2）DNA性プログラムほかのSNプログラムで設計・構築される生物層、そして3）言語性プログラムほかのSBプログラムで設計・構築される人間層のハイブリッドで形成される、と主張するまったく新しい自然解釈にほかならない。新科学論の全体論的な根本テーゼの一つである。

経済人、経営人等々、それぞれの〈生の領域〉、それぞれの〈学の領域〉によって適合的な人間観は多様であるが、新科学論は、三戸のいう〈全人仮説〉の一つとなるべく、〈SBプログラムによる設計・構築〉を核とする〈三層のハイブリッド形成〉という構造的・過程的な枠組みを、個体的・集合的な人間存在に関する最も包括的な規定として、すなわち最も包括的な人

間観として提案する。個体的人間存在についていえば、〈学の領域〉でこの包括的人間観を最も切実に必要としているのは、私の知る限り、遅れてきた文理融合型の総合科学〈看護学〉である。他方、集合的人間存在についていえば、経営学、とりわけ環境問題に直接かかわる製造業の経営学が、この種の包括的人間観を最も必要としているように思われる。

(3) 〈秩序原理＝法則〉一元論と新科学論

〈実存〉という哲学的問題意識には、法則的秩序という旧科学論は馴染まない。だが新科学論は、旧科学論の〈秩序原理＝法則〉一元論に替えて、上述した三タイプの秩序原理を提唱する。第1に、物質エネルギー界の秩序原理はニュートン法則ほかの線形的・非線形的な物理科学法則であり、それは現象に内在する如何なる記号によっても担われず、変容不能かつ違背不能の秩序原理と措定されている。第2に、生物界の秩序原理はゲノムほかのSNプログラムであり、それは指示対象と物理科学的に結合するSN記号によって構成され、その結果、変容可能かつ違背不能の秩序原理と措定される。第3に、人間界の秩序原理は法や様式ほかのSBプログラムであり、それは意味表象を媒介にしてしか指示対象と結合しないSB記号によって構成され、その結果、変容可能かつ違背可能の秩序原理と措定される。法則という旧科学論の秩序原理は、唯一つ線形的・非線形的な物理科学法則だけではないのかという主張であり、生物界と人間界の秩序原理として、新しく反復的・一回的な〈プログラム〉という科学的構成概念を導入するのである。

プログラム概念の導入は、「物質エネルギーとその変換に関わる法則的生成を普遍化視点と観察者視点に立って追究する」という旧科学論の典型的な立場に対置して、次のような〈生〉の理解を科学として可能にする。すなわち、「すべての人間は、純シンボル性情報空間（例えば宗教的世界）を含めて、個別的・個性的なシンボル性情報空間を生き、自らの存在を一回限りのプログラムを含めて個別的・個性的なSBプログラムで設計・構築し、自らの個人史をそれらのSBプログラムと環境的・状況的要因（境界・初期条件）との相互循環を通じて個別的・個性的に紡ぎ出す。こうして法則的に生成するのではなく主に言語的に設計・構築される人間的実存の世界を、個別化視点と当事者視点・相互当事者視点に立って追究する」という人文科学の

一つの在り方である。これは〈秩序原理＝法則〉一元論の旧科学論には不可能なことであった。

物質エネルギー界の変容不能かつ違背不能の法則から，生物界の変容可能かつ違背不能の SN プログラムをへて，人間界の変容可能かつ違背可能の SB プログラムへと至る進化史的変動を，私は〈秩序原理の進化〉と命名した。秩序原理の進化をめぐる最も興味ある経験則は，〈変容不能かつ違背不能〉の秩序原理から〈変容可能かつ違背可能〉の秩序原理へという〈自由度の増大〉である。人類史を貫く自由への希求は，自由度の増大という秩序原理の進化の経験的趨勢の中に位置づけるなら，人間界の SB プログラム的設計・構築における自由の追求にほかならない。

これまで慣習や法，様式や技法は，その人間界における位置づけは問われたものの，全自然における位置づけが〈科学〉の立場から問われたことはなかった。この物質界・生物界・人間界において一体〈規則〉とは何なのか。だが，SN プログラムの一種としてのゲノムの発見は，社会的世界の慣習や法，精神的世界の様式や技法，両世界にまたがる倫理や価値観（どれも SB プログラム）へと至る秩序原理の進化のまさに The Missing Link（失われた環，系列完成上欠けているもの）の発見だったのである。すでに多くの生物学者は，ゲノム（DNA 記号で構成されたプログラム）および決定論的・確率論的，線形的・非線形的な物理科学法則とは別に生物科学法則なるものが存在するとは考えていない。ダーウィン法則やメンデル法則は，目下のところ〈DNA 性プログラムをめぐる経験則〉というべきであろう。

近代経済学は実定法，慣習，精神文化，等々の経済的・非経済的な諸要因を境界・初期条件とする〈経済法則〉の作動を研究するとされる。だが新科学論によれば，それは，合理的・非合理的な各種の経済的・非経済的プログラム（変容不能または変容不可とされる人間界の先所与的な SB プログラム）その他を境界・初期条件にして，ホモ・エコノミクスなる理念的人間モデルに仮託された経済合理的プログラムの作動を解明している，という解釈になる。それは社会科学法則という概念とは一切無縁である。経済法則に限らず一般に社会科学で〈法則〉といわれるものは，経験則すなわち経験的一般化命題を除けば，実行可能性や実現可能性（後述するウェーバーの〈因果

適合性〉)についての間主観的な信憑性のある〈目的合理的プログラム〉ではないのか。フォレットの〈状況の法則〉も合理的プログラムの一種であるが、その実行可能性や実現可能性についての間主観的な信憑性が目下成立していないだけなのだという解釈になる。それに対して利潤極大や効用極大という経済合理的プログラムは、その実現可能性についての間主観的信憑が少なくとも経済学者の間では成立し、〈法則〉と誤認されているという了解になる。社会科学が追い求めた〈青い鳥・秩序原理〉は身近にある慣習や法や合理的行為様式など各種の〈SBプログラム〉だったのである。〈法則定立学としての社会科学〉という研究プログラムは、幻想でしかなかった。

いまにして思えば、M. ウェーバーの社会学的規則 (soziologische Regeln) は〈間主観化されたプログラム、かつその実際の作動が確認されたプログラム〉ではなかったか。前項が社会学的規則のウェーバーのいう〈意味適合性〉であり、後項がその〈因果適合性〉である。ウェーバーのいう因果適合性は、D. ヒュームのいう現象の恒常的な継起関係としての因果関係であり、別言すれば、経験則である。経験則はすべての学術領域に存在するが、ウェーバーは人文社会科学的な経験則を人間界のSBプログラムによって説明しようとしたのではないか。

ウェーバーはこの〈社会学的規則〉以外には社会学におけるいかなるRegelもGesetzも提案していない。もちろんウェーバーのいう〈社会学的規則〉は、その作動が確認された間主観的な目的合理的プログラム以外に、その作動が確認された間主観的な価値合理的プログラムと感情的プログラムと伝統的プログラムとを含んでいる。私はウェーバーの理解社会学をプログラム科学の先駆形態と位置づけたい。

人間界の経験則を人間界のSBプログラム（思念された意味）によって説明するという発想は、ウェーバー自身は言及していないが、生物科学的な経験則（表現型など）が生物界のSNプログラム（遺伝子型など）により、物理科学的な経験則（落下の法則など）が物質界の法則（ニュートン法則など）によって説明されるのと同様である。このように単なる経験則を説明する理論的な因果関係には、物理科学法則による因果関係、SNプログラムによる因果関係、SBプログラムによる因果関係という三タイプのものが存在

している，というのが新科学論の主張である。単純明快な事例を挙げるなら，スリーアウト・チェンジという野球ゲームで観察される経験則は，スリーアウト・チェンジというSBプログラムによって説明される。というより経験則を記述するスリーアウト・チェンジという概念構成それ自体が，すでにスリーアウト・チェンジというSBプログラムの一環なのである。経験則を説明する理論的な因果関係が，正統派科学論の〈秩序原理＝法則〉一元論の下で〈法則的な因果関係〉に独占されたために，一部の人文社会科学者は〈意味連関〉という解釈装置を導入した。だが，科学的説明を文理を横断して統一的に把握するためには，この解釈装置を〈意味連関〉としてではなく〈SBプログラムによる因果関係〉と理解する方が適切だと思われる。

　旧科学論における〈全自然の法則的生成〉から新科学論における〈全自然の三層のハイブリッド形成〉への転回は，多くの学術的・思想的な波及効果をもつ。人間界が法則によって生成せず，SBプログラムによって設計・構築されるとするなら，例えば，旧科学論の〈法則〉概念を明示的または暗黙の前提にする〈決定論と意志自由〉という哲学的課題は擬似問題だったということになり，抜本的な再考を迫られる。新科学論の立場からすれば，人間の意思自由を支援・制約する要因は，〈物質エネルギー界の物理科学法則〉，〈生物界の変容不能または変容不可とされるSNプログラム〉および〈人間界の変容不能または変容不可とされる先所与的なSBプログラム〉の三つである。

(4) 要素還元主義と新科学論

　〈通常科学〉化された近代科学は，周知のように，要素還元主義ないし還元論を方法的特質としている。それに対して新科学論は，還元論を〈物質エネルギー空間〉を対象にする固有の方法と限定的に位置づけ，〈記号情報空間〉を対象とする固有の方法として新たに〈情報循環論〉を導入し，全体論をその一環として解釈し直す。したがって，還元論と情報循環論との方法的相違は，その前提として物質エネルギー空間の解明を主題にするのか，記号情報空間の解明を主題にするのかという対象選択が先行している。〈物質エネルギー空間論の方法〉と〈記号情報空間論の方法〉との識別である。これまで，この識別がなかった。

方法としての情報循環論は，研究対象となる記号情報空間の全体と部分，部分と部分，上部と下部，内部と外部など，そのあらゆる領域の間の一方的・双方的な影響の有無とその在り方に着目する。記号情報空間の全体がその部分を規定するという全体論は，その一例である。当然，記号情報空間の部分がその全体を規定するという視点もありうる。全体と部分との相互浸透という〈哲学的解釈学の方法〉は，〈記号情報空間論の方法〉としての〈情報循環論〉の好例である。

　例えば，ゲノム科学の成功は細胞や染色体や核酸への着目として〈物質エネルギー空間における還元論の勝利〉であるが，それは視点を変えれば，全遺伝情報の発見という〈記号情報空間における全体論の勝利〉でもある。この場合，〈記号情報空間の全体〉が〈物質エネルギー空間の部分〉を媒体としているのである。あらゆる組織や臓器に成長する能力を備えたヒトのES細胞（胚性幹細胞）は，〈物質エネルギー空間の部分〉が〈記号情報空間の全体〉を担いうることを如実に示している。だが，〈物質エネルギーと記号情報〉なる二項対立的＝二項相補的な新科学論の基礎範疇セットが浸透していないために，この二面性がまったく見逃され，ゲノム科学は，ただ〈還元論〉の勝利としか理解されていない。情報現象という事柄の性格からすれば，ゲノムの発見と解読は，物質エネルギー空間における還元論の勝利ではなくて，記号情報空間における情報循環論――この場合ならゲノムという全体と塩基配列という部分との関係の解明――の勝利というべきだろう。

　ついで第2に，しばしば指摘される〈部分の総和以上の全体〉という特性は，生物界・人間界に限っていえば，全体の秩序を直接的・間接的に制御する何らかのプログラムに起因している。この〈記号情報空間における全体論〉の有効性が〈物質エネルギー空間における還元論〉の有効性と交錯し，全体論 対 還元論という不毛な二項対立を生んだのである。それは〈記号情報空間〉と〈物質エネルギー空間〉との識別不全が招いた旧科学論の錯誤でしかない。本来対比すべきでないものを対比したのである。

　となれば，生物界と人間界の特性である記号情報空間それ自体に即していえばどうか。この空間では，全体論か還元論かという二項対立ではなく，全体と部分，部分と部分，上部と下部，内部と外部，等々，あらゆる形の〈情

報循環〉の有無・特性こそが解明されなければならない。〈情報循環〉は全体と部分の間に限定されるわけではない。原理的にいえば，記号情報空間のあらゆる領域の間に起こりうると想定しなければならない。記号情報空間という基礎範疇を導入する新科学論の大きな特徴であり，また強みである。

(5) 個別性・個性問題と新科学論

〈法則定立学〉も，ウィンデルバントの主張に反して，法則定立が一段落すれば法則作動の境界・初期条件の解明へと関心を移行させ，惑星科学や地球科学や気象学や地震学に見るとおり〈個性記述学〉へと向かう。だが，法則は普遍・不変とされるから，法則的生成における個別性や個性は，法則作動の境界・初期条件を特徴づける個別性や個性に帰するしかない。けれども，生物界と人間界のプログラムによる設計・構築における個別性・個性は，プログラム作動の境界・初期条件のそれもさることながら，まずもってプログラム自体の個別性や個性に起因する。汎用的で反復的なプログラムのみならず限定的で一回限りのプログラムをも問題にしうるプログラム科学は，〈個別性・個性〉問題に真正面から立ち向かうことができる。個別的で掛替えのない人間的実存は，〈物質エネルギー科学・法則科学・認識科学〉という旧科学論では扱えないが，〈SB情報科学・SBプログラム科学・認識科学かつ設計科学〉という新科学論なら扱うことができる。テイラーメイド医療は塩基配列の，すなわちSNプログラムの，SNP（一塩基多型）という僅かな個人差に着目した技術なのである。

〈時間的ないし時系列的な個別性や個性としての歴史〉についても，法則科学的な歴史性は，外生的な影響を捨象すれば，一定の境界・初期条件の下での法則の作動が，新たな境界・初期条件を生成するという内生的プロセスの反復更新として与えられる。つまり境界・初期条件の変容のみの一元論的な歴史性である。けれども，プログラム科学的な歴史性は，やはり外生的影響を捨象すれば，一定の境界・初期条件の下での一定のプログラムの作動が，一方で，プログラム作動の境界・初期条件を変容させるとともに，他方で，プログラム自体の変容を惹起しうるという二元論的な歴史性である。すなわち，法則科学的な歴史性とプログラム科学的な歴史性は，その内生的構造を異にしている。後者の歴史性は，前者のそれに比べていわば一層濃密で

ある。

　だが，生物多様性の解明が DNA 性プログラムの個別性と DNA 性プログラムの普遍性との相互浸透の解明に依存するのと同様，SB 情報科学は，その個別認識と普遍認識とのループを構築しなければならない。法則は定義によって普遍的な法則しか存在しないが，プログラムは普遍的なプログラムも特殊的なプログラムも個別的なプログラムも存在する。法則科学との著しい相違である。法則科学とは逆に，むしろ普遍的，一般的，汎用的なプログラムの確定が問題になる。経済合理的プログラムに代表される〈合理的プログラム〉は，普遍的，一般的，汎用的なプログラムだと見做されることが多い。だからこそ〈法則〉と誤認されたともいえるだろう。

(6)　技能，経験的技術と新科学論

　19世紀に制度化された近代科学は認識のみを目的として，認識と実践と価値を統合する哲学的思惟には到底太刀打ちできない。だが，設計科学という科学形態の導入は，認知と指令と評価の三大情報機能を，つまり認識と実践と価値を統合する総合的な科学知の成立を意味している。その実践的志向を技能および経験的技術との関連で問題にしてみたい。

　設計科学という構想は，〈技能〉，〈経験的技術〉および〈科学的技術を含めて設計科学〉という相互に循環し，また循環する必要のある一連の系列ないし三極構造の存在を明らかにした。設計科学は，その系列の The Missing Link だったというべきだろう。なぜなら，技能も経験的技術も認識と実践を統合している。だが，伝統的な科学すなわち認識科学は実践への配慮から一切解放されている。すなわち，科学のサイドで実践に対応する部分が公式的には欠落していた。その欠落部分が，じつは，理系の工学や文系の規範科学などの設計科学だったのである。厳密にいえば，認識科学と設計科学を統合する新科学論の〈科学〉こそが，経験的技術と技能に対応する。すなわち，技能と経験的技術と科学との三極構造である。ただし科学は，技能や経験的技術とは異なり，認識と実践を分節化し，かつ統合する分析的な知識である。他方，ここでいう〈技能〉は問題解決のための身体化された知識，〈経験的技術〉は問題解決のための，理論的根拠が不明なままの具体的・現場的知識と定義されている。〈シグナル性のノウハウ〉と〈シンボル性のノ

ウハウ〉である。いずれも認識と実践を分断ないし分節化しない。

　三極の相互循環とは，技能や経験的技術が設計科学化されて科学的技術になる上向性の変換と，設計科学の最終フェーズとして科学的技術が開発され，それが技能化されるという下向性の変換との相互浸透を意味している。経験的技術の自生から科学的技術の開発へという歴史の流れは上向変換から下向変換への重心移動であるが，経験からスタートする上向変換の原理的・歴史貫通的な重要性が失われたわけではない。なぜなら，認識科学と設計科学の発展と平行して，新たな技能と新たな経験的技術が常に自生し続けているからである。経営における暗黙知と形式知の相互変換も，上向変換と下向変換の相互循環の一例である。

　この三極間の相互循環は，〈科学〉と〈経験的技術〉と〈技能〉とを統合する新たな学術形態〈循環的トライアングル〉の成立を意味している。片や近代西洋医学と，片や東洋医学その他の伝統的・土着的ないわゆる相補・代替医療（Complementary and Alternative Medicine）とを結合する統合医療への動きは，この〈循環的トライアングル〉の確立を明確かつ自覚的に追求している。〈人間と社会のための認識科学と設計科学〉は科学固有の土俵にとどまることなく，必要かつ可能である限り，この〈循環的トライアングル〉型の学術を目指すべきだと思われる。こうして見ると，暗黙知と形式知の相互循環は，経営学における循環的トライアングルの中核的部分を構成する，その先駆的形態であったということができる。

（7）〈主体の論理〉と新科学論

　認識科学と設計科学，法則科学とプログラム科学の別をとわず，科学は〈観察者視点〉を特質としている。だが，人間レヴェルにとくに関わりのあるSN情報空間やSNプログラム，すなわち知覚や感情や技能，そして一般にSB情報空間やSBプログラムが関与する場合に限って，〈当事者視点〉の導入が可能となり，また不可欠となる。認識科学と設計科学が，自己と他者——いずれも人間個体または人間集合——における人間レヴェルの指令的・認知的・評価的情報空間ならびに指令的・認知的・評価的プログラムを対象にして，この当事者視点を貫徹するとき，哲学的アプローチにのみ固有のものとされてきた〈主体の論理〉（増田茂樹）が実現する。だが，それは

同一問題についての観察者視点と相互循環しなければならない。すでに M. ウェーバーの理解社会学は，〈意味適合性〉という当事者視点と〈因果適合性〉という観察者視点を統合していた。

ところで当事者視点は，通例，当事者視点の認識科学，すなわち研究者が当事者によるプログラム的設計・構築を当事者の視点で認識するという意味に限定されている。だが，〈主体の論理〉の実現のためには，当事者視点が当事者視点による設計科学と技術と技能にまで拡張されなければならない。すなわち，研究者が当事者の立場に立って，当事者のプログラム的設計・構築や技術や技能を支援するということにほかならない。増田茂樹が称揚する山本安次郎の実践理論の獲得や山城　章の実践能力の啓発は〈当事者視点による技術と技能への支援〉にまで踏み込んでいた。これを設計科学の守備範囲を超えると見るか，その延長と見るかは，設計科学の定義問題と科学者ないし研究者の役割問題とに帰着する。しかし，前述した〈循環的トライアングル〉が研究者（＝観察者）視点のみならず，当事者視点においても実現されるべきだと考えるなら，当事者による個人的・集合的な生の設計・構築を単に当事者視点で認識するばかりでなく，当事者視点で支援する必要があるということになる。

研究者は本来観察者であるが，自らの中に観察者視点と当事者視点を共存・両立させることができる。同様にして，当事者とされる他者も，C. I. バーナードがその典型例であるが，自らの中に当事者視点と観察者視点とを共存・両立させることができる。この研究者における当事者視点と当事者における観察者視点とが相呼応して〈主体の論理〉が徹底されることになる。それは，人間界を対象にする人文社会科学の場合，研究の主体も客体も等しく〈自律的・他律的に選択される認知的・指令的・評価的な SB・SN プログラムによって自らの世界を設計・構築する〉という同型の存在様式をもっているからである。したがって，新科学論は，哲学の立場からする〈主体の論理〉を〈科学〉の立場から，〈個人的・集合的な他者の，認知・指令・評価の SB・SN 情報空間についての理解と支援における，当事者視点の徹底〉，あるいは〈人間界の SB・SN プログラム的設計・構築を扱う認識科学・設計科学・技術・技能における当事者視点の徹底〉，さらには一歩を進

めて，〈人間界のSB・SN情報空間の認識と設計における研究者の当事者視点と当事者の観察者視点との情報循環〉と規定することになる。だが，この問題の最終的解決のためには，哲学の立場でいう〈主体の論理〉の意味するところを一層明確に規定する作業が必要であるように思われる。

3．一つの社会哲学＝経営哲学

　哲学的アプローチを代替しうる新科学論という以上のような立場から，経営哲学の問題を考えてみたい。第1節で述べたとおり，哲学は領域哲学を含めて，1）（当該領域についての）価値観や思想の創作・提唱，2）（当該領域について）創作・提唱された価値観や思想のSB情報科学的研究，そして3）（領域の如何を問わず）人間レヴェルのSB・SN情報とその変換・循環に関する基礎情報学的研究へと三分される。このうち項2）の思想研究は文学研究や芸術研究と同型のSB情報空間の研究であり，哲学的営為の中核は，項1）と項3）であると考えたい。この項1）と項3）をめぐり，哲学的アプローチに替えて科学的アプローチを採用するというのが，本稿の目的であった。

　こうした理解に立つなら，第1に，この論考の第2節(1)から(7)までは，新科学論に関する基礎情報学，つまり項3）であり，現行の術語でいえば，新科学論を対象にした一つの科学哲学の試みである。それは〈認識科学および設計科学としての経営学に関する基礎情報学〉という意味での経営哲学だということにもなる。第2に，新科学論は〈経営に関する価値観や思想の創作・提唱〉という意味での経営哲学を，設計科学としての経営学における基本的・一般的な価値命題，すなわち経営に関する基本的・一般的な評価プログラムの仮説的設定と位置づける。つまり項1）である。どちらのケースでも，哲学的アプローチに替わって新科学論のアプローチが採用されている。

　ところで，現代社会を組織社会と規定するドラッカー＝三戸ほかの歴史観に沿っていえば，企業組織のみならず，国連や政府や自治体やNGO・NPOを含めて，経営哲学ないし管理哲学は，まさに〈現代社会の社会哲学〉と通底しなければならない。組織社会という規定を前提にする限り，現代社会の社

会哲学と現代の経営哲学という二つの領域哲学は，その領域の広狭と抽象水準の高低はあるにしても，仮設的価値プログラムを共有しなければならない。

私は，現代社会の社会哲学すなわち現代の経営哲学として二つのものを挙げたい。一つは〈惑星地球文明の構築〉という目的的理念の仮設，いま一つは〈徹底した情報循環システムの構築〉という手段的理念の仮設である。

ここで惑星地球文明の構築とは，惑星地球の物質エネルギー層と生物層と人間層との望ましい共進化ないしハイブリッド進化（co/hybrid-evolution）の只中での，人間的なるものの全面的展開である。それは，前述したヒト圏の人工物を核とする人工物システム科学を支える代表的な仮設的価値命題である。物質エネルギー層の進化（宇宙進化や惑星地球上の化学進化）と生物層の進化は，それ自体としては価値中立的である。だが，惑星地球における人間層の誕生以後，とりわけその産業化（工業化と情報化）の進展につれて，物質エネルギー層と生物層に対する人間層の介入が著しい。その結果，惑星地球における三層のハイブリッド形成は，人間行為の意図的・無意図的，自覚的・無自覚的，直接的・合成波及的な正負の効果によって大きく影響される。つまり人間界の評価プログラムの効果が，物質エネルギー界の法則的生成と生物界のSNプログラム的設計・構築に浸透することになる。

三戸のいう随伴的結果が私のいう三層の人工物システムにもたらした負の効果によって，惑星地球文明の構築は，いま二つの大きな課題を抱えている。一つは三層の共進化ないしハイブリッド進化が必要不可欠とする〈望ましい物質循環の再建〉であり，Sustainabilityはそれを象徴する標語である。もう一つは，しばしばSustainability思想が看過する〈人間的なるものの全面的展開〉ないし〈人間性の全面開花〉である。だが問題は，この曖昧で情緒的な標語の内実をどのように把握するかにある。私見によれば，人間的なるものの全面的展開とはヒトが保有する表象機能の全面開花であり，とりわけ表象機能の活用における経験主義的，実証主義的，合理主義的，功利主義的，効率主義的な偏向や疎外の克服である。

表象能力はむろん人間に独自のものではない。だが，この表象能力が，まず言語の誕生をもたらし，その言語に媒介されて宗教，芸術，文学，倫理，法律，科学等々，あらゆるタイプの文化の設計・構築を支えてきたのであ

る。表象能力は人間のシンボル能力の起原であり，表象空間は人間に固有のSB情報空間の元型である。だが，近代社会における表象能力の活用は偏向してきた。三戸のいう人間破壊の背後にも，私は偏向した表象機能や疎外された表象機能，あるいは矮小化された表象機能を見る。物質エネルギー志向の価値観・幸福観から脱〈物質エネルギー志向〉の価値観・幸福観への移行，端的には物質文明から精神文明への転換は，Sustainability にとっても必要であるが，人間性の全面開花のためにも不可欠である。

ところで，三層のハイブリッド形成を規定する人間層の〈在り方〉とは，新科学論の立場からすれば，要するに認知的・指令的・評価的，そして一回的・反復的な〈情報空間の在り方〉以外の何ものでもない。こうして，人間層の情報空間の望ましい〈伝承と変容と創造〉を実現するための時間的・空間的な大小の規模の〈情報循環〉が決定的な意味をもつことになる。すなわち情報循環は，過去と現在と未来を往還し，生の諸領域の間の全体と部分，部分と部分，上部と下部，内部と外部，等々のすべてにわたる創造や廃絶，試行錯誤や学習，相互理解や相互受容，相互調整や相互変容，そして必要とあれば統合，等々を意味している。情報循環の概念は，情報や情報変換のそれとともに新科学論が提案する新たな基礎範疇の一つである。望ましい物質循環の再建もまた，それを支える情報循環なしには実現できない。

情報循環は，物質循環とともに生物界・人間界の基本的特性であり，いまに始まる問題ではない。だが，人間社会の産業化，とりわけ情報化の進行につれて，情報循環の拡大・深化と評すべき一連の動きが，経済，政治，行政，教育，等々，現代社会のあらゆる領域で観察されるようになった。グローバル化，広域化，長期化，総合化された各種の情報循環，仮想的な後継世代との間の情報循環，異分野間の新たな情報循環，等々への拡大・深化とそれへの期待や要請である。手段的理念として仮設する所以である。

以上の理念的目的と理念的手段の仮設からなる設計科学としての経営学を，社会哲学一般としてではなく経営哲学として企業経営に即していえば，企業活動に伴う資源・エネルギー問題や環境問題への配慮，そして，貨幣計算すべき，かつ貨幣計算できる経済的な形式合理性の世界を超えて，貨幣計算すべきでない，あるいは貨幣計算できない世界での実質合理性の実現に配

慮することは，〈惑星地球文明の構築〉という基本的・一般的な目的プログラムの企業経営的実践ないし表現であろう。他方，ドラッカーのマーケティングとイノヴェーションの循環，野中郁次郎の暗黙知と形式知の循環，そして仕入れから販売に至るサプライチェイン・マネジメントや苦情処理のコールセンターに媒介された経営計画，消費者への情報公開，地元地域との交流，等々，さらには目下のところ切断されたままの職場と家庭の間の，仕事と余暇の間の将来に期待される情報循環は，すべて〈徹底した情報循環システムの構築〉という基本的・一般的な手段プログラムの企業経営的実践ないし表現なのである。プライバシーの保護も在るべき情報循環の一例である。

最後に，以上に概要を示した設計科学としての経営学の仮設的価値命題，すなわち伝統的な経営哲学が，哲学ではなくて新科学論を方法的基盤にしていることを改めて確認しておきたい。まず第1に，一定の仮設的〈価値命題〉なしには成立しない設計科学という科学形態ならびに法則に替わる〈プログラム〉という新たな秩序原理を採用して，経営思想や経営理念としての経営哲学を仮設された基本的・一般的な評価プログラムと位置づける。

第2に，新科学論に固有の〈全体知〉，すなわち，文理にわたるあらゆるタイプの人工物を対象にする人工物システム科学および全自然の三層のハイブリッド形成というその基本枠組みに基づいて，〈惑星地球文明の構築〉という評価プログラムを目的的理念として仮設する。

第3に，新科学論に固有のもう一つの〈全体知〉，すなわち，〈物質とその変換・循環〉を制御する〈記号情報とその変換・循環〉および〈記号情報とその変換・循環〉を支援・制約する〈物質とその変換・循環〉という生物界・人間界の根本属性に基づいて，〈徹底した情報循環システムの構築〉という評価プログラムを手段的理念として仮設する。

これが，21世紀という時点で〈歴史状況的な妥当性〉をもつと私が考える社会哲学＝経営哲学の構想にほかならない。

参考文献

吉田民人「文理の融合を目指して：一つの仮説的試論」『学術の動向』（日本学術会議広報誌）2003年8月号。

16　現代科学と経営哲学

村　上　陽一郎

　現代社会における一つの顕著な特徴は，知識を一つの財として扱うことにある。経済学者K.ボールディングあたりから始まると考えられるこの傾向は，現在では「科学・技術の社会学」にも取り込まれており，科学的な知識に関しても，その生産や流通という概念を当てはめて考えることが通例になりつつある。

　その観点から科学を眺めてみると，次のような性格付けができるだろう。科学は本来（19世紀に制度化が行われた段階で），自己完結的，あるいは自己閉鎖的な営みとして成立した。ここで言う「自己完結的」，あるいは「自己閉鎖的」という言葉の意味は，その知的な営みが，科学者の造る個々の「科学者共同体」（scientific community）の内部に閉じ込められているという事態を指す。何故なら，知識の生産，蓄積，流通，消費・利用という局面を考えてみると，それらはすべて，科学者共同体の内部においてのみ，実施されるからである。

　現場の科学研究の成果として「生産」された知識は，すべて科学者共同体が経営するか，あるいは管理する学術ジャーナル上に「蓄積」される。蓄積された知識に接するのは，言い換えれば，当該の学術ジャーナルの読者は，専門を同じくする共同体の構成員，つまり「同僚」である。つまり生産され蓄積された知識が「流通」するのは，当該の科学者共同体の内部に限られる。またそうした知識を「消費・利用」するのも，同じ共同体の構成員のみである。

　急いで付け加えるが，科学が成立した当初の19世紀にあっては，一方で産業革命が進行中で，そこでは多くの重要な技術革新が生まれたが，それらの革新のほとんどすべては，科学研究の成果とは無縁のところで生み出された

ものであった。言い換えれば，19世紀から20世紀半ば近くまでは，科学研究に外部の「クライアント」は存在しなかったのである。

　こうして科学研究は本来，科学者共同体の内部に自己限定するような知的営みであった。

　しかし，20世紀半ば，具体的には第二次世界大戦を契機として，事態に大きな変化が生じた。それは原子爆弾の開発に象徴されるような，技術的な使命の達成に，科学研究の成果が深く関与するような状況が，当然のこととされるようになったのである。ここで生まれた科学は，在来型の科学とは色々な点でかなり性格の異なるものであった。そこで，在来型の科学を「プロトタイプ科学」，新しいものを「ネオタイプ科学」と呼んで区別することにしたい。

　ネオタイプ科学では，研究の出発点は，研究者の自発ではなく，外部セクター（クライアント）の社会的使命の設定にある。研究者グループは，そうやって設定された使命の達成を「請け負う」形となる。その研究グループに属する研究者は，一つの科学者共同体に属するわけではなく，多くの科学者共同体や職能者集団から，一時的に集められた人々であり，したがって，プロトタイプ科学とは異なって，ヘテロな研究グループを構成する。研究のための資金は，当然使命を設定したエージェントから提供されるが，この場合には，研究者の側は，単に研究成果（それは，かつては共同体の仲間による評価，つまり「ピア・レヴュー」であったが）を出すだけで責任を果たしたことにはならず，提供された資金の背後にある使命を充分に達成できているか，という評価（それは必然的に，共同体の外部者による）に晒されなければならなくなる。

　また，こうした研究においては，研究グループの指導者は，単に，当該の学問分野において十分な知識と経験を積んでいるだけでは，充分な資格を満たしているとは言えず，ヘテロな研究者集団を，所期の目的（使命）達成のために，効果的に操縦していく経営者としての能力が要求されることになる。

現在科学の世界は，在来型のプロトタイプ科学と，このような新しいネオタイプ科学とが，混在し共在している状況にあり，そうした状況の正確な把握の上に，どのような「知識経営」(knowledge management) を行うことが望ましいのか，という点が厳しく問われている。しかも，このような「知識経営」は，所期の目的の達成のみをゴールとするだけでは足りない。社会全体から見て，当該の目的達成が，どのようなメリットがあり，あるいはどのようなデメリットが予想されるか，というような「メタ」の次元にまで，パースペクティヴを及ぼすことが求められなければならない。ここにも一つの新しい経営哲学の課題があると言えるのではないか。

シンポジウム『経営哲学の新たなる探究』
――科学・哲学・文明――

パネリスト：三戸　公，吉田民人，村上陽一郎
　　司会：菊池敏夫，村田晴夫

司会（菊池）：これから最終セッション『経営哲学の新たなる探究』をはじめたいと思います。
　まずはじめに三戸先生から今回のシンポジウムでお気づきになられました点について何かございましたら，御発言願います。

三戸：
　僕，情報という概念を吉田先生から非常に多くのものを学んだ。その時に一番広い意味での情報というのは次のようでした。モノは質量＝エネルギーとの情報と二つの element からなっている。そうすると，その情報の中身は何であるかというと，それは差異のパターン，時間の違い，場所の違い，質の違い，量の違い，形の違い，一切の違いのパターンを情報と言う。それは，質量一分子たりとも含んでいないと。そういう捉え方で良いですか？

吉田：
　物質エネルギーのパターンということで，パターンは物質エネルギーの担い手がなかったら絶対存在しないわけですから，物質を切り離してパターンだけというのは，そういう言語空間を作ることはできるけれども，経験科学の立場から言えば，どんな情報も物質エネルギーの担い手があるという風に考えたいわけです。「神」の表象も「抽象数学」の命題も人間の脳神経性ネットワークという物質的担い手なしにはありえないのです。

三戸：

　今のように質量的な担い手があると，捉えていらっしゃる。私の理解で誤りない。モノ自体，生き物自体が持っている。私は吉田先生に絡まりながら話してはいけないけども，私は吉田先生のものを何度も読んだのですが，先生はシグナル情報とシンボル情報という基本的な捉え方をなさっているけれども，私は人間というものが作り出す情報，それは意識情報であると思います。人間の意識が対象を捉えて意識が作り出した情報です。それは，体で人を殴ったり蹴ったり笑ったり，いろいろするでしょう。そういうレベルがある。

　その次に言語のレベルがある。この言語を話し言葉で話しているうちは，まだ質量を持っていません。ところが，文字となったら，紙がある。紙という担い手がある。これにより，情報が物化，対象化してくる。情報が文字により意識が物化する。人類の20万年近いところで大体言語をはっきり持ったと言われ，それ以前には無いようですが，専門家ではないから分からんですけど，ごく大雑把に言うと，言語がせいぜい文字になってから5000年ですよね。それからいろいろな形で学問が生まれてくる。文字で現わされ物化したものがいろんな形をとっていきますが，それが概念になり科学となり，最後には大きな知識体系・科学体系になります。

　それが今度はテイラー以降，大雑把に言えば，テイラー以降の科学者が対象から掴み出した法則を対象化する。かつては技術と言ったら，労働手段の体系と言ったけれども，武谷三男さんの客観的法則性の意識的適応という概念ができて，その適応せられた体系，物的体系。それが技術になってきている。そのような人間の意識が科学となり，モノとなり，完全に人間の身体性やいろんなものを皆越えてきている。

　人間はそれの付属物にならざるをえない。さらにその物化がそれに基づいて，今の情報それ自身が，頭・人間の意識自身が外に作り出された科学が技術になると共に，科学そのものが物化してくる。情報が物化してくる。現在のデジタル化によってね。そして我々が動く体制は全部制度化させられてくる。制度という社会体制に物化させられている。法体系のもとに物化させられ規則と規則の体系のもとに，我々の意識・情報が体系づけられて，我々は

その中に生きている。物化というのが何段階にもなってきている。それを精神面が…話が始まると切りが無くなる。ここら辺で止めましょう。

司会（村田）：歴史が語る宿命的なものとして，精神面が物化させられるということでした。

吉田：
　まず第一に今の物化・物象化ですけれども，ご承知のように前期マルクスの疎外に対して，後期マルクスの代表的な概念で，日本では亡くなった廣松渉さんの哲学の根底にあるわけですね。廣松さんの物象化論に私も賛成なんですけれども，プラス・マイナス両面あるわけです。この会場を我々感覚で捉えていますね。それを言語で表現すると，言語で表現したものの方がはるかにみすぼらしいわけです。それは物象化のマイナスの側面なんです。ところが，近代科学とか哲学は，そういう物象・言語化という物象化のプラスの側面を徹底的に活かしたわけです。哲学とは，概念の営みであるという三戸先生のご議論はまさにそうだし，近代科学とは言語による物象化が無かったら，絶対成立しなかったわけですね。
　そういう意味で言えば，物象化というのは，プラスの側面もあればマイナスの側面もある。じゃあ，どうするか。それが，先程言った技術・技能から始まって技術云々という往復なんですよね。だから，物象化されたものを時に身体化し，身体化したものを，つまり，言語化し，言語化したものを身体化し，この往復運動の中で全人的な存在のあり方を求めるべきであって，私としては物象化というのは本当にプラスの側面とマイナスの側面があると思います。少なくとも近代科学は物象化のプラスの側面が無かったら成立しなかったと思います。ものすごい抽象度の高い議論をやるわけですから。身体による知識に比べれば，実に虚しいというか，みすぼらしいですよね。しかし，逆にそのプラスの面もあったと言えます。これが第一点。
　第二点はですね，安全の問題。社会哲学の中に安全があります。これはこの大会で厚東先生がおっしゃいました，非常に複合的。これは文化の多様性とか文化の多元性いろんなことが言われてますけれども，私の場合も仮説的

価値命題として設定したことの意味は，それぞれの仮説は絶対納得できるということです。例えばフォレットの言うこともその通りだと，テイラーの言うこともその通りだと，ドラッカーの言うこともその通りだと。しかしながら，それが時に敵対関係・対立関係に陥る状況がありうるわけですね。一番端的な例は自由と平等との対立関係とか。そこまで考えちゃうと価値命題の普遍・妥当性は論証も実証も出来ないという結論になるわけですね。そうすると，私としては安全という価値を個人的には絶対に妥当だと思い込んでいるわけですよ。その意味で仮説的に設定しなくて良いんだけれども，それ以外の価値もあるわけですね。人間の自由であるとか。その相対性を見ようとすると，やっぱり一歩退いて仮説的価値命題としておいた方が処理し易いのではないかと。

つまり，仮説的価値命題というのは，どんな優れた命題に関してもファナティックなコミットメントの可能性がゼロとは言えないということなのです。村上先生のケースを言っているわけでは全然無いですよ。私自身は村上先生のチームに入って，一兵卒として村上先生の安全学の研究のプロジェクトに参加させて頂いた人間の一人なんですよね。その意味でその段階で，村上先生が安全という価値を普遍的な21世紀の価値にすべきだということを強調なさいまして，私も非常に共鳴しております。

しかし，あえて仮説が1つあって，個人的にはやっぱり信じているけれども，研究者としては厳密にやりたい。それからもう1つは今言ったように研究者としてですね，複数の価値がそれぞれに妥当性がある場合に，それを対立を処理しなければならないような局面と言うのはしょっちゅうあるわけです。そこにフォレットの統合の意味も出てくるわけです。そのことを考えると一歩退いて仮説と言っておいた方が安全じゃないかなあと気がしている。そのことについて恐らく価値の多様性が保証されるのではないかということが言いたいわけです。

それから，二番目に，人間観が問題なのです。これはですね，例えば，惑星地球文明と言う時に，今の段階であれば，国連が一番それをやるべきだと思います。今の社会制度であれば。国連は既にsustainability scienceという形で問題にしているわけです。ところが，sustainability 概念の中に，人

間的なるものの全面開花という発想はあんまり無いんですネ。つまり，人間性の全面開花という，これはマルクス的な発想ですけど，そういう発想があまり無いわけです。で，私は皆さんにお配りしたものの中には，惑星・地球，と言ったのは，太陽まで含めて考えて太陽が無かったら，人間・地球なんてありえないわけですから，そういう点で惑星と言ったのは太陽を念頭に置きました。なぜあえて地球文明と言わずに惑星・地球と言ったかという意味はそれなりにあるわけです。そうすると，そこに，環境問題，私は物質的自然と生物的自然と人間的自然の co-evolution という形で言った。それを象徴するのが，環境問題なのです。

ところが，co-evolution 自体が自己目的では無いんですよ。co-evolution の中で，この宇宙の中でひょっとしたら地球にしかない人間的生命を，どうやって花開かせるかという問題が，私の最大の課題なんですね。それを私は人間的なるものの全面的展開と呼んだわけです。ところが問題は，人間的なるものの中身が人によって違うわけですよ。そこが最大のポイントで，村田先生のご質問の限りでは，村田先生自身だってそんな単純には考えておられないけれども，今日のご質問の中では人間の社会性を強調されたわけですね。私はここで書かれたのは人間存在の根源的な進化史的に言うと表象空間だろうと思います。

それで表象空間が今，例えば宗教的・文学的・芸術的な表象空間があまりにも抑圧されて，全て効率一辺倒・合理主義一辺倒，あるいは実証主義一辺倒になっているから，それは，表象主義が疎外されているというべきだという議論で使ったのであって，私にとっては人間観は非常に大事なテーマなのです。ただし，今回はその流れの中で sustainability の方へ議論が傾斜しちゃったということでございます。

それから，三番目が，世界観です。これは全くその通りです。私自身は，村田先生がおっしゃったようにこれも重層構造を為していますね，私の場合は世界観は重層構造を為したいわけだけど，一番大きな所に科学的コズモロジーという概念を使っています。それはまさにビッグバンから始まって現在の500万年を経た人類社会に至るまで全体像をどういう風に捉えるかです。その立場から言うと，物質的自然と生物的自然と人間的自然の最大の特徴

は，人間的自然の特徴を表象空間に求めたのですね。言語空間のもう1つ前に表象空間。表象空間はある生物にはあるんですけど，人間ほど表象空間，現在と言うと誤解を招きますけど現在の表象，過去の表象，未来の表象，想像表象空間。このように，人間的存在の根源を表象空間に求めたということもありましたが，今日はそこまでの議論はしなかった。ただ，私の場合は科学的コズモロジーという最も巨大な全体像を考えていて，その中に位置付けていくということになるわけです。

その中で今日議論になり，村上先生も議論されました主体の問題ですけど，僕は30年以上コミットしておりますけど，moody な使い方をしたくないわけですね。やはり科学の立場から主体とは何かと厳密に定義して議論したい。それをずっとやってきておりますので，今日は申し上げませんけれども，簡単に言えば，禅仏教の空の世界というのは，結局人間の人格形成プログラムの非常に特徴的な形式なんですね。だから，我々が日本的な間人（かんじん）主義であるとか，個人主義であるとか集団主義というのは，全部私は自他分節の文化的プログラム，あるいは自他分節の言語的プログラムと呼んでいるわけです。そうすると，そういう言語的プログラムの1つとして禅仏教の空という世界があるわけであって，そういう意味でそれも新科学論の立場に立てば，人格形成のプログラムなのです。人格形成というのはあるわけではなくて，我々が作り上げていくわけです。もう時間がありません。止めます。

最後が，人工物システムの差異。これはですね，随分サイモンを調べました。結論はですね，今はちょっと定かではないですが，一番大きな違いは，サイモンは，二つの大きな違いは人工物システムの秩序原理がプログラムだと断定しきれなかった。プログラム概念を彼は使っているのですが，経営学の中で使っているんですね。私の場合はそうではなくて，生物の世界も遺伝的プログラムでコントロールされている。あるいは脳もプログラムでコントロールされている。人間の社会も。そういう点で，私はサイモンによる人工物の科学という提案を20世紀の新しい科学哲学の非常に重要な業績だと見てます。ところが，科学哲学者はほとんど全然問題にして頂けてないようなんです。ただ，その目で見ても，残念なことに第一に法則概念を明確に規定し

ていない。

　それからもう1つは人工物の概念が私の世代になってくると，オゾンホールも人工物だと捉えるわけですね。そこでやっぱり射程がちょっと違っていると思います。しかし私自身はサイモンの影響で人工物システム科学を考えたわけではないんです。そうではなくて，吉川弘之という東大の総長をやってた人が人工物工学という発想を10年以上も前に出して，それでセンターを作ったんですネ。その人工物工学という発想を全科学に拡張し，かつ工学の概念を認識科学と設計科学を含めた科学の概念に一般化するという形です。

　後で考えると，サイモンも似たようなことを言ってたなということでサイモンも調べました。ただサイモンで一番気になったのは，なぜシステムの科学と訳さずに人工物の科学と訳してくれなかったのかということを言いたいわけです。それで，翻訳者の方にも聞いたら，サイモン自身が認めたんですよ。『システムの科学』と訳して良いかどうか。日本でシステムが流行っているからシステムの方が売れるぞと，簡単に言えばね。それで彼自身は『人工物のシステム』をシステム科学という形で訳すことに承認をしているんですね。非常に僕は残念だったと思うんですネ。

三戸：

　サイモンにひっかけて，一言だけ発言させて下さい。吉田先生の全理論に関係すると思う。私がサイモンに絡めて話をすると，サイモンは意思決定を価値前提と事実前提，そしてオルタナティブ評価，それから選択，こういうプロセスとして捉えている。その時に，価値前提を入れたら科学は成り立たないと言っているが，吉田先生は科学に入れますと言ってる。吉田さんは価値前提を入れて科学になると仰っておられるように私には思えますが。その辺はどうなんでしょうか。

吉田：

　おっしゃるように，価値前提と事実前提は，情報学的な言い方をすれば，価値前提は評価情報なんです。事実前提の中に彼の場合には認知情報以外に指令情報が入っている。指令情報からアクションオルタナティブと言ってい

る。そうすると，そこで価値前提が……

三戸：

　評価情報，認知情報，指令情報と述べられました。あなたの場合は評価の時点で評価となっていますね。その次には今度指令となってる。ところが，これは私の言葉ですれば，decision making ですよ。decision making というのは意思というのがある。知情意の意ですよ。意思というものは根本的に価値自由というものがある。その次に決定というものがある。その時にですよ。指令情報といったら，もう決まってしまっているんですよ。指令はもう決まっている。決定前提と結果の並置に問題がひそむ。

吉田：

　いや，指令情報は，当然普通の指令情報の中からの選択もあれば，指令情報の集合そのものを創るという営みもあるわけです。だから，既に指令情報があって，それを実行するだけだというのも指令情報の捉え方ですし，指令情報の選択集合の中からどの指令情報を選ぶかというのも指令情報問題です。もっと根源的に言うと，どういう指令情報の集合を作るかというのが根源的なテーマなんです。

司会（村田）：

　指令情報について，吉田先生の指令情報の概念は非常に広くて，伝達的な一方方向に流れるというそういう指令も基本には含まれているんですね。先程おっしゃったように選択的な複数の情報の中から選択するという意味での選択肢の集合ということもあって，そこで整理されておられるんですが，三戸先生の問いかけは，その時の意思決定そのものについてどうかという問い掛けではなかったかと思います。また後でお聞きしたいと思います。

村上：

　フロアとのレスポンスの時間がなくなるので，二つのことだけ申し上げます。一つは，非常にいわば低レベルな話です。例えば，企業の方々に安全の

問題を説いた時，トップの方々が必ずおっしゃることは安全が大事なことは分かっているけれども，しかし例えば効率だとか生産性の向上だとかいったような，一般に企業が目標とする価値に比べて，安全というのは常に二義的になり，しかもそれを永続的に価値として掲げ続けるには，自己内で常にインセンティブを持つことが非常に難しい価値であるという風におっしゃるわけです。それなら，いっそのこと，私は相対主義者ですから，絶対という言葉はほとんどここ20年使ったことは無いのですけれども，たまたま今日使ってしまったのですが，そういう意味では第一義に置いて欲しいということが非常に実践的な段階での私の言い分です。

　それからもう一つは，もう少し原理的な問題です。先程から繰り返し吉田先生も，村田先生もおっしゃいましたように価値の相克が起こる。価値の相克が起こった時に，ではどういう風に折合いをつけるかという時に，やはりその最後の所でどちらもが依拠すべき価値としては，やはり安全というのがあって然るべきなのではないかという点で，吉田先生のおっしゃることも非常に良く分かるし，村田先生も相対的絶対性でもちろん結構なんですけども，とりあえず，私は滅多に使わない絶対という言葉を使ったことになります。

司会（村田）：

　ありがとうございました。Practical な意味での絶対性だということで私も全くその通りではなかったかと思います。先程，三戸先生の吉田先生への問い掛けの背景には，私の推測なので間違っていたらお叱りを頂きたいのですが，人間のあるいは組織の意思決定におけるその結果もやはり三戸先生は問題にされていたのではないかと思います。三戸先生が以前から考えていらっしゃる随伴的結果，そして，そこに至るプロセスというものとリーダーとしての責任というそういう問題もいろいろ絡んでくる。そこら辺を含めて情報の物象化という問題も射程に置きながら，サイモンとはいかなるものなのかというものを述べられたのではなかったかと思うんです。それではフロアからの質問をお願いします。

稲村：

　吉田先生と村上先生に御願いしたいのですが。まず吉田先生に2つ。1つはですね，私は午前中の日置先生の報告に対して，何々であるというのが哲学であって，何々であるべきというのが思想であるという考え方。これには反対だということを申したんですが，明確な答えは得られなかったんです。哲学と思想，使い分けることはなかなか難しいことは事実ですんで，吉田先生，哲学と思想の関係についてお考えがありましたら，お教え願いたいというのが一点。

　それからもう1つは，設計科学ということの提唱でありますが，M.ウェーバーからすると価値の介在する認識は科学でないと徹底しておるんだけども，それを科学に位置付けるという考え方。私はかなり説得的だと思っておるのですが，ただ1つ残るのは，やはり先生もおっしゃった価値の相克の問題ですね。ある価値命題が設定できた後はですね，確かに先生がおっしゃるような結果がどうなったかというもので判断できるのだと思うんですが。価値命題を立てるまでに，例えば具体的に経営のレベルで考えた場合に，必ず相克が起こります。賃金を下げるという政策を立てるか，賃金を上げるという政策を立てるとか。これはもう重大な利害関係の問題ですからね，こういう事態を含んだ科学というのはこれはちょっと有り得ないのではないかと思います。その相克の解決そのものが科学とは言えないというのはこれはやっぱりウェーバーの主張が残るのではないかと思うのですが，その点いかがかという所が問題です。

　それから，村上先生も設計科学というものとかなり共通したミッション科学といいますか，お考えになっていると思うのですが，安全というのが最高の価値だという風に言われてたんですけども，かなり安全に包括されるので同意もあるかとも思うのですが，私の考えでは安全というのはあまりにも漠然としていないか。何の安全か，誰の安全かということで，まさに相克が起こるわけですネ。例えば，生態系の安全であるとか，組織の安全であるとか，生命の安全であるとか。具体的なその状況状況に応じて，その安全というのが違ってくるわけですから，その点をどのようにね，あまりにも安全ということが抽象的過ぎるように思うのですがいかがかと思います。以上であ

ります。

奥林：

　神戸大学の奥林と申します。吉田先生と三戸先生にお伺いしたいと思います。私の質問の大前提は，村上先生の言われるプロトタイプの科学観に立った上での質問です。経営学というのが三戸先生が言われましたようにまさにテイラーによって確立されました。そして，テイラーはエンジニアでした。そのフレームワークを我々ずっと受け継いでいると思います。そうすると，エンジニアの発想というのは，今日の吉田先生の言われる設計科学の1つのフレームワークになるだろう。

　しかし，学問として経営学を発展させようとすれば，認識科学としての経営学というものを考えざるを得ない。そうしますと，現在の経営学の発展の中で認識科学としての経営学というものが確立されるのかどうか，確立されうるのかどうか。例えば例として先程サイモンの理論が出てきました。サイモンは経営学者か否かという議論がありますが，サイモンの理論体系というのは，ここで言えば，認識科学的な体系になるだろうと思います。従いまして，テイラー的な発想で経営学を発展させようとしていわば時間をかけ進化をすれば認識科学に至るのでしょうか。それとも別のフレームワークを設定しないと認識科学に至らないのでしょうか。この点をお応え頂ければと思います。

島田：

　龍谷大学経営学部の島田と申します。村上先生にお伺いしたいと思いますが，先生はミッションベイストという感じで，科学とか技術をリードするという形で提題をなさったと思うんでございますけど，先生がご指摘をされていました，例えば啓蒙主義によっていろんな科学上の革命とか問題が起こってきた。そういう風なことから少しですね，ミッションをベースとしてやっていくというプロセスの中で科学の再び変質が起こってるんだという意味を含んでおられるのかどうか。

　そして，またその時に科学と技術がそういう形で引っ張られていくという

ことにですね，科学の非常に順調な発展というものが期待できるのかどうか。この辺どういう風にお考えになっておられるかお伺いを致したいと思います。

藤井：

摂南大学の藤井と申します。吉田先生にお伺いしたいんです。2年前に時間が無くてお伺いできなかったことがありましたので。今日も科学的コスモロジーということをおっしゃったわけですけれども，その時主体については先生も厳密に考えたいとおっしゃったんですが，科学的コスモロジーを展開される時の先生の主体というのはどういうものなのでしょうか。

それからもう1つ。設計科学ということが非常に重要な概念として提唱されているのですが，設計させられるという面があるのではないか。人間が設計するのではなくて設計させられているという問題です。先生の枠組みの中では設計させられるというのも自分のプログラムの中に入っているんだという具合に応えられておられるのかもしれませんが，あえてお伺いしたいです。以上です。

村山：

藤井先生と多少だぶったんですけども，設計科学・認識科学・技能・技術の4極の循環の中に実在するものがあって中々認識できないものがある。先程三戸先生がクーンの世界を言われた。確かにそれをやっていくとなかなか科学にならない。主体の問題も出てくるのです。そこは，3先生に認識できない実在みたいなものをどうしたら良いかと。

司会（菊池）：3先生にそれぞれのことを念頭にしながらまとめのコメントをお願いしたいと思います。三戸先生からお願いします。

三戸：

奥林先生からの質問ですが，正確にはご質問の意味が分かりませんが，私流に答えさせて頂こうと思っているんです。管理とか組織とかそういう現象

は私は科学的な接近というものではできない。何故できないのかというと、科学的な接近というのは分化し、細分化し、専門化して可能ならば数値でもってこの通り間違いありません、とします。この限りは正しいですよというものだと、私は科学的な接近をこのように思っています。そしてそれで出来上がった成果を科学だと思っています。テイラー以降の科学というのはそのようなものが主流になっています。そうすると組織とかあるいは管理とかいうものは、分化し細分化し、どこまでも細分化していくことができます。

そして、科学の場合はそれを数値化することになるけれども、全体としてまた根源的にどうなっているかの知は不可欠であるが、科学的なアプローチからは出てきません。それは何らかの特定の価値と統合する、例えば経営学などがやっているのは機能という価値でもってそれを統合すればこのように統合できますという限りであるけれど、しかし、根源的本質的な把握というレベルでの管理や組織の認識というものは、哲学的な接近でなければ私は管理というものは答えることができないし、実際の管理や学説史というものを見てもはっきりそのことが現れている。私はそのように思っています。

吉田：

奥林先生のお話につきましては、結論はですね、私が申し上げた認識科学、設計科学、技術、技能の上昇変化下降変化、要するにあっち行ったりこっち行ったりするというこの基本認識が1つあると思います。むしろ歴史的にいっても本日、村上先生がご指摘のように、例えばある段階、全く認識科学と無関係に技術が登場しているわけですよね。

ところが、それが認識科学を踏まえて技術が自生的技術から科学的技術へと動きがあるわけで、どっちも可能性があるわけですよ。そうすると、それぞれの分野で、どちらの可能性が高いかというのを、アプリオリに判断することができないと思いますね。従って、当然その技術的なところからスタートした経営学が認識科学として純化するために、何らかのやっぱり断絶が必要であると考えるべきかどうかというのは、現場の研究者の判断によるしかない。僕みたいな局外者が一概に言える問題ではないと思います。私は両方の可能性があると思いますね。

それともう1つはですね，やっぱりその時に大前提として認識科学と設計科学のどっちが科学として上だという議論を避けたい。場合によると，認識科学が本来の科学で設計科学がその応用だと。私としては認識科学と設計科学は対等に見たいわけです。状況的にどちらかにウェイトがかかることはありえます。

しかし，原理的には認識科学と設計科学は同格です。場合によったら，全ての認識は実践のためだというテーゼに立つならば，今僕の言った議論とは違うのですけれど，認識科学こそが設計科学の僕（しもべ）にならなくてはいけないという議論すらできる状況になってきていると思います。だから，少なくとも私は対等。依然として皆さん認識科学の方が上だと思っておられる可能性があるわけです。そういう風に考えるべきではないということを言いたいわけです。

稲村先生の思想と哲学。あるべき姿とあるがままの姿と両方あると思います。例をあげます。例えば日置先生がおっしゃった考え方，つまり哲学ですね。哲学も論理学のようにあるべき姿を論じているのもあれば，そうでない事実を踏まえたようなものもある。それから思想の場合もですね，例えば私は進化様式が進化してきたということを言ってますけれども，これは科学の基礎命題ととることもできるし，ある意味ではあるがままの思想なんですよね。そういう点で言えば，日置先生がおっしゃった哲学と思想のどちらにもあるべき姿を論じる場合とあるがままの姿を論じる場合がありうるという風に見るのが事実に近いのではないかと思っています。

それから価値の相克に関しては2つありまして，1つは，価値の相克がどのように解決されたかの実証研究の蓄積が絶対いると思います。つまり，価値の相克があった場合に，この企業はなぜこちらの選択をしたかの，まさに当事者の視点に立ったケーススタディが絶対欲しい。

そして，その中から価値の相克の解決についての経験的な命題が出てまいります。それと絡ませながら，あるべき価値の相克の解決についての設計科学を構想する。少なくとも科学とは一義の解を出すものが科学だというものはとっくに僕は崩れていると思っていますから，そういう点で言えば，多義的な解も科学の中にあっておかしくないと思います。そういう点でいえば，

価値の相克についての認識科学,これはかなり一義の解が出る可能性があるけど,国によって違う可能性がありますね。統合の仕方が。それから価値の相克に対する設計科学も国によって違うかもしれませんが,一義の解が出なくてもそれでも僕は科学の範疇に入れるべきだと思います。そこまで科学は柔軟になってきていると僕は言いたい。

それから,その次は主体ですね。私は格好良く言えば,私が的を射るのではなくて矢が的に刺さっちゃったという,つまり禅仏教的な表現を使うこともできます。しかし,少なくとも私としては自覚的にはいわゆる学問的実存主義者でして,一回限りの自分の人生をいかにして自由に投企するかと,一切の制約無しに自由に投企してその一切の責任を自分で引き受ける。場合によっては,駄目な事を言って学会から放逐されることも含めて責任を取るという立場ですから,そういう点では自覚的には自分で選択したという意識が強いですね。

しかしながら,一歩下がって,科学者としてではなくて人間の立場として振り返った時に,今日は生命論に関して村上先生は物凄い人間的な発想をされました。日置先生が社葬という立場もあるとおっしゃいました。科学者の立場では,非常に象徴的だったんですけど,人間の立場に立てばおっしゃるように私は私の科学論を設計させられているのだと思います。それは現実そのものが私に迫ったんだという風に考えるような考えに落ち込むような時が無いとは言えません。そういう答えです。

村上：

最も明確なのは誰のための安全かという話です。安全にも当然のことながら価値の相克があるということは,おっしゃる通りです。その時に最終的にどこまでの範囲の安全を考えているか。私はできるだけコンテクストを広げていく中で,個人の安全,社会の安全,組織の安全,それから地球全体の安全というような時に,その間のバランスを図るような形で考える。

だけれども安全という価値だけは崩さないという姿勢でトレードオフをやっていく以外に手が無いと思います。その点で,私は全く一義の解が無いということは繰り返し申し上げていることです。ただ,安全もまた相対的に

コンテクストの中で，いわば相克を起こしうるというご指摘は全くその通りです。ただ，島田先生のご指摘でミッション・オリエンテッドな科学は，ともすればミッションを設定したものの方向に引きずられる可能性があるのではないかということが，暗黙のうちにおっしゃりたかったんだろうと思います。私もその通りだと思います。ですから，全てのミッション・オリエンテッドなサイエンスが理想的に動いていると申し上げるつもりは全くございません。

ただ，結局それもやはり同じ事を言うようですが，私は安全という価値と結びついている時に始めて，ミッション・オリエンテッドな科学というものが機能しうるという風に考えておりますし，それから，もう一つだけ，実はそこには現代の情報開示，それからITによるデジタル化された情報を誰もがアクセスできるというそういう開かれた状態というものに一つの望みをかけています。つまり，何らかの形でミッション・オリエンテッド・サイエンスがある安全の価値に対して非常に危険であると判断する人たちがいた時に，それが十分に議論の場にのせられる可能性というプラットフォームが，我々情報の開示という前提の上に開かれつつあるということが私の一つの望みです。

これはご質問無かったのですが，付け加えさせて頂きます。最近，レギュラトリー・サイエンスという分野が非常に重みを持ち始めました。これはサイエンスと名付けられていまして，サイエンスと名付けるのはけしからんと言った人はいません。しかし，レギュラトリーですから，ダイオキシンの濃度をどこまでにしたら，比較的社会と個人の安全を守れるかというような時に，それは政策上の意志決定もあるし，経済・財政上の意志決定もあるし。そういうものを全部の総合的な判断としてこの辺りに数値を落ち着けたら何とかなるでしょうというようなことを考えていくためのサイエンスですが，これも唯一解があるわけでもない。しかし，これが非常に大事なサイエンスであるという点では，ほとんど今反対する人はいないように思います。

司会（菊池）：本日は，大変多岐にわたって，しかも興味深い議論をしっかりしていただき，本当の意味で，この問題への新たなる探究のいとぐちが少

しつかめたような気がいたしました。
　長い間ありがとうございました。これで，このシンポジウムを終了いたします。

第Ⅴ部　経営哲学自由論攷

17 経営哲学が支えた組織改革
―― 伊藤忠商事の事例研究を通して ――

高 橋 量 一

1. はじめに

　一昨年，創業以来終身雇用制を堅持し続けて来た松下電器産業が，終身雇用制を見直し，早期退職優遇制度の導入を発表したことは，従前型の日本的経営モデルの終焉を告げるシンボリックな出来事だった。発表の席上，同社の川上徹也取締役は「20世紀，事業部制で大成功を収めたが，もはや技術一つを取っても事業部制だけでは完結しなくなった。早く21世紀にふさわしい経営スタイルを持つ会社に生まれ変わらねばならない」(『日経産業新聞』2001年8月6日)と語っている。一昨年6月に就任した中村邦夫同社社長も「終身雇用に代表される従来の経営モデルから脱却することを宣言」(NIKKEI NET) している。新しい経営モデルを模索しているのは松下電器産業だけではない。

　本報告の目的は，伊藤忠商事において丹羽宇一郎社長を中心に進められつつある組織改革の事例研究を通して，わが国企業が進むべき新しい経営モデルの一例を提示しつつ，先の疑問に対して，ささやかながら現時点での一つの答えを与えることにある。

　本報告では上の目的を達成すべく，経営哲学にまで踏み込んだ考察を試みている。急激に環境が変化し，混沌として先行きが読めず過去の成功を頼めぬ状況下では，混沌の中から組織がどのような物語を紡ぎ，どのような世界を描くのかが重要である。これはすなわち意味形成の問題である。更には組織が物語を紡ぎ世界を描く際に最も頻繁に用いられる意味形成のフレーム，すなわち経営哲学の問題であると考えるからである。

2．伊藤忠商事の概況

　伊藤忠商事では，新規事業を立ち上げる一方で，低効率・不採算資産の圧縮を加速させ，敢えてハードランディングな経営リストラを断行した。「2000年3月期からの2期で，単純計算で約320の子会社が消える。今期（2001年3月期）計上予定の子会社整理損は800億円にのぼる」(『日本経済新聞』2000年2月17日)。

　このような激しい改革の成果は着実に現れ始めている。有利子負債は，1998年3月には52,492億円であったが2001年3月には30,705億円とおよそ40％も減り，当期純利益は売上高が減少する中で1997年度以降3期連続の赤字を脱却し，705億円の黒字を計上するに到った。

　続いて組織改革の流れを，伊藤忠商事に密着する形で探ってみよう。

3．eメールによる直接対話

　丹羽氏は社長就任以来，eメールを使って社員に直接話し掛けてきた。丹羽氏はeメールによる直接対話という手法を取り入れた理由を大きく2つ挙げている。一つは「経営トップの考え方を末端の社員にまで伝えたかった」(NHK, 2001) からであり，もう一つは，トップの「顔色を見てなにも言わない部長などの中間管理職では果たせない役割」(竹中＆丹羽, 2000) を果たすと考えたからである。

　最初の理由について考えてみよう。Weick (1978) は，環境をどのように把握するかがリーダーシップの最も重要な役割であると述べている。Smircich & Morgan (1982) は，「リーダーシップとは，準拠点 (a point of reference) を生み出すこと」(p.258) であると主張している。Thayer (1988) はまた「リーダーとは部下が世界に"気を配る (mind)"仕方を変えたり，導いたりする人」(p.250) であると述べている。これらはいずれもリーダーシップについて組織の認識という観点から述べたものである。こうした観点に立てば，リーダーはメンバーに対して常時かつ継続的に，① 環

境からどのような手掛りを抽出し，② それをいかに解釈すべきなのかを方向付けることが任務となる。

 e メールはこれまでの情報伝達ツールと比較して，リアルタイム性，使用頻度を増大させることの容易さ，ローコスト，双方向性，伝達相手の選択可能性という点で圧倒的に優っている。丹羽氏は，e メールのこうした優位性を極めてうまく活用し，優れたリーダーシップを現実のものとしている。

 続いて二つ目の理由について考えてみよう。退任記者会見でダイエーの中内㓛氏の口から溢れたのは，「(ダイエーには)何でもあるが欲しいものは何もない」(『朝日新聞』2001年1月31日，括弧内は引用者)，「消費者の側に立ったサービスが徹底されていなかった」(『朝日新聞』2001年1月31日)という言葉だった。トップが「現場の活動や実態から得られる状況認識いわば現場知」(遠田，1999)を得ることの難しさを物語っているといえよう。

 丹羽氏の認識が，さまざまな現場知に支えられていなければ，丹羽氏の構想が単なる机上の空論に終わってしまう可能性もある。伊藤忠では e メールの持つリアルタイムな双方向性がトップの現場知獲得に大きく貢献している。

4．休日対話集会

 丹羽氏の直接対話は e メールだけに止まらない。休みの日の朝9時から夕方5時までを通して経営トップと社員が直接対峙する休日対話集会もその一つである。そこでは互いの主観と主観が真っ向からぶつかり合っている。

 実際に休日対話集会でディスカッションの俎上に乗っていたテーマは，数値化されたような客観的データに基づいて議論されるべき性格のものではなく，むしろそれぞれの主観的な意見を戦わせて収斂させていく以外に方法の見付からない内容が多い。言わば経営哲学とでも言うべき内容を話し合っている訳で，客観的に甲乙をつけられるような性格の問題ではない。客観的で比較的単純な情報の共有と，メンバーの物の見方や考え方を左右する経営理念やビジョンの共有とは分けて考えられるべきだろう。どちらが組織の行動ひいては命運を左右するかと言えば，後者の経営哲学にかかわる問題であ

る。

　Weick（1995）は，単純なデータ不足による不確実性の問題に対処するには「あまりリッチでない没人格的メディア」（Weick, 1995, 訳, p.134）が，より高度で複雑な組織における意味形成に関わるような多義性の問題に対処するには，「会議や直接的会話といったリッチで人間的なメディア」（前掲訳書，p.134）が優れていると主張している。このように考えてみると，巷間ムダのように思われている会議が実は重要な役割を果していることが分かってくる。

　伊藤忠商事における休日対話集会は，eメールなどの電子的情報交換だけでは十分には果たすことができない多義性の問題に対処する場であると考えることができる。

5．レスポンス・レパートリー

　レスポンス・レパートリーとは，一般に人が注意や関心を向ける対象の広さを言う。レスポンスレパートリーは，① 当人が情報を発信し，② それに対する適切なレスポンスが寄せられ，③ 何らかの感じ取れる変化が生ずるというプロセスを経て広がっていく。

　丹羽氏は「正直に物を言える雰囲気ではなかった」伊藤忠商事でeメールや休日対話集会，更には「辻説法」（竹中＆丹羽，2000）と称する廊下や食堂などでの行き当たりの対話などを通して，社内のそうした空気を一掃すべく努めてきた。同時に，社員から発せられた情報に対しては間髪いれず適切なレスポンスを返し続けてきた。物を言いやすい雰囲気の醸成と丹羽氏からの現場知に基づいた適切なレスポンスが，社員のレスポンス・レパートリーを拡大していった。

　一例として，丹羽氏による経営資源の集中配分政策（伊藤忠商事ではA＆P戦略と呼んでいる）によって縮小すべきと位置付けられた化学品部門から，将来性があると思われる生分解性プラスチック事業が新たに誕生した経緯を紹介しておこう。事業立ち上げを調査するきっかけは丹羽氏から全社員宛ての「利益が上がりそうなことを考え出せるのであれば予算をつける」と

のメールであった。このメールは丹羽氏の「ワクワクドキドキするような仕事はみんなから出てくるものであって，上からの指示で生まれるものではない」という考えに基づいている。生分解性プラスチック事業はたびたび苦境に陥るがそのたび毎に丹羽氏から現場知に溢れた励ましのメールが届いた。こうして生分解性プラスチック事業は棄却されることなく継続されたのである（NHK, 2001）。

6．チームワーク

Drucker（1985）は「いくつかの異なる知識の結合」（訳, p.177）によるイノベーションを重視し，Schumpeter（1928, 1947）は「新結合」を通しての創造的破壊こそが企業家の役割であると主張している。彼らが説いているのは知識を結合することの重要性である。

幹部社員からストックオプション制度の導入を打診された時，丹羽氏は「業績を上げた個人に極端に高い給料を支払うアメリカ型経営では，チームワークが成り立たず，いつかは行き詰まるだろう」（NHK, 2001）と述べて言下に退けている。また丹羽氏は，若手社員を相手に「サラリーマンほどいい仕事はない。というのはチームで仕事ができるからだ。みんなの力で仕事をまとめるからサラリーマンは素晴らしい」（NHK, 2001）とも語っている。これらの言葉から，丹羽氏は報酬格差拡大の刺激がもたらす個人の閃きによるイノベーションよりも，チームワークに力点をおいた知識の新結合によるイノベーションを重視していると考えてよいだろう。

TRONの開発で名高い坂村（2001）は，「ホンダがつくったアシモというロボット，あるいはトヨタのプリウスというハイブリッドカーは，いずれも世界の人々が注目しているものだが，『誰がつくったのか』と問われて答えられる人はどれだけいるだろうか。おそらく一般の人は，個人の名前が浮かばないに違いない。なぜか。開発が個人ベースではなく，チームで行われているからだ」(p.29）と述べている。またVogel（1979）は，「日本の成功を解明する要因を一つだけ挙げるとするならば，それは集団としての知識の追求ということになるだろう」（Vogel, 1979, 訳, p.47）と主張している。

これらの主張は，日本の強みがチームワークによる知識の新結合に基づくイノベーションにあることを述べているのに他ならない。

確かに近年アメリカに経済的成功をもたらした理由の一つとして，多大な報酬格差による競争原理に重きをおいたシステムを挙げることはできよう。しかし，かつて日本に奇跡的と言われた経済的成功をもたらしたのは多大な報酬格差ではなかった。アメリカで成功したという理由だけで，過大な報酬格差を安易に日本に持ち込むことは，自らの強みであるチームワークによる知識の新結合を破壊しかねないがゆえに極めて危険であると言わざるをえない。

先の生分解性プラスチック事業では，化学品部門だけではどうしようもないと思われる難局に差し掛かった時，全社宛てに化学品部門からアイディアを求めるメールが発信された。機械部門，農業資材部門などさまざまな部署から数多くのアイディアが提供され，2002年春，ついに生分解性プラスチック事業は立ち上がるに到ったのである。

7．おわりに

トップのリッチな現場知に基づいたレスポンスが，現場レベルのレスポンスレパートリーを広げ，それによって新しいビジネスの欠片があちらこちらで見つかり始める。欠片を種として育んでいくのがチームワークである。また，部門を越えた連携が生まれ始めると，部門を越えて現場知が共有されるようになる。共有された現場知によって互いのレスポンスレパートリーはさらに広がっていく。そのことが更なる欠片の発見を促し，新たなチームワークの形成へと結びついていくのである。

こうした伊藤忠商事における流れは，丹羽氏の経営哲学に支えられているのである。丹羽氏は「従業員の幸せを考えている点で日本企業は海外の企業に勝っている」（竹中＆丹羽，2000）と主張している。社員が安心感を持って知恵を出し合い，協力し合いながら社内ベンチャーを立ち上げて行く。行き過ぎた個人主義によってチームワークの精神が破壊されれば，それはわが国にとって極めて悲劇的な事態であると言わざるを得ない。闇雲にアメリカ

の真似ばかりをするよりも，日本に合ったモデルというものを研究し，それを合時代的に捉え直して運用した方が，わが国企業の多くはうまく行くのではないだろうか。本報告がささやかながらも新しい日本的経営モデルの創出に貢献できるのであればこれに勝る幸いはない。

参考文献・映像資料

遠田雄志（1999）「映画『八甲田山』に見るミドルの役割」法政大学産業情報センター紀要『グノーシス』第8巻。

坂村　健（2001）『情報文明の日本モデル，TRONが拓く次世代IT戦略』PHP研究所。

竹中平蔵&丹羽宇一郎（2000）「21世紀のエクセレントカンパニーの条件」『週間エコノミスト10／17号』新潮社。

NHK（2001）『NHKスペシャル　直接対話が巨大商社を変える』NHK総合テレビ6月3日放送。

Drucker, P. F. (1993) *Innovation and Entrepreneurship,* Harper & Row.（上田惇生訳『[新訳]イノベーションと起業家精神（上・下）』ダイヤモンド社，1997年。）

Schumpeter, J. A. (1928) *Unternehmer, Handwörterbuch der Staatswissenschaften.*（清成忠男訳『企業家とは何か』東洋経済新報社，1998年，1-51頁。）

Schumpeter, J. A. (1947) "The Creative Response in Economic History," *Journal of Economic History,* Nov. 1947.（清成忠男訳『企業家とは何か』東洋経済新報社，1998年，85-107頁。）

Smircich, L. & Morgan, G. (1982) "Leadership: The Management of Meaning," *Journal of Applied Behavioral Science,* 18 : 257-273.

Thayer, L. (1988) "Leadership/Communication: A Critical Review and a Modest Proposal," In G. M. Goldhaber & G. A. Barnett (eds.), *Handbook of Organizational Communication,* Ablex.

Vogel, E. F. (1979) *Japan As Number One : Lessons For America,* '79, Harvard University Press.（広中和歌子・木本彰子訳『ジャパンアズナンバーワン―アメリカへの教訓』TBSブリタニカ，1980年。）

Weick, K. E. (1978) "The Spines of Leaders," in M. W. McCall & M. M. Lombard (eds.), *Leadership : Where Else Can We Go?* Duke University Press.

Weick, K. E. (1995) *Sensemaking in Organizations,* Sage.（遠田雄志・西本直人訳『センスメーキング　イン　オーガニゼーションズ』文眞堂，2001年。）

高橋量一氏論攷へのコメント

関　口　　　功

　報告者は近年における伊藤忠商事を事例として研究を行われ，大会当日その経営方式をモデル化して報告されるとともに詳細な別添「報告資料」をも提出された。それらはその後の研究結果とあいまって，『経営哲学論集（第20集）』に収録されるところとなろう。コメントを担当した者として大いに期待をよせるところである。ここでは当日の報告に対して行ったコメントの要点を記すこととする。報告者は近年における伊藤忠商事の経営方式を新しい経営哲学によるものとして報告しておられる。果たしてそうであろうか，疑念を抱くところである。

　第一は報告者により指摘される「直接対話の重視」である。直接対話に依って実現することになる「上下の意志疎通」は日本的経営の最大の特徴の一つとして内外から広く評価されてきた。例えばロベール・ギランはその著書（1970）で「日本の労働者は被雇用者の立場にありながら，会社の経営方針の変更や新事業の企画にあたってかなりの程度の参画の機会があり，この意味において労使関係は西洋諸国以上に民主的である」とし，稟議制をその例としてあげている。また報告者が引用されているエズラ・F.ヴォーゲルの著書も，具体的にその施策を数々記している。

　第二点としてあげておられる「現場知の吸収と発揮」についても同様であり，日本独特とされる「定期異動」また絶えざる「現場視察」を通じ怠る事なく行われていた。

　第三の「チームワーク」については，報告者自らがヴォーゲルの著書の引用によって従来からの日本の，言わばお家芸であつた事が報告されている。これらは何れも一企業への終身関与が実現する終身雇用制，役員の社内登用制を基盤として，日本的制度の下において従来から経営のネライとして来た

ものである。報告者があげるeメールの使用，或いはこれと直接対話との結合は確かに新しい有力な手段である。しかし乍ら経営哲学のレベルにおいて考察する時それらは決して画期的と言い得るものではない。日進月歩の技術革新が進み国際競争が激化の度を高める時，今後広い範囲において経済構造の改革が要求されることは必至である。その情況下において，これに適応し得る経営哲学とこれを実現する為の経営手段は，従来の踏襲であってはならない。それらが模索され実現される日を待望するものである。

18 コーポレート・ガバナンス論の源流をもとめて
―― R. イールズの所論を中心として ――

牧 野 勝 都

本文要約

　エンロン，ワールドコムなどの経営破綻により，改めてアメリカにおいてコーポレート・ガバナンスのあり方が問われている。このような状況の中で，もう一度，コーポレート・ガバナンスの根本的な問題はどこにあるのかということを考察しておくことは重要であると考えられる。イールズ（Richard Eells）は1960年代に明示的に「コーポレート・ガバナンス」という用語を用いて，独自の理論展開をしていた。イールズは，立憲主義の立場でコーポレート・ガバナンスの問題を把握していた。コーポレート・ガバナンスの問題を経営者と株主の問題というような狭義の問題としてとらえず，その視野は人類の自由を見据えていた。今日のアメリカにおけるコーポレート・ガバナンス論議では自由市場資本主義あるいはその法的根拠に対する不信が高まっている。イールズが展開したコーポレート・ガバナンス論の問題意識はこの状況と密接に結びついているものと考えることができる。

1. はじめに

　コーポレート・ガバナンスをめぐる議論は，古くは，株式会社形態そのものへの批判を行ったアダム・スミス（スミスはエージェンシー理論の始祖と位置づけることができる），経営管理と統治の違いを指摘したファヨール，所有と経営の分離が進行していることを指摘したバーリ＝ミーンズ（会社支配論という研究領域を開拓した）らにその源流をみることができる。しかし

ながら，あえて「コーポレート・ガバナンス (Corporate Governance)」という語を用い，議論を展開したという意味では，1962年のイールズ (Richard Eells) による『企業の統治』(The Government of Corporations) を重要なコーポレート・ガバナンス論の端緒のひとつとして位置づけることができる。

イールズは，1962年当時，「コーポレート・ガバナンスの研究は，政治学の特殊な分野として，新しい学問分野の輪郭を獲得し始めたばかりである。経営管理 (business administration) についての体系的な論文は存在するが，コーポレート・ガバナンスに関する比較しうる文献はまだない。」と述べていた。そして，「(コーポレート・ガバナンスという) 新しい言葉で，企業を理解するという努力は学会と企業の連携した努力を必要とするだろう」と述べ，「両者は現在進行中のコーポレート・ガバナンスの理論的分析と実践的観察についての責任を共有しなければならない」と主張していた。

本報告では，イールズによるコーポレート・ガバナンス論を跡づけるとともに，現在のコーポレート・ガバナンス論争との接点を考察し，コーポレート・ガバナンスの経営学的基礎構築のための第一歩としたい。

2.『ビジネスの未来像』におけるコーポレート・ガバナンスの位置づけ

『企業の統治』に先立って出版された『ビジネスの未来像』ではコーポレート・ガバナンスが企業を考察するより大きなフレームワークのもとでとらえている。そこでは，企業は国家，教会，軍隊といった伝統的組織と異なり，「哲学」を持たないことが強調され，その哲学の探求が重要な課題として把握されている。そして，企業の基礎的研究として，① 企業目標，② 企業のエコロジー，③ 政策過程，④ 戦略的決定，⑤ 企業統治体，の5つをあげており，コーポレート・ガバナンスの重要性をすでに指摘している。「……これまでほとんど理解されていない企業統治—企業統治体に関する構造と機能—の問題である。企業統治体に関する科学の展開は，政治学の展開や，あらゆる社会関係の研究領域と同様に，ほとんど未知の領域への踏査を

意味している。しかし，今世紀の間にわれわれは，私的統治体の実態を全般的にかなり見通すことができるようになりそうである。企業統治体理論の発展は，政治学史上それ自体の新しい重要な一領域となるであろう。」とみていた。

イールズは周知のように，『ビジネスの未来像』において，伝統的企業，メトロコーポレーション（母胎企業），協和的（well tempered）企業の3つの企業モデルを展開している。そして，それぞれの企業モデルに関連して，コーポレート・ガバナンスの議論を断片的に議論している。しかしながら，『企業の統治』では，この区分による議論がほとんど行われていない。

3．企業を統治という観点からとらえるという概念

イールズによれば，統治という概念で企業をとらえていくという考えはすでにラムル（Beardsley Ruml）の『明日のビジネス』（*Tomorrow's Business,* 1945）にみることができる。ラムルは「企業は統治体である，なぜならば法律の下で企業は企業の義務の運営のためのルールをつくるために権限が与えられ，組織化されるからである。企業は私的統治体である，なぜならば法律の下で企業がつくるルールは決定的であり，任意の公共体によって検討されるものではないからである。若干の人は企業が私的統治体である理由は企業が私的諸個人によって所有されているためであると言うかもしれない，しかしながら，私には私的権限（private authority）が所有の問題よりもより重大であると思われる。」と述べている。

4．企業統治とは

イールズは「コーポレート・ガバナンスという問題はビジネススクールのカリキュラムの一部分にならなければならないのは今や明らかである」と述べ，「マネジメントの科学およびORの重要性を軽視することなく，企業のエグゼクティブの訓練に対する新しい次元，すなわちコーポレート・ガバナンスのアートと科学，を加えるための機は熟している。」と考えていた。

イールズは「企業統治体は法人形態をとって遂行される高度の専門化された企業活動を管理するために作られる。」と位置づけるとともに、「個人所有から法人所有への移行に際して、法人企業の内部統治の原理に十分注意が払われることはなかった。」と述べている。そして、コーポレート・ガバナンスの本質については、「企業の現実の検討は企業統治の本質を決定する上で役立つであろうが、この規範的な側面における中心的課題は、企業に関する理想的目標を設定することである。それはだれの機関なのか？　それとも社会の機関なのか？　それともその目的は、理想的には社会のごく限定された利益、すなわち、株主の利益がその主要なものであるというような利益への奉仕なのか？」と問いかけている。また、コーポレート・ガバナンスのあり方については、「企業という統治体をそれぞれの企業の自発的にさまざまな仕方で純粋に内側から改革していくことによっても、それは達成できるであろうし、むしろその方が望ましいであろう。」と考えていた。

　イールズは『ビジネスの未来像』において、「会社の内外を問わず、産業企業という統治体についての関心が高まりつつあることは予測できることである。しかし、このことの理由は、<u>企業経営者による権力の濫用という問題</u>であるよりは、さまざまな個人および自由な結社によって特徴づけられる社会全体における、人間の諸問題を管理する権限と責任との配分というより大きな問題が出てきたためである。（下線は報告者）」と述べているが、この視点は『企業の統治』にも引き継がれている。

5．おわりに

　イールズはコーポレート・ガバナンスの問題を政治学の領域として認識していた。注目すべきことは、近年盛んに行われるようになってきたNPM (New Public Management) における議論ではコーポレート・ガバナンス論争における成果を公的部門に取り入れている傾向にあることである。そして、「ガバナンス」という概念がより広い領域における議論として深められるようになってきた。その意味では、イールズの認識は正しかったと考えることができる。一方、エンロン、ワールドコムなどの経営破綻により、改め

てアメリカにおいてコーポレート・ガバナンスのあり方が問われている。イールズは「正義と公正な取引についての有力な規範と一致したコーポレート・ガバナンスを修正するための企業社会内部での実のある努力と結びついた企業の自律性が，永久の人類の自由および人とその財産の権利の保護のための手段となりえる」と述べているが，今日のアメリカにおけるコーポレート・ガバナンス論議と直接結びつく見解であろう。

参考文献
Richard Eells (1960) *The Meaning of Modern Business: An Introduction to the Philosophy of Large Corporate Enterprise*, Columbia University Press.（企業制度研究会訳『ビジネスの未来像』雄松堂書店，1974年。）
Richard Eells (1962) *The Government of Corporations*, The Free Press of Glencoe.
Richard Eells and Clarence Walton (1974) *Conceptual Foundations of Business*, Richard D. Irwin, Inc., third edition.

牧野勝都氏論攷へのコメント

櫻 井 克 彦

　牧野教授の報告は，コーポレート・ガバナンスについての体系だった経営学的研究の先駆者といってよいリチャード・イールズを取り上げ，コーポレート・ガバナンスをめぐるかれの所説とその今日的意義に関するものである。コーポレート・ガバナンス問題が経営学，経済学，法学，会計学，等の学問領域で論じられて久しいが，そこでの論議はともすると問題の焦点が，株主もしくは，株主を含む幾つかのステークホルダーと企業との関係，公正と経済的効率の面での経営者の規律づけの必要性と規律づけのための方策，取締役会や監査役（会）といった会社機関の改革，等に置かれがちである。この点で，現代の優れて組織化された社会における巨大組織にみられる統治的特質に着目し，自由にして民主的な社会経済との係わりのなかでのコーポレート・ガバナンスのあり方を論じるイールズを振り返ることは，コーポレート・ガバナンス研究の更なる進展にとり少なからぬ意義をもつと考えられるのであって，ここに牧野教授の報告に大きな意味と価値を見出すことができる。

　イールズは，その数々の著作で現代企業の実態とあり方を鋭く探求するが，コーポレート・ガバナンスを巡っては，大著 *The Meaning of Modern Business* において，現代企業の本質の解明のためには少なくとも，企業目標，企業生態学，政策過程，戦略的決定，およびコーポレート・ガバナンスの5分野での研究が必要であるとする。そして「会社学のもっとも理解されていない局面の1つは，コーポレート・ガバナンス，すなわちコーポレート・ポリテイの構造と機能である。」という。ただ，1960年刊の本書にあっては，コーポレート・ガバナンス問題の考察は部分的に試みられるに止まっており，その体系的考察は，牧野教授の報告にあるように1962年に出た

The Government of Corporations でなされることになる。そこでは，今日の大規模株式会社企業が社会からひとびとと事物の管理運営に関する大きな権限を付与されており，統治を行うに至っているとされるとともに，企業に対する権限・権力の付与，およびかかる権力の拘束の問題を自由で民主的な社会で抱かれる価値と理想に照らして検討することが企業研究にとって喫緊となっているとされる。また，企業権力の拘束のための方策が，企業憲法，企業における権力分散，アカウンタビリティ，私的権利の保護といった項目に分けつつ論じられている。

　こうしたイールズの政治学的色彩の強い研究を経営学研究にどう位置づけ，更に発展させるかは，コーポレート・ガバナンス研究の1つの重要な課題であるように思われる。牧野教授の研究の発展を期待する次第である。

19 日本的企業統治の「戦時期源流説」批判

高 橋 公 夫

本文要約

　企業統治の日本的特質とはいったい何であり，それにより今日に及ぶ日本的企業統治はいつ，どうやって形成されたのか。本報告は，わが国企業統治の生成に関する岡崎哲二のいわゆる「戦時期源流説」を取り上げ，その歴史的パースペクティブを批判し，問題のさらなる深化を試みるものである。岡崎の主張の根幹は，戦前の日本企業の統治構造はアングロ・サクソン型に近かったが，戦時動員体制によってそれが日本的にゆがめられたとするものである。したがってその政策的含意は，戦中・戦後の日本型に代って再びアングロ・サクソン型を志向するにいたっているとするのである。

　これに対しては，すでに戦後形成説に立つ橋本寿郎・宮島英昭による批判が存在する。しかし，その議論には戦前からの資本主義企業における一般的発展傾向である個人所有から機関所有への推移と，江戸時代の商家経営以来の惣有制という日本的特質への理解がかけているため，「なぜそうなるか」についてははっきりと答えられていない。

1．「戦時期源流説」の虚構性

　戦時期源流説への疑問は次の3点に要約することができる。① 戦前日本の企業統治は本当にアングロ・サクソン型だったといえるのか，② 戦時動員体制はいかなる意図のもとに推進されて戦後の企業統治に影響を及ぼしたのか，③ 戦後はなぜ，戦前のアングロ・サクソン型企業統治が復活しなかったのか。まず，前2者について検討し，次いで戦後の問題を明らかにす

る。
　(1) 戦前はアングロ・サクソン型か？
　戦前日本の企業統治システムには，財閥型と非財閥型があった。いずれにしろ，いわゆる株主主権といえる所有の論理，財産の論理が支配的であった。経営者企業といえども，経営者は株主である取締役のモニタリングを受け，人事権を握られていた。つまり，所有と支配の分離にまではいたっていなかったのである。その意味では，古典的資本主義たるアングロ・サクソン型により近かったということはできる。岡崎哲二は，そのなかでも財閥系企業の日本経済に占める比重はそれほど大きなものではなく，傘下企業の統制も内部資本市場によるモニタリングによって有効に機能していたので，変則的ながら普遍的な市場の論理で一貫してとらえられると主張している。
　① 財閥の所有支配の特徴
　しかし，日本の企業システムを特徴付けるものは，やはり財閥に特有の所有と経営・支配の構造であった。確かに財閥の所有構造は同族的所有支配であったが，その所有支配の性格は独特のものであった。すなわち，近年の日本経営史の研究によると，財閥とくに江戸時代の商家から発展した三井のような老舗においては，「惣有制」という独特の所有と経営・支配にかかわる論理が貫いていたことが明らかにされている。惣（総）有制（Gesamteigentum）とは，安岡重明によると「共同所有の一形態であって，財産の管理と処分の権能が共同体に属し，共同体構成員各人には属していない場合の所有形態である」とされる。つまり，持分所有者に収益権は認められるが，処分権は認められないのであり，利用権は最もふさわしい能力のある者，たとえば番頭に任されるのである。これが，江戸時代の商家経営以来の日本的企業統治における一貫した特質であった。戦前の財閥経営は，家産の惣有的所有という共同体的統治を維持するために必死の努力を重ねてきたのであり，それが財閥の閉鎖的所有構造の秘密であった。また，三菱のような明治以降に生成した財閥やさまざまな中小同族経営においても，惣有制の論理は意識されていた。
　② 惣有制と近代化
　こうした惣有制が，明治以降の近代化・資本主義化のなかで，いかにして

存続し，日本的な企業統治を形成したかに関しては，明治期に制定された旧民法・商法との習合の過程にその一端がうかがえる。安岡重明は，「日本社会の一定度の近代化をめざした民法が，家の財産関係を正確に把握しえなかったこと，また商法も，いくつかの点で，伝統的な企業経営になじまないものであった」としている。より具体的には，次のような問題が生じた。「少なくとも敗戦までは，財閥の営業資本はもちろんのこと，他の多くの同族企業においても，その営業資本は同族の総有という性格を持っていたように思う。このような財産関係は小企業から大財閥まで広汎に存在していて，日本の資本主義の発達に大きく寄与したことは間違いないところである。

ところが，明治民法は，このような総有的財産の存在を認めなかった。入会権は認めたが，営業資本の総有は認めなかった。そのため三井家のような大商家は，営業資本の分割阻止の制度を作るのに実に苦心惨憺していた。…その苦心は，営業資本の分割阻止と恣意的な譲渡の禁止をもりこんだ家憲の制定へと向った。しかし財産の分割を正式に裁判所へ提訴されると，財閥の営業資本は民法の共有の規定によって分割されることになるから，三井家憲などは裁判所への提訴を禁止し，仲裁者の裁定に従うよう定めた」とされる。

他方で，戦前の民法・商法は日本の商家経営の実態に適応して作られた部分もあり，それが日本の産業発展に有効に機能した。つまり，民法は「個人の所有権を明確化する外見を取りながらも，戸主権を設定することにより，家共同体による財産所有の実質を残すことになった」。また，商法は株式会社においては株主総会中心主義をとっていたとはいえ，合名会社，合資会社については，英米型のパートナーシップと異なって，パートナーとなる個々人から離れた法人とすることにより，会社に永続性を持たせることになり，家産の散逸を恐れる財閥等の惣有制に適合的であった。つまり，「日本では合名会社，合資会社は家業と家産の維持・温存に寄与した」のである。

このように，日本の企業に特有の家や村に代表される惣有制的な所有と経営・支配の構造こそ，日本的企業統治の特質であったといえる。一見，アングロ・サクソン型とみられた戦前の日本企業の統治構造も，実態的には惣有制的な性格を帯びていた。

(2) 戦時動員は何をめざしたか？

岡崎によると，1937年に日中戦争が始まると，戦前のアングロ・サクソン型企業統治は戦時統制経済との間に摩擦を引き起こし，その修正を余儀なくされた。とくに，1939年以降の「低物価政策が企業の増産インセンティブを低下させるというかたちで顕在化した」。そこで，「価格統制の運用を改めるのではなく，企業が利潤動機にしたがって行動するという前提そのものを変更」しようとした。これは企画院の当初の計画では，株主主権を骨格とする商法の改正により実現するはずであったが，実際は利潤動機の否定の立場から配当統制・役員賞与統制が実施され，役員構成も大株主や外部役員に代わって内部昇進者で占められるようになったとされる。

　しかし，戦時動員体制は単に「増産インセンティブの低下」を補うための機能的要請だけではなく，より大きな理念のもとに遂行されたものであった。すなわち，世界的な不況への対応に行き詰まった政府は，軍部に押しきられる形で戦争への道を歩むこととなった。

　しかし，全面的な戦争経済遂行のためには計画的統制が必要とされ，そのための動員のイデオロギーが必要とされた。わが国の場合，天皇を総本家とする全体主義的家体制，つまり皇国主義によってそれを実現しようとした。すなわち，軍部は天皇の統帥権の絶対性を梃子として，全体主義的家国家体制へと突き進んでいった。そのことの経済政策的な表現として，たとえば電力国家管理法案論議にみられるような「民有国営」といった考え方も求められた。すなわち民有であっても，その利用権や処分権は認められないのであり，単に収益権だけが保証されるのである。これはまさに，国家的に拡大された惣有制ということができる。つまり，財閥などで必死に維持されてきた家における惣有制の考え方を国家レベルにおいて実現しようとしたのが，天皇制的家国家の戦時動員体制だったと考えられる。したがって岡崎のいう「経路依存性」，すなわち戦時統制経済という「歴史上の偶然的な出来事がその後の制度の発展に不可逆的な変化を」もたらして，今日の日本型企業統治の源流となったとするには，どうしても戦前からの惣有制的連続性のもとに考えられなければならないのである。それは，戦争という経済にとって「偶然的な出来事」によるものではなく，資本主義の高度化による所有と経営の機関化の傾向が家の論理と絡んで，戦争経済突入とともに国家的惣有制・国家

的経営へと展開したのであり，それだけ古典的な所有支配，株主支配の企業統治は否定されざるをえなかったのである。

2．戦後改革のインパクトと企業集団の形成

(1) 戦後形成説とその批判

それでは，直接今日にいたる日本的企業統治のシステムはいつどうやってできたのであろうか。私はやはり戦後改革のインパクトが決定的であったと考える。財閥解体による資産家階層の消滅と持株の分散，公職追放によるそれまでの経営者層の退陣と労働組合運動の承認という条件がなければ，今日のような所有と支配の分離，内部昇進の専門経営者支配，および株式相互持合による企業集団の形成や従業員中心の企業統治はありえなかったと考える。その意味では，宮島英昭らの戦後形成説と揆を一にする。しかし，それは戦前・戦時の経緯と断絶したものではなかった。

つまり，財閥が企業集団的なものになっていくのは，財閥解体を待つまでもなく時間の問題であった。宮本又郎や武田晴人は，戦前の財閥所有の生損保などによる機関所有化と財閥本社の株式公開による改革が「戦後の株式持合の起源をなしていることは見やすいこと」としている。ただし，宮本はそれを「同族的惣有から持合的惣有へ」という「新しい『総有システム』」の展開としてとらえているのに対して，武田は1930年代からの生損保などによる財閥系公開株式の所有は「安定株主工作であり，外見的には第二次大戦後の株式持合の原型をなすもの」としているが，惣有制との関連は論じられていない。いずれにしろ，今日にいたる日本的企業統治の原型が戦後に形成されたとしても，戦前・戦中からの連続性を否定するものではなく，むしろその画期的再編として理解されなければならないのである。

(2) 日本的企業統治の源流

したがって，日本的企業統治の「源流」を考えるなら，惣有制という日本的特質がいかにして欧米流の企業制度と習合して「日本型」なるものが形成されたのかを検討しなければならない。この観点からすると，わが国企業統治の源流は旧民法・商法の制定から明治末あるいは大正へかけての財閥本社

形成にいたる時期であったといえる。それが，1930年代以降，戦時統制を経て改編され，さらに今日に及ぶ企業統治の原型が戦後改革を契機として形成されたと考えられる。

(3) 戦後改革のインパクト

それでは，GHQによる戦後改革はいかなるインパクトを日本の企業統治に与えたのだろうか。周知のように，経済民主化措置として実現したのは，財閥解体による株式の分散であり，公職追放による新たな専門経営者の進出であり，労働組合公認による従業員の権利の伸張であった。GHQがそれらのモデルとして想定していたのは，アメリカの所有と経営の分離による専門経営者支配の民主的理念であり，アングロ・サクソン型の企業統治であった。しかし，日本へのかかる理念の適応は成功したとはいえない。たとえば宮島英昭も指摘しているように，GHQは「旧財閥への再集中の回避のため，機関所有を最小化することを構想」していたのに対し，「日本側は機関所有を望ましいもの，少なくとも避けられないものと考えて」いた。わが国の場合，すでに見たように財閥系企業においては惣有制の伝統とも絡んで，機関所有による相互持合は進行しており，したがってGHQによる財閥株の放出と分散化は，結果的にはより徹底した形での機関への株式集中をもたらすこととなった。つまり，財閥家族の所有に基づく支配力の排除は実現したものの，経営を監視すべき健全な個人株主の育成には失敗したわけであり，代って機関株主の相互所有による企業集団がかつての財閥人脈を手掛りとして形成されることとなったのである。

(4) 企業集団と惣有制

しかしながら，なにゆえに関連企業の株式を相互に所有しあって，企業集団を形成しなければならなかったのであろうか。一般的な答えは「安定株主工作」ということになる。しかし，さらにそれはなにゆえに必要とされたのかといえば，会社の営業財産はみんなのものという惣有意識が企業防衛に向わせたというほかはない。すなわち，株式の相互持合による企業集団の形成は，かつての財閥系諸企業に奉職した人々の意識のうちに「惣有」という日本の経営体に固有の観念が根強く作用していたからであると考えられる。つまり，財界追放の後に突然企業を任された新経営者たちが，その重責を果た

そうとして預けられた営業資本，家産，惣有財産をどうにか維持していこうとして，彼らが決断したのが，かつての人的つながりからお互いに安定株主になっていくということであった。安定株主は収益権こそあるが限定的であり，利用権に関しては専門経営者と社長会における討議に委ねられ，処分権は特段の事情と相談のうえでしか行使しえないのである。まさに株式相互持合は戦後型惣有制というにふさわしい。

　ところで，橘川武郎は惣有制を財閥の日本的特質としながらも，戦後の企業集団の説明においてはこの概念に一言も触れていない。彼の結論は，戦前の財閥と戦後の企業集団は組織的には断絶しているが，機能的には連続しているとするものである。連続している機能とは，「所有を封じ込め，経営政策の自由度を高めるという機能」である。財閥において，その機能を可能としたのはこの惣有制の伝統，番頭経営の伝統であったが，戦後の企業集団の場合，それを可能としたのは株式持合による安定株主対策であったとする。しかし，持合もまた惣有制の変容であったとは説明されていない。株主安定化は惣有財産の保全のためであり，この惣有財産の保全という観念がなくては，乗っ取り防止のための株式相互持合は行われることはなかったであろう。たとえばアメリカでは，乗っ取りの可能性はいっそう強いにもかかわらず，惣有観念のない資本主義においては，株主安定化策としての株式持合は起きないし，それによる企業集団の形成も見られないのである。したがって，家の論理に代表される所有と経営に関する惣有の観念こそ，財閥を作り，総動員体制に理念を与え，そして戦後は企業集団を作った日本的特質であったといえるのである。

主要参考文献
拙稿（2002）「日本的企業統治について—「戦時期源流」説の虚構性—」関東学院大学『経済経営研究所年報』第24集，3月．
岡崎哲二（1995）「日本におけるコーポレート・ガバナンスの発展—歴史的パースペクティブ—」青木昌彦／ロナルド・ドーア編，NTTデータ通信システム科学研究所訳『国際・学際研究システムとしての日本企業』NTT出版，437-484頁．
橋本寿郎（1996）「序章」，宮島英昭「財界追放と経営者の選抜—状態依存的ガヴァナンス・ストラクチュアの形成—」橋本編『日本企業システムの戦後史』東京大学出版会，43-108頁．
安岡重明（1998）『財閥経営の歴史的研究』岩波書店．
橘川武郎（1996）『日本の企業集団—財閥との連続と断絶—』有斐閣．
三戸　公（1991）『家の論理Ⅰ・Ⅱ』文眞堂；（1982）『財産の終焉—組織社会の支配構造—』文眞堂．

高橋公夫氏論攷へのコメント

佐 護 譽

　なにごとも より深く理解するためには時間的・空間的にみることが必要である，とわたしは常に思っている。この場合，時間的とは歴史的を意味し，空間的とは国際比較を意味している。このように考えると，歴史的に，かつ国際比較をとおして，日本の企業統治の生成と特質を究明しようとする高橋報告は大きい意義を持つ。

　同上報告は，次のように述べている。「Gesamteigentum が江戸時代の商家経営以来の日本的企業統治の一貫した特質であった。戦前の財閥経営は，家産の惣有的所有という共同体的統治形態を維持するために必死の努力を重ねてきたのである。……さまざまな中小同族経営においても惣有制の論理は意識されていた。……なにゆえに株式の相互持合による企業集団が形成されたかといえば，かつての財閥系諸企業に奉職した人々の意識のうちに惣有制という日本の経営体に固有の観念が根強く作用していたからであると考えられる。……家の論理に代表される所有と経営に関する惣有の観念こそ，財閥を作り，総動員体制に理念を与え，そして戦後は企業集団を作った日本的特質だったのである」と。つまり，報告者は，戦前も戦後も日本の企業統治は「惣有制」に基づいていると主張している。

　以上のように高橋報告は，「惣有制」または「総有制」（Gesamteigentum）という概念を用いて，日本の企業統治の生成と特質を説明している。この点について，次のような疑問を提示することで，コメンテーターとしての役割を果たすことにしたい。

　Gesamteigentum は，経済史や社会学の分野でみられるドイツ語である。ということは，Gesamteigentum という所有形態はドイツで典型的にみられるということであろう。すると，これは特殊日本的なもの，すなわち「日

本の経営体に固有の観念」とは言えないのではないかという疑問が生じる。まず第1に，この点についてお教えいただきたい。

　高橋報告は，戦前においては，財閥だけでなく，中小同族経営においても「惣有制」に基づく企業統治であったと述べている。財閥はおくとして，中小同族経営もそうであった，という主張の根拠はどこにあるのであろうか。これが第2の疑問である。

　戦後の企業統治については，株式の相互持合も Gesamteigentum によって説明されている。現在，株式の相互持合は解消の傾向にあるという情報に接している。そうなると，「惣有制」による企業統治はどのような展開をみせることになるのであろうか。これが第3の疑問である。

　日本の企業統治に関する，国際比較の観点に立った報告者の歴史的研究の進展を祈念したい。

20　NPOの基本的思考としてのボランティア概念

羽　生　和　夫

1．はじめに

　産業構造審議会NPO部会（2002年，51頁）のまとめによると，JHCNSPの公表した日本のNPOのGDPと雇用は，5.0％と4.6％とであった。そのNPOの対象には，財団法人，社団法人，学校法人，社会福祉法人などの組織体が含まれている。さらに，「狭義NPO」，すなわち，NPO法人と任意団体などにその対象を限定すると，その国内経済に占める割合は，2000年ベースで6,941億円（全産業の総生産額の0.08％）であった。そして，2002年にNPO法人を元に概算した参考値は，8,030億円であった。この数字は，2000年がNPO法人と任意団体の概算であり，2002年がNPO法人だけの概算である。すなわち，異なる母体の規模を示しているが，もし，2002年の概算に任意団体までも含めて概算を示すことができるならば，明らかに8,030億円よりも多くなるであろう。そのことを考えると，ここ数年間の間に産業構造審議会NPO部会のいう「狭義NPO」の経済規模を示す数字は，非常に大きく変化している。このように，「狭義NPO」の経済規模を示す数字が大きく変化する理由は，狭義NPO分野が大きく発展しているからであろう。あるいは，狭義NPO自体の実態把握が今まで不十分であったためであろう。
　そのようなことを考慮すると，NPO法人や任意団体などの組織体の実態を把握していく研究は，大きな意義をもつことになるであろう。すなわち，そのような組織体は，まだ，実態把握がされていないか，今後において大きく発展する分野と考えられるからである。

2．NPOの定義と研究対象の組織体

　サラモン他（1992）のNPOの定義では，たとえば，財団法人，社団法人，社会福祉法人，学校法人，NPO法人など，あるいは法人化されていない任意団体，そして，NGOなどを総称している。すなわち，広範囲に及ぶ組織体がその定義に該当する。そのような広範囲のあらゆる組織体を対象として研究することは困難である。そのため，本研究が対象とするNPOを，NPO法人と任意団体とに限定する。すなわち，市民団体レベルのNPOと限定する。市民団体レベルのNPOは，他の組織体に比べて，とりわけ他のNPOに比べて，有給スタッフよりもむしろボランティアに多く依存している。そのため，市民団体レベルのNPOを理解するための基礎的考察として，本稿ではボランティアに関して検討していきたい。

3．ボランティアとボランティア活動

　ボランティア（volunteer）とは，*OED*によると，1600～1700年ごろにかけては，「志願兵」，「志願者」といわれる人を意味していた。また，1700年ごろからは，自由意思でサービスあるいは活動を奉仕することや，奉仕する人を意味する。

　そのようなボランティアの定義を次に示す。世界ボランティア会議（「ボランティア白書1995年版」編集委員・専門委員，1995）と大森（1980）との定義は，ほぼ同意義となっている。すなわち，「個人が自発的な意思に基づき」，「自らの身銭や名誉の対価を求めず」，そして「人間相互の連帯感を高める」活動である。しかし，若干の違いもある。大森の定義は，世界ボランティア会議の定義に比べ，「受益者志向」の強い定義になっている。そのようなボランティアの基本となる考えとして，ボランタリズムがある。

4. ボランティアにおけるボランタリズム

OED によると，volunteerism, voluntaryism, そして voluntarism のスペルがある。本稿では，とりわけ，voluntarism と volunteerism とを取り上げる。voluntarism では，特に，社会福祉におけるボランタリズムが組織の関与を特色とすることを取り上げる。また，Volunteerism では，特に，社会的奉仕（サービス）におけるボランティア労働の行使をとりあげる。

それらの用語説明をしている Osborne（Stephen P. Osborne, 1996）によると，ボランタリズムは，異なる3つの概念的要素を包含している。その1は，特定のニーズを満たすための個人によるボランタリーな働きである。とりわけ，volunteerism に類似している。2つ目の要素は，自由社会の原理である。とりわけ，この要素は，voluntaryism に類似している。3つ目の要素は，組織化されたボランタリーな働きである。この働きは，強制ではなく，自発的行動にもとづくとする原理による。とりわけ，voluntarism が類似している。

本稿では，以上のボランタリズムのうち，voluntarism を採りたい。すなわち，個人のボランタリーな行動を超えて，組織としての制度的なボランティアの行為に焦点をあてているからである。さて，ボランティアの理想は，ボランタリズムにあるが，そのボランタリズムとは，どのように評価されているのかをネットコスト概念からみていこう。

5. ボランティアとボランティア活動

(1) ネットコスト概念の生成

まず，ネットコスト概念を説明する前に次のことを前提にして議論を進める。すなわち，企業におけるコストはより低いほどよいと考えられるが，ネットコストの場合にはより高いほどよいと考えられている。企業のコストとネットコストとは，全く異なる性質をもつコストとなっているのである。

そのようなネットコスト概念は，Handy 他（2000）の論文から紹介する。Handy 他の論文の目的は，公衆がボランタリズムを利用する機会をもち，その価値を認めるのはどうするかについての知識を高めることである。

そのような Handy 他の研究は，Cnaan 他（1996）によって始められた研究を拡大している。Cnaan 他は，ボランティアのほとんどの定義が4つの中心的な基本用語にもとづいていることを示した。すなわち，自由意志，報酬，フォーマル組織，および受益者への接近性である。さらに，Cnaan 他によると，Volunteer という言葉の公衆の知覚は，あるボランティア状況のコストを人々が思い浮かべたことの結果である。そして，このコストを，ボランティアに対してのトータルコスト・マイナス・トータル利得として定義している。したがって，公衆は，同じように社会に利得をもたらす同じ仕事をする2人の人間を観察し，より多くのネットコストを積み重ねる個人を，ボランティアの程度の多いものとして指定することができる。

Cnaan 他の研究を発展させた Handy 他は，だれがボランティアかの公衆の主観的知覚を解説するための枠組みを提案している。それでは，次にその枠組みを説明していく。

(2) ネットコスト概念によるボランティア

まず，ネットコスト（トータル・コスト−トータル利得）に関してみる前に，合理的経済理論に基づくモデルを見ていこう。それは，次の等式に示すことができる。

  Bi-private + Bi-public > Ci-private
  私的個人利得 + 公衆個人利得 > 私的個人コスト

まず，上記の等式の私的個人利得（Bi-private）は，次のものを含んでいる。：金銭的報酬，名声，富，社会的交流とレジャー，満足感などが挙げられる。公衆個人利得（Bi-public）は，行われたボランティア活動によって，公衆がどのくらい利得を得たかを，公衆自身が評価づけることである。最後に，私的個人コスト（Ci-private）は，ボランティア個人に対するボランティア活動のコストである。たとえば，ボランティアを過ごす時間，努力，そして，その活動支援をするための金銭などを含んでいる。そして，そのような個々人がボランティア活動を行う際のモデルは，利得（私的と公衆）の

合計がボランティアに対するコストより大きくなると考えられる。このことは，次のように整理できる。

  Bi-public > Ci-private − Bi-private
  公衆個人利得 > 私的個人コスト − 私的個人利得

 この等式は，上記ネットコスト概念により，次のことを示している。すなわち，もし負担されたネットコスト（私的個人コスト－私的個人利得）が公衆個人利得（＝Bi-public）よりも小であるならば，ボランティアは，ボランティア活動を行う動機づけが高くなるであろう。とりわけ，より高いネットコストのボランティアは，より低いネットコストのボランティア以上に，より公共的活動の精神あるいは利他主義的となると，知覚される。コストの意味は，ここでは，できるだけ多くの時間，労力を費やすとともに，強制ではなく自由意思に従うことである。

 (3) ネットコスト概念と有償ボランティア

 そのようなネットコスト概念で，有償ボランティアと無償ボランティアのどちらが，よりネットコストが多いボランティアかを考えると，無償ボランティアの方が多く，理想的なボランティアといえる。しかし，そのような見方とは逆に，経済企画庁の「国民生活選好度調査」（2000）によると，公衆は，有償ボランティアをボランティアとして認める傾向を強めている。すなわち，その理想的な無償ボランティアをボランティアとして知覚する傾向を強めるのではなく，むしろ，有償ボランティアを認める傾向を強めている。

6．おわりに

 本研究が対象とするNPOのレベルは，市民団体レベルのNPOが中心になる。そのような市民団体レベルのNPOは，その組織構成員のなかでもボランティアに大きく依存して，活動を行っている。そのようなボランティアについての公衆の知覚は，ネットコスト概念で考えられると予想できる。しかし，日本における公衆は，ボランティアを知覚するときに，ネットコストを強める知覚をしていないと考えられる。

参考文献

Ram A. Cnaan (1996) Femida Handy, Margaret Wadsworth, "Defining Who Is a Volunteer: Conceptual and Empirical Considerations", *Nonprofit and Voluntary Sector Quarterly*, vol.25, no.3, pp.364-383.

Femida Handy, Ram A. Cnaan, Jeffrey L. Brudney, Ugo Ascoli, Lucas C. M. P. Meijs, Shree Ranade (2000) "Public Perception of 'Who is a Volunteer'; An Examination of the Net—Cost Approach From a Cross—Cultural Perspective", *Voluntas*, vol.11, no.1, pp.45-65.

Osborne, Stephen P. (1996) *Managing in the voluntary sector*, Thomson Business Press. (ニノミヤ・アキイエ・H監訳『NPOマネージメント』中央法規, 1999年。)

Salamon, Lester M. (1992) *America's Nonprofit Sector: A Primer*, Foundation Center. (入山　映訳『米国の「非営利セクター」入門』ダイヤモンド社, 1998年。)

大森　彌 (1980)「"ボランティア活動"論断章」『ジュリスト増刊総合特集』no.18.

経済企画庁国民生活局国民生活調査課 (2000)『図でみる生活白書（平成12年版）』大蔵省印刷局。

小島廣光 (1998)『非営利組織の経営』北海道大学図書刊行会。

産業構造審議会NPO部会 (2002)『中間とりまとめ「新しい公益」の実現に向けて』。
http://www.meti.go.jp/feedback/, 2002年4月15日。

田尾雅夫 (1999)『ボランタリー組織の経営管理』有斐閣。

「ボランティア白書　1995年版」編集委員・専門委員『ボランティア白書　1995年版』社団法人日本青年奉仕協会（JYVA）。

羽生和夫氏論攷へのコメント

岡 田 和 秀

　報告者は，NPO活動の研究を，各種NPOのうち市民団体主導NPOに焦点を当てて，その活動の実質的な担い手である「ボランティア」とはだれかを問うことを試みた。NPO研究のための基本的思考と題する所以である。

　市民団体主導NPOの活動は，われわれの日常生活に直接，間接に影響をあたえており，それを経営問題，特に経営哲学の問題として取り上げることは正鵠を得ている。われわれは，ときに市民団体の構成員として，また市民団体活動の対象（者）として，それら活動の経営ないしマネジメントの成功と失敗と，深く関わっており，結果生活の質量を大きく影響されているからである。

　羽生氏は，ボランティアとは「だれか」を問うに当たって，ボランティアのボランティアである所以としてのボランタリズムを問い直し，ネットコスト（トータルコスト－トータル利得）概念をもってその源泉を説明しようとする。

　さらに，私的個人利得に加え，Handy他によるボランティア活動の対象である公衆が受ける利得の総体としての公衆個人利得概念を導入，（私的個人コスト－私的個人利得）が，公衆個人利得を下回る場合に，ボランタリズムが生ずるとする。それは，次のように公式化される。

　　　公衆個人的利得　＞　私的個人的コスト　－　私的個人的利得

　左辺は公衆の知覚であり，その測定方法は論文の中で十分説明されていないが，右辺のネットコストを多く支払う個人をボランタリズムが高いと評価する。すなわち，報告者も言うようにより一層利他主義的なボランティア活動を公衆はより高く評価・歓迎するのである。それは，強制でなく自由意志に従うことを意味している。

報告は，経済企画庁「国民生活選好度調査」（2000年）を引用し，わが国では有償ボランティアを選好する傾向を持つことを指摘する。羽生氏は，市民団体レベルのNPOのボランタリズムが，日本の公衆によって必ずしも評価されないことを懐疑している。

チャリティ，喜捨，寄付，献身，滅私奉公，捨て身などの行為は，多く宗教的な高いレベルの利他主義的道徳と結びついている。日本社会の道徳として，これらがあえて言えば定着していないのは何故なのか。こんな疑問を考えさせてくれた，若干未整理ながら，情報量が多く，示唆に富む報告であった。

21 非営利組織の経営者意識
―― 特別養護老人ホームを事例として ――

奥 村 眞 澄・大 平 修 司

1. はじめに

　本稿の目的は，介護保険法導入期における我が国の特別養護老人ホーム（以下，特養ホーム）の経営，なかでもその経営者意識を明らかにし，そのような分析を通じて日本における非営利組織の経営者の特質を明らかにすることにある。
　ここで非営利組織とは，営利追求を目的とせず，利益を得ても組織構成員間で配分しない，社会的使命を持った民間組織と定義する。非営利組織は，日本国内では，民法第34条に設立の根拠のある財団法人や社団法人といった狭義の公益法人と，民法第34条の特別法に設立の根拠のある社会福祉法人（社会福祉法）や医療法人（医療法），学校法人（学校基本法），宗教法人（宗教法人法），更生保護法人（更生保護事業法），特定非営利活動法人（特定非営利活動推進法）といった広義の公益法人が存在する。このうち後者の広義の公益法人は，その法人を特別に規定する法律が存在することからも，政府の制定する法律や政策といった制度によって，組織の活動が制限された組織であるということができよう。そのなかでも社会福祉法人ならびに学校法人，医療法人は，現在規制緩和という制度変化に直面している非営利組織である。つまり規制緩和という制度変化が生じれば，制度による制約も少なくなり，このような非営利組織は活動内容も変化させることができるのである。その意味で制度変化と非営利組織の関係を見ることは意義がある。
　そしてその関係を見ることができるのは，すでに規制が緩和された社会福祉法人である。なぜなら社会福祉法人の中でも老人福祉に関する制度は2000

年4月の介護保険法施行により,大きな転換期を迎えたからである。介護保険法は特養ホームの経営者ならびにその利用者に大きな変化をもたらした。まず経営者の視点で言えば,1989年のゴールドプラン（高齢者福祉増進十ヵ年計画）発表以後,特養ホームの施設数は急激に増大した。1990年に全国に特養ホームは2280施設が存在していたが,介護保険法が施行された2000年には4538施設とおよそ2倍となった[1]。さらに現在,民間企業にも特養ホームを運営することを許可するのか,否かといった議論がなされている。仮に今後民間企業の参入が許可されたとすれば,この施設数はさらに増大し,施設の利用者獲得のための競争が生じることが予測できる（「福祉サービスの自由化」）。一方利用者の視点で言えば,介護保険法施行以前は特養ホームの利用者は自らの意思で施設を選択できなかったのに対し,施行後は利用者が自らの意思で利用したい施設を選択可能となった（「措置から契約への福祉」）。要するに,制度変化により特養ホームの経営者ならびにその利用者はこれまでの意識を変化させなくてはならなくなったのである。

以上のことから,本稿では制度変化が特養ホームの経営者の経営意識に与える影響を見る。そのためにまず制度変化に従った特養ホームの定義の変遷を辿ることで,本研究の仮説を提示する。次にその仮説を実証分析することで,結論として新制度になっても特養ホームの経営者には旧制度の影響が残っていることが明らかにされる。最後に本研究の意義とインプリケーションを述べる。

2. 特別養護老人ホームの定義の変遷

(1) 制度変化による特別養護老人ホームの定義の変遷

特養ホームの役割の変化は,政府の制定する法律や政策といった制度の変化を辿ることで理解できる。まず老人福祉政策の始まりは,1963年に制定された老人福祉法に遡ることができる。そこで特養ホームは心身状態や生活環境上,経済上の理由から居宅で生活することが困難で,寝たきりや痴呆等介護を必要とする65歳以上の高齢者が入所する施設と定義されていたことから,非常に限られた老人のみが利用可能な施設であった[2]。それが将来の人

口構造の高齢化に備えて老人福祉政策の抜本的な見直しを図るステップとして，政府は1989年にゴールドプランという政策を発表した。そこでは特養ホームが施設福祉の中心に位置付けられたことから，利用可能な老人の範囲が広がり，心身状態や生活環境上，経済上の理由から居宅で生活することが困難な65歳以上の高齢者が入所する施設とその定義が変化した[3]。さらに21世紀の老人福祉の中核的な制度である介護保険法では，特養ホームは「身体上または精神上の障害があるために，入浴，排泄，食事等の日常生活における基本的な動作が困難な65歳以上の高齢者（要介護認定者[4]）が入所する施設」（老人福祉法第25条第5項）と定義され，その役割がより拡大した。このように特養ホームは制度変化の影響を受けて，組織の定義が変化してきた組織なのである。しかしながら，このような制度変化の下で，特養ホームの経営者は新制度の施行に合わせて，その都度，経営方法を変えてきたのであろうか。そこでは新制度になっても旧制度に影響を受けたままで経営を行っているということはないのだろうか。

(2) 仮説設定

これまでの議論を踏まえて，本稿では理論仮説として，

「制度変化に関係なく，特養ホームの経営者は就任した時代の制度に依存した経営意識を持っている」

を設定する。その影響を見るために，特養ホームの定義の変遷に従って経営者（本稿では「施設長」を経営者とした[5]）を分類し，その経営意識の違いを明らかにする。すなわち本稿では，特養ホームの経営者を以下のように分類する。

① 老人福祉法の時代（1963～88年）に就任した経営者（就任時期：11年以前）

② ゴールドプランの時代（1989～99年）に就任した経営者（就任時期：4～10年）

③ 介護保険法の時代（2000年～現在）に就任した経営者（就任時期：3年以内）

次にそのような理論仮説を実証分析するために，以下の2つの作業仮説を設ける。

H1：「特養ホームの経営者は，就任した時代の制度の影響を受けて，力を入れている経営課題が異なる」

H2：「特養ホームの経営者は，就任した時代の制度の影響を受けて，従業員への対応の仕方が異なる」

3．実証分析

(1) 調査概要と分析方法

　2002年2月から3月にかけて，無作為に抽出した全国の特養ホーム250施設の経営者（施設の管理者に該当する人）に対して，郵送サーベイによる質問表調査を送付し，その結果を多変量解析で分析を行った[6]。なおこの調査で返答のあった施設は56施設であり（回答率22.4％），有効回答数は50施設である。そして特養ホームの定義の変遷した制度に従った各時代の該当経営者数は老人福祉法時代に就任した経営者が18名，ゴールドプランが23名，介護保険法が9名である。さらに実証分析を行うにあたって用いた手法は，数量化理論Ｉ類である。数量化理論Ｉ類では，非説明変数としての外的基準として在職年数を用い，それぞれ，老人福祉法時代では在職年数が11年以上，ゴールドプランでは在職年数4〜10年，介護保険法は在職年数が3年以内とした。

(2) 力を入れている経営課題

① 分析に際して

　ここでは仮説H1の力を入れている経営課題の違いを示すために「最も力を入れている課題」について分析を行った。この項目を用いた理由は，現在行っている（行おうとしている）経営とは，言い換えればどのような経営活動を課題としているのかを意味しているからである。なおここでは回答項目を説明変数として用い，それらは「関連事業（施設）への多角化」，「床数の拡大」，「新しい設備の導入」，「入居者の満足」，「入居者の家族の満足」，「人材育成」，「労使管理の改善」である。

② 分析結果

　この分析結果は表1より重相関係数が全て0.5以上であることから，その

説明力は高いといえるであろう。ここでは各時代の経営者ごとに，偏相関変数の数値の高い変数，すなわち外的基準に大きな影響を与えている変数に関して解釈を行う。

まず老人福祉法時代の経営者は第1が「労使管理」，第2が「新設備導入」，第3が「入居者満足」，第4が「床数拡大」という変数が影響を与えている。つまりこの時代の経営者は「旧来の社会福祉の精神を重視しつつも，施設の充実を図ることを課題」としていると解釈することができるであろう。

次にゴールドプラン時代の経営者は第1が「新設備導入」，第2が「人材育成」，第3が「入居者満足」ならびに「労使管理」に力を入れていることが示された。すなわちこの時代の経営者は「組織内部を重視し，組織の成長をもくろむ組織重視型経営」という意識を持つと解釈することができる。

最後に介護保険法時代の経営者は第1が「新設備導入」，第2が「入居者満足」ならびに「多角化」，第4が「家族満足」，第5が「労使管理」という変数が影響を与えていた。つまりこの時代の経営者は「組織内部環境と外部環境を意識し，その上で組織の成長をもくろむ戦略的経営」という意識を持つと解釈することができよう。

以上のことから，制度変化の影響に関しては，時代を遡った経営者の課題ほど施設の充実を目的としており，それが組織内部に移り，最終的には組織の内部環境と外部環境の両方を考慮した経営意識を見ることができた。その

表1 最も力を入れている課題

	重相関係数	偏相関係数						
		多角化	床数拡大	新設備導入	家族満足	入居者満足	人材育成	労使管理
老人福祉法時代	0.54	0.20	0.26	0.36	0.22	0.27	0.22	0.42
ゴールドプラン時代	0.65	0.30	0.30	0.49	0.30	0.31	0.33	0.31
介護保険法時代	0.98	0.92	0.25	0.94	0.90	0.92	0.58	0.87

注：小数点第2位以下四捨五入（以下の表も同じ）

ことから特養ホームの施設数が少なかった老人福祉法時代の経営者は単眼的な視点であり，施設数が増大し，利用者が自らの意思で施設を選択可能になった介護保険法時代の経営者は複眼的な視点を持っているということができよう。

(3) 従業員への対応

① 分析に際して

仮説H2の従業員への対応の違いについては，「従業員への対応」という項目を用いて分析を行った。この項目を用いた理由は，特別養護老人ホームの経営者が従業員をどのような基準で評価しているかを意味しているからである。そして説明変数は回答項目である「従業員の評価方法（実力主義・年功主義・ミックス）」，「終身雇用であるか」，「能力開発（施設内・外部への委託）」，「賃金（年功給・職務給・能力給）」を用いた。

② 分析結果

この分析結果の説明力は表2より重相関係数が全て0.5以上であることから，その説明力は高いといえるであろう。ここでは各時代の経営者ごとに，偏相関係数の数値の高い変数，つまり外的基準に大きな影響を与えている変数に関して解釈を行う。

まず老人福祉法時代の経営者は，説明力の高い順に，「終身雇用」，「職務給」，「実力・年功主義」という変数が影響を与えていることが示された。つまりこの時代の経営者は従業員に対して，「実力主義を採用したいが，これまでの体制を変えることができない」という対応をしていると解釈することができる。

次にゴールドプラン時代の経営者は，順に「能力給」，「能力開発」，「実力主義」という変数が影響を与えている。すなわちこの時代の経営者は，従業員に対して，「従業員の能力を生かそうとしており，その成果を積極的に評価している」という対応をしていると解釈できよう。

最後に介護保険法時代の経営者は，「職務給」，「年功主義」，「能力給」という統一感のない変数が影響を与えている。つまりまだこの時代の経営者は就任して間もないことから，「従業員への対応がまだ定まっていない」と解釈することができる。

表2 従業員への対応

	重相関係数	偏相関係数							
		従業員の評価方法			終身雇用	能力開発	賃金形態		
		実力主義	ミックス	年功主義			年功給	職務給	能力給
老人福祉法時代	0.74	0.31	0.54	0.18	0.66	0.17	0.30	0.65	0.24
ゴールドプラン時代	0.67	0.30	0.25	0.11	0.18	0.33	0.07	0.29	0.34
介護保険法時代	0.99	0.08	0.47	0.95	0.49	0.08	0.77	0.98	0.88

　以上のことから，ここでは介護保険法時代には良い結果を得ることができなかったが，しかしそれ以外の2つの時代では旧制度の影響を見ることができた。すなわち老人福祉法では終身雇用といった日本的経営の特徴をそのまま採用しており，一方ゴールドプラン時代では施設数が増大したことから積極的な能力開発を行い，それを評価する意識を見ることができた。

4．おわりに

　本稿では制度変化による特養ホームの経営への影響を，施設の経営者の意識から明らかにしてきた。そこでは実証分析を通じて，2つの作業仮説がそれぞれ支持された。そのことから，本研究の理論仮説である「制度変化に関係なく，特養ホームの経営者は就任した時代の制度に依存した経営意識を持っている」ことも支持されたといえよう。
　しかし本稿ではなぜ新制度になっても旧制度が経営者の意識に残っているのかに関しては議論しなかった。これは特養ホームの経営者に就任することは，言い換えれば新たな職務に就くということであり，新たな職務を遂行するために情報収集や学習を行う時期であるという点に制度の影響の差が生じる根拠があると考えることができるであろう。つまり非営利組織の制度を変化させる際には，慣習や経営者個人の知識等をいかに変化させるかが，規制緩和を行う際の一つの鍵となることが指摘できよう。

ただし本研究で明らかにしたことは，分析対象である特養ホームに固有の現象ではないのだろうかという疑問も生じる。つまりそのような意味で，今後制度変化に関する議論がなされている学校法人や医療法人を調査することは，この研究の一般性を問うために必要な調査であろう。さらにいつ介護保険法という制度が浸透するのかということに関しても，本研究の時系列的な継続調査を行う必要性を指摘できよう。

謝辞 本稿の作成にあたり，明治学院大学経済学部教授の大平浩二先生にご指導を頂いた。ここにあらためて厚く御礼を申し上げたい。

注
1) 厚生労働省（2000）。
2) 日本社会保障法学会編（2001），111-112頁。
3) 日本社会保障法学会編（2001），112頁。
4) 要介護認定者とは，身体上又は精神上の障害があるために，入浴，排せつ，食事等の日常生活における基本的な動作の全部又は一部について，厚生労働省令で定める期間にわたり継続して常時介護を要すると見込まれる状態にある65歳以上の者のことである（介護保険法第7条）。
5) 施設長を経営者とした理由は，理事長が社会福祉法人全体の経営者であり，その社会福祉法人は特養ホーム以外の施設も同時に経営しているからである。
6) この調査は明治学院大学経済学部大平浩二教授を中心とした研究グループによって実施されたものである。調査では大平先生ならびに石井康彦先生（愛知産業大学専任講師）には多大な協力を得た。

主要参考文献

大平浩二・奥村眞澄（2001）「これからの特別養護老人ホームの経営―市場メカニズムへの移行―」『ふれあいケア』社会福祉法人全国社会福祉協議会。
厚生労働省（2000）『平成12年社会福祉行政業務報告』。
市民福祉サポートセンター（2002）『介護情報ハンドブック』岩波ブックレット，No.574。
古川孝順（2001）『社会福祉の運営』有斐閣。
日本社会保障法学会編（2001）『社会福祉サービス法』法律文化社。

奥村眞澄・大平修司氏論攷へのコメント

齊藤　毅憲

　特養老人ホームの経営者に対するアンケート調査を通じて，非営利組織の経営を明らかにしようとするのが，本報告の目的であり，意欲的な発表との印象を得た。非営利組織が増加するなかで，その経営学の構築が求められている。他方，高齢社会の到来によって，高齢人口が増加し，福祉や介護サービスの質量が重要なテーマになってきた。その意味では，本報告はまさに現代的な課題を取り扱っていると評価している。

　本報告を司会した立場から，以下では若干のコメントを行いたい。

① テーマが「非営利組織の経営者意識」になっているが，特養老人ホームをはたして非営利組織の典型と考えることができるのかという疑問が生じた。これは，調査結果をどのくらい一般化し，その結果を非営利組織の経営に共通した要素や考え方にしうるかという問題につながることである。

② 調査への回答者は，56名であるが，回答者には経営者だけでなく，施設の管理者が含まれている。ここで問題なのは，経営者と施設の管理者が一体化し，同一主体の場合もあろうが，経営者と現実に施設をマネージしている管理者との間に，役割，活動，責任，意識の面で，かなりの違いがみられることが予想されることである。調査結果では，他の施設も運営しているケースが多いというから，経営者と管理者は別の主体になっており，両者の抱えている問題は違っているとみるべきであろう。

③ 調査結果の分析では，経営者の就任期間によって，ⓐ老人福祉法の時代，ⓑゴールドプランの時代，ⓒ介護保険法の時代，の3つの時期に分けて，経営者の資質，重要な課題，従業員への対応を明らかにしている。そして，3つの時期ごとの違いが示されており，興味深い。もっと

も，トータルで56名の回答であったから，若干サンプルが少なく，この結果を全面的にアクセプトすることが難しいという感じがした。

　以上がコメントの主なものである。非営利組織も，福祉・サービス系のビジネスもその研究の推進が急務になっている。そこで，報告者には，本研究をベースにして，さらなる研究の進化と拡大を期待している。(2003.3.10)

22　21世紀の地域経営ビジョンを構想する
――豊かさの新パラダイム――

大　野　和　巳

1．はじめに―「地域経営」という概念

「経営 (management)」を「広義の共同体の営み」として捉えるならば,「地域経営」とは,「人々が広く地域に存在する様々な資源を活用することにより多種多様なコミュニティーが生成し,地域がコミュニティーの集合体として存続し発展していくための総合的な方策」と定義することができる。このとき地域を構成する組織や市民は地域の生活環境や経済を維持し発展させようという暗黙の共通目的を持ち,そのために協力し貢献しようという協働意思があり,様々な機会を通じてコミュニケーションするのである。

2．北海道に見られる地域経営の芽

本来人間の生活の場である地域の自然環境と地域文化が蘇ることによって,はじめてそこに人間性溢れる地域社会が創造されその集合である日本が真に豊かな社会となる。筆者はこうした視点に立ち,2001年より北海道地域でアンケート,聞き取り,現地視察などの実態調査を行ってきた。そして地域経営につながる先進的な事例が存在することを確認し,「自律」,「分散」,「協働」が共通の要素であることを見いだした。後述する「オープンネットワーク社会」の萌芽と捉えることができる。

(1) ITベンチャー先進地域「サッポロバレー」

1990年代後半になると札幌駅北口周辺にソフトウェア開発ベンチャーが自然発生的に集積した。これらのITベンチャーの中核は,札幌IT企業の先

駆企業である BUG やデービーソフトから独立して設立された企業である。それらの間には既に人的ネットワークが存在しており，次のような多様な交流や企業間の提携が活発に行われている。
① BizCafe：ベンチャー，起業家，金融機関，ベンチャーキャピタル，技術者，大学教員などの相互交流の場。
② COOL VILLAGE：緩やかな企業の連携。
③ 青木塾：IT ベンチャー経営者の勉強会。
④ 札幌北口ソフト横丁ビール祭り：北海道通商産業局，北海道マルチメディア協会，IT ベンチャーが主催する交流会。

札幌 IT 産業では，行政主導ではなく創発的に多様なベンチャーが誕生し，それらの自律的活動を通じて人的ネットワークを基盤とした企業間ネットワークが形成されているのである。

(2) 栗山町の地域通貨「クリン」

栗山町の「クリン」は，地域通貨の成功事例として全国から注目されている。

「くりやまエコマネー研究会」の推進役である栗山町職員の花田正博氏への聞き取り調査によれば，地域通貨の効果は，個人の地域通貨への取り組みが地域社会で評価され，それがモチベーションとなり，さらに積極的に取り組むという好循環が生まれたことであるという。つまり参加者に「自分の出来ることをやる」という意識が芽生え，「便利さ」一辺倒の価値観から「人とのつながり」や「自然のよさ」を大切にする価値観への転換が起きたというのである。花田氏は，「ビジネスとボランティアの中間に位置するコミュニティ・ビジネスが地域の自律につながり，こうした活動には個人の自主・自律が重要となってくる」と述べている。

現在，同研究会はクリンの推進とコミュニティ・ビジネスの創業支援を兼ねる NPO 法人を立ち上げようとしている。ボランティアとしての地域通貨では対応できないニーズが地域にあり，それらに応じてコミュニティ・ビジネスを立ち上げる必要があるからである。

(3) 若者が創造した地域イベント「YOSAKOI ソーラン祭り」

「YOSAKOI ソーラン祭り」は，高知の「よさこい祭り」と北海道に古く

から受け継がれてきた民謡・ソーラン節が融合した，地域イベントである。1992年，高知県出身で当時北海道大学に通っていた大学生が，本場高知県のよさこい祭りで感動を受け，仲間たちと「よさこいソーラン祭り実行委員会」を立ち上げたのがその始まりである。

現在，全国から300チーム以上参加する全国規模の祭りとして認知されるまでになった他に例を見ない市民による地域イベントである。さらに特筆すべきは，この祭りの感動を共有した参加者同士の交流の輪が全国に拡がり，YOSAKOIソーラン形式の祭りが全国75箇所で開催されるに及んでいる。これら全国各地の活動はインターネットを活用し連携していることはいうまでもない。

(4) 広がりを見せる「コミュニティ・ビジネス」

「コミュニティ・ビジネス」とは，地域社会と地域住民の生活に密着した事業活動である。ボランティア，行政サービス，企業では対応できない社会的需要の隙間（ニッチ市場）を埋めるものとして期待されている。その主体はNPOであり北海道では256団体（2001年末）が承認されている。

事業目的は地域の課題解決や地域の資源活用である。住民の主体的参加によって支えられ，収益（経済的＋社会的）の地域還元につながる。また住民がサービスを受けるだけでなく，自ら事業に参加することで地域に貢献する喜びが得られる点にも大きな意義がある。

「コミュニティ・ビジネス」を事業とするNPOが地域内で次々に創業され増えることによって，小さくとも着実な雇用が確保され，資金が地域内に循環することになり，地域が新たな共同体となって存続することに貢献すると考えられる。こうした活動の担い手が「社会的起業家（social enterprise）」であり大きな期待が寄せられている。

3．豊かさのパラダイム転換

(1) アーキテクチャとしての豊かさへ

戦後日本では経済的成長こそが豊かさと考えられてきた。しかし，前述の北海道の事例も示しているように，人々の意識は着実に変わりつつある。

近年，日本の経済学者のなかにもこうした考え方が現れ始めた。例えば宇野（2000）は，「豊かな自然とのかかわりの中で築き上げられてきた日本の地域社会は無惨にも崩壊しつつある」（『日本経済新聞』2002年1月2日）と指摘し，現在のヨーロッパにおける自然を基本とした都市再生の運動を「人間の回復」を目指す運動と表現している。つまり21世紀の日本にとって「均衡ある国土の発展」よりも各地域がコミュニティーとしての個性を伸ばし質を高めることがより重要となる。

そこで経済的・物質的豊かさからアーキテクチャとしての豊かさの追求へ転換することが重要となってくる。それは「個人の自律と自由な協働を実現するための多種多様な選択肢が社会に存在する」という豊かさである。それを実現するには人々が価値基準を共有する必要がある。すなわちパラダイムの転換である。

(2) オープンネットワーク：「生命系パラダイム」へ

ここ数年で社会に普及したインターネットに参加する人々の行動を支えているパラダイムがオープンネットワーク・パラダイムである。

それは，①外部に対する開放性，②情報・知識・価値の共有による他者との繋がり，③自由な活動が生む多様性から構成される。例えば，1人の大学生が開発しインターネットで無償提供されている「Linux」というOS（コンピューターの基本ソフト）がその典型である。それはプログラムの内容が全てインターネット上で公開されており，全世界に分散している技術者がプログラムの改善に自由に自律的に参加することで日々進化している。

このパラダイムは，偶然にも現代科学が宇宙・生命の基本原理としている，①自己組織化，②相互依存性，③多様性（Swimme, B. and Berry, T. 1994）と符合している。すなわち「生命系パラダイム」（大野 2003）への転換こそ，複雑・多様化する現代社会においてアーキテクチャとしての豊かさを実現する可能性がある。

4．蘇る地域経営

(1) 開かれた自律分散型協働システム

前述のオープンネットワーク・パラダイムの社会は自律分散型協働社会であり多中心型・分権型社会である。
　これは「開かれた自律分散型協働システム」（大野 2003）でありその構造はオープンネットワーク・アーキテクチャから成り立っている。構成単位が，① 自律性を持ち，② 物理的にも権力構造上も分散的に存在し，③ 相互依存関係を持ち，④ 外部要素とも柔軟に繋がりを持つことが可能なインターフェースを持つ。
　このパラダイムの組織では，組織内に分散する構成員が自律的に意思決定し組織の内外と柔軟に連携し協働（コラボレーション）する。そこには伝統的組織に不可欠な階層と命令が基本的に存在せず，構成員が物理的にも権力構造上も一局集中することなく分散的に存在する。
　産業組織では企業が行政や業界団体など権力機構に意思決定を左右されずに自律的に自由に活動することになる。例えば，企業は柔軟な連携により加不足する経営資源や経営機能を相互に補完することが可能である。その結果，企業は必ずしも規模の拡大を目指す量的成長志向に偏ることがなく適性規模を保ちながら質的成長を志向することができるようになる。企業は個別利益の追求に走らず社会から付託された組織目的の達成に向けて組織の壁を越えてコラボレーションし価値創造を行うのである。
　(2)　地域に「場」をつくる経営
　自律分散型協働社会では，① 個人の協働を促し，② 多様性が自然に生まれ，③ 知の創発が起こるような「場」（社会的な文脈であり物的生物的心理的空間）を形成し維持することが経営機能の中心となる。つまり経営は「場」の設計，あるいはアーキテクチャの構築として捉えることができる。
　このとき「場」の設計に求められる要件は，① 外部開放性，② 水平的関係性，③ 緩やかなコントロール（自由性），と考えられる。情報の公開，伝達，共有が十分行われ個人が自律的に意思決定に参加し様々な活動ができるような文化的環境，制度的環境，物理的環境を組織に装備することが必要条件である。
　より具体的に述べれば，行政が社会的企業家を含む企業家の自由で自律的な活動を保証する社会制度を運用し，市民が自律的かつ協調的に NPO 等の

「場づくり」に参加し，企業は市民やNPOとの連携により価値を創造することである。

地域経営とはこのような「場」を生み出す自己組織的な多様な営みであり，こうした「場」が地域につぎつぎと生まれることでそこに多様な選択肢が生まれ豊かな社会となるのである。

5．むすびにかえて

本論は北海道の事例分析を起点に試論として21世紀の地域経営ビジョンを構想した。地域経営そのものが新しい領域であり概論的な内容となったものの，その研究過程で人間の生の営みである経営を生命現象として捉える視座の必要性を再認識することができた。それは21世紀の科学の命題である自然現象の特殊性の探求であり，自然科学と人文科学がミクロとマクロから同時に接近する領域である。すでにその萌芽として複雑系の科学が拓かれつつある。今後筆者は最新の科学の知見を摂取しつつ哲学的アプローチによって経営の特殊性を探求していく所存である。

主要参考文献
今井賢一（1984）『情報ネットワーク社会』岩波書店。
伊丹敬之（1999）『場のマネジメント―経営の新パラダイム』NTT出版。
Johnson, H. T. and Bröms, A. (2000) *Profit Beyond Measure : Extraordinary results of attention to work and people,* New York : Free Press.（河田　信訳『トヨタはなぜ強いのか―自然生命システム経営の真髄―』日本経済新聞社，2002年。）
Kauffman, S. A. (2000) *Invetsigations,* Oxford : Oxford University Press.（河野至恩訳『カウフマン，生命と宇宙を語る―複雑系から見た進化の仕組み』日本経済新聞社，2002年。）
河西邦人（監）（2002）『平成13年度アカデミー政策研究　コミュニティ・ビジネスの豊かな展開―地域に密着した多様な創造を目指して―』北海道自治政策研修センター。
日本政策投資銀行（2000）『サッポロバレー・コア・ネットワーク―集積の効果を得つつある札幌市内IT企業群の現状と課題』。
大野和巳（2002）「IT戦略」室本誠二『ベンチャー企業戦略への挑戦』税務経理協会，99-111頁。
大野和巳（2003）「グローバル経営の未来ビジョン」藤芳研究室編『ビジョナリー経営学』学文社，173-177頁。
坂村　健（2002）『21世紀日本の情報戦略』岩波書店。
清水　博（1996）『生命知としての場の理論』中公新書。
Swimme, B. and Berry, T. (1994) *The Universe Story : from the primordial flaring forth to the ecozoic era—a celebration of the unfolding of the cosmos,* London : Arkana.
玉野井芳郎（1978）『エコノミーとエコロジー』みすず書房。

梅澤　正（2000）『企業と社会—社会学からのアプローチ—』ミネルヴァ書房。
宇沢弘文（2000）『社会的共通資本』岩波書店。

大野和巳氏論攷へのコメント

斎 藤 弘 行

　本報告は地域経営のためのビジョンを考えるための手順を示すものであり，地域経営を具体的にどのように運営すればうまく行くかを示すものではないように思われる。わが国においては一極集中にたいする批判が多くあり，地方への分権を支持する意見も多く出されている。こうした背景のなかで，地域社会の独自の運営ならびにマネジメントが重要視される。また独自の活動がなされるだけではなく，その社会が活性化しなければならない。その場合に，どのような考え方をもって地域社会の存在理由および地域経営がなされるのがよいかを提案するのがこの報告の主張するものとみられる。

　基本的な思考プロセスは，「機械系パラダイム」から「生命系パラダイム」へと，パラダイムの転換をはかることである。こうした思考様式は今日特に新しいことではないが，それをもとにして地域経営が再生し，かつ活性化されることができるとする提示をめぐり，これまで経営学の狭い枠組内では処理できなかったことが明らかになる。特に生命系パラダイムへの方向づけのなかで，オープンネットワーク・パラダイムをあげることにより，その内容がわかる。地域社会が多様な価値観と価値基準をもつようになることが大切であって，どの地域も似たようなものにならないのがよいとされる。豊かな地域社会とは固有の価値を持つ社会であり，そこにおいてはじめて個人の自律と協働が可能なのだという。協働は個人間だけのことではなく，市民，企業，行政の間のことであり，そこには共通のビジョン（価値観）が存在しなくてはならない。

　このように考えると我々が既に知っている組織の原則を述べているのに類似するか，むしろその原則と同じことを述べることなのかもしれない。組織がコミュニティとして機能する様相を述べることにほかならない。このとき

組織の原則は組織内部において作用するのみならず，組織の外部において，つまり広く社会一般において作用すると理解することができる。特に重要なことは組織は信頼で繋がっているとする認識である。組織の内外でのコミュニケーションは信頼を土台とする。いかにすぐれた他の条件があっても信頼が破れると瓦解する。ネットワーク社会の強さが弱さになる一瞬である。また組織（場といってもよい）に多様性（の価値）が生まれると，企業家精神が向上するとみられる。こうして地域社会と経営が生まれ変わる。

　上記の陳述は我々が報告者の報告要旨と報告内容をもとにかなり自由に言いかえをしたことになる。当報告には最近における新しい社会学的概念が多用されている。それは非常に有意義である。しかし，それらの概念が統一的にまとまっているとは言えない。そのためにどうすればよいかを再考する必要がある。

23 コンティンジェンシー理論再考

桑原　光一郎

1. 問題の所在

　コンティンジェンシー理論は，経営学において一時隆盛を極めた。それまでの主流学派である管理過程学派が普遍的な見方による理論構成を目指していたのに対し，コンティンジェンシー理論は，組織と環境条件の適合によって業績を高める組織形態の適切さが決定されるという見方による理論構築を目指したものである。そのコンティンジェンシー理論は，いくつかの批判により衰退したとされている。では，コンティンジェンシー理論はどのような過程を経て，衰退したのであろうか。

2. コンティンジェンシー理論とは何か

　コンティンジェンシー理論は，Lawrence & Lorsch [1967]（以下 L & L と略記）が命名したアプローチである。L & L [1967] は，組織内部の「分化」と「統合」の程度と，外部環境の確実性との適合度の程度によって，業績の基準が決まる，と論じた。すなわち，唯一最善の組織形態はない，ということを示唆し，こうした，環境との適合度によって高業績を達成するに相応しい組織形態が変わるという見方を，コンティンジェンシー理論と呼んだ。L & L は，こうしたアプローチは，従来からあったものであると論じ，その源流として，Woodward, Fiedler, Burns & Stalker（以下 B & S と略記）らの研究を挙げている。

　1960年代以前，経営学における主流学派は管理過程学派（以下 MPS と略

記）であった。このMPSは，組織における個々人の具体的な働きに着目するのではなく，組織においてどういう機能（職能）を担っているか，ということに着目する。こうした普遍的なアプローチによって，MPSは理論構築を行った。

　Woodward［1965］は，「原則の遂行と業績の上昇」の相関について，実証しようとした。だが，その調査結果では，その二つの変数間に法則性を見出すことはできなかった。このことから，Woodwardは，普遍理論を志向するのでなく，状況との関係性を志向する理論構築を行った。また，B＆S［1961］は，「機械的システム」は，環境が安定的なときのみに有効であり，環境が変動的なときはそれに適応しやすい「有機的システム」に移行する必要が生じる，というテーゼを実証によって提唱した。

　このような潮流の中で，L＆Lは，普遍的アプローチを採用する経営理論に対し，コンティンジェントな見方を採用して理論構築を行ったのである。

3．コンティンジェンシー理論への批判

　当初からの批判として，Hall［1968］による，L＆Lの書評論文の中における，環境と組織の区別が曖昧で，環境要素が不十分であるとの批判がある。

　その他のコンティンジェンシー理論の批判者として，Child［1972］がいる。Childは，企業は，環境を選択し，その環境を変えようとする（不確実環境下における様々な戦略行動）と論じている。すなわち，環境は経営にとって所与ではなく，企業が環境を選択できるのであり，それゆえ，環境が組織形態を決定するのではない，としている。

　また，Aldrich & Pfeffer［1976］による批判は，コンティンジェンシー理論は，組織変動の分析や全体的な分析には無力であり，このアプローチでは，適合状態にいたるルートの分析はできず，また，組織の類型化自体が困難である，としたものである。

　さらに，コンティンジェンシー理論を「ある組織が主体的に環境に対して合理的に適応する」としてとらえ，それに対し批判を行ったのがHannan

& Freeman [1977] による「ポピュレーション・エコロジー・モデル (population ecology model, 以下 PE と略記)」である。PE は, 組織の自律的な適応能力をほぼ考慮に入れていない。突然変異によって生じた新たな組織形態が, 環境による自然淘汰によって生き残るものと死滅するものに選別される。すなわち, 組織は適応能力を持つ存在ではなく, 不適合な組織は適応することなく死滅するに過ぎない, としている。

4. コンティンジェンシー理論批判を受けて

こうしたコンティンジェンシー理論への批判をうけ, 研究者たちは, その分析対象や測定手段の不備を補うために, 業種, 環境の測定を鮮明にすることを企図した。そうした研究にはいくつもあるが, その例として Khandwalla [1974], Schoonhoven [1981], Hull and Hage [1982] らの研究を見ることにする。

まず, Khandwalla [1974] である。この研究は, 大量生産が主たる技術要請とされている環境に着目し, そこにおける高業績企業の組織構造を見る。大量生産の状況では,「企業の技術的コアの創造→垂直統合→部による独立的な行動が必要→意思決定の分権化体制→企業の統一性を保つための洗練された統制システムの考案」という過程を経ている企業が高業績を得ていると論じる。

次に Schoonhoven [1981] である。Schoonhoven は, コンティンジェンシー理論は理論的仮説を構築する際の明確さにかけている, と論じる。そこで必要になるのが, 数学的モデル化であり, そのためのデータの集積である。そして, コンティンジェンシー理論は, 環境の差異を明確にできない。また, 実証研究でその仮定 (官僚制組織とルーティン業務との正の相関) に反する結果が出る, と言った理論的不備がある, と論じた。

Hull and Hage [1982] では, 組織の有機体モデルの特性とイノヴェーションの比率との相関について, アメリカ110企業のサンプルを用いて実証し, そこから B & S [1961] を反証するデータが導出された, と論じる。

こうした, 諸研究は, 統計的処理による理論の精緻化に向けられている。

しかし，こうした手法への偏向が，コンティンジェンシー理論を「環境を分析し，それに最も適した組織形態を考える」という方向に進ませることとなった。例えば，Luthans & Stewart [1978] は，コンティンジェンシー理論の問題点が，包括的で総合的な状況依存管理の欠乏にあるとして，環境の具体的モデル化を行うジェネラル・コンティンジェンシー理論を提唱する。彼らは，状況が相対的であることは認めつつも，そのままでは実践には何の役にも立たないため，実践上では，ある一定の一般性が必要，と主張している。このように，環境分析的な側面からのみ解釈することによって，コンティンジェントなものを志向していた見方が，「限られた環境のもとでは，最善の組織形態は決まる」といった普遍的な見方へと移行する。そして，最終的にコンティンジェンシー理論を環境決定論と理解した。これにより，企業の主体性の問題が欠落してしまい，従来の理論的尖鋭性を失い，衰退した。

5．コンティンジェンシー論争史の再評価

このように，コンティンジェンシー理論は，外部からの批判よりも，内部での研究手法，すなわち，統計的処理を行うための概念の操作化過程に大きな問題を内包していたことにより，衰退していった。

しかし，この言わば自然科学的厳密性を志向した方法論は，コンティンジェンシー理論の従来の理論的志向と乖離したものである。従来の研究では，B & S [1961] が研究方法として参与観察と面接調査を採用し，L & L [1967] はインタヴューとアンケートを採用している。これは，個人の個別性を残したままで，その個別性を統一する概念を構築することを主眼に置いている。約言すれば，従来のコンティンジェンシー理論の主眼は，組織行動に普遍妥当する因果構造ではなく，組織行動とそこに生きる個々人の「活動」との関わりについてである。

こうした観点からのコンティンジェンシー理論の再評価として，MacIntyre [1981] がいる。彼は，B & S の貢献とは，個人の自発性，諸変化への柔軟な対応，意思決定の機会の増加を認めるという，予測不可能性を

許容することである,と論じる。そして,この予測不可能領域があるからこそ,組織の主体性が生じる。この指摘に鑑みれば,組織の主体的行動が,そこに生きる個々人との関係でどのように生じたかを研究することが,本来のコンティンジェンシー理論であったと言える。

　このように,コンティンジェンシー理論に関する論争史は,社会科学とは何かを思惟する上で,重要な観点を与えるものである。すなわち,社会科学において,自然科学的手法はどこまで有効なのか,という議論に関してである。こうした社会科学の哲学,とりわけ,社会科学の独自性を論じたものとして,例えば Keynes と Taylor がいる。Keynes は1938年の 7 月 4 日と16日付の Harrod 宛て書簡の中で,経済学は自然科学のように不変で均質な対象を扱うのではなく,内省と価値判断を取り扱い,更に,動機,期待,心理的不確実性を取り扱うものである,と繰り返し論じている（Keynes [1973] より）。また,Taylor [1985] は,自然科学的な行動主義的心理学批判を行う。彼は,いくら精密なデータを集積したとしても,そのデータを処理・加工することは,研究者がそのデータを重要と解釈する行為に他ならない,故に,人間理解には個々人の価値の観点からの議論が必要である,と主張する。このような議論も踏まえた上で,コンティンジェンシー理論を再度考察することは,新たな経営学の研究手法を構築する際に重要な観点を与えることになるだろう。

6. 結　論

　コンティンジェンシー理論とは,組織と環境条件の適合によって業績を高める組織形態の適切さが決定されるという見方である。しかし,その哲学的含意は,経営における組織と,そこに存在する個々人の生との関係への接近にある。この観点が欠落していく過程として,自然科学的手法の導入による普遍理論化があった。これにより,コンティンジェンシー理論が理論的に進むべき方向性を見失い,衰退したのである。

参考文献
網倉久永（1991）「組織変化に関する諸見解—メタ理論的検討」『千葉経済研究』109-142頁。

Burns, T. and Stalker, G. M. (1961) *The Management of Innovation*, Tavistock.
Child, J. (1972) Organization Structure and Strategies of Contorol, *Administrative Science Quarterly* Vol.17 pp.163-177.
Duncan, R. B. (1972) Characteristics of Organizational Environments and Perceived Environmental Uncertainty, *Administrative Science Quarterly*, Vol.17, pp.313-327.
Fiedler, F. E. (1967) *A Theory of Leadership Effectiveness*, McGraw-Hill.
降旗武彦・赤岡功編 (1978) 『企業組織と環境適合』同文舘。
Hall, R. H. (1968) Book Review to Organization and Environment by Lawrence and Lorscch, *Administrative Science Quarterly*.
Hannan, M. T. and Freeman, J. (1977) The Population Ecology of Organizations, *American Journal of Sociology*, pp.929-964.
Hickson, D. J., Pugh, D. S. and Pheysey, D. C. (1969) Operations Technology and Organization Structure : An Empirical Reappraisal, *Administrative Science Quarterly*, Vol.14, pp.378-397.
Hull, F. and Hage J. (1982) Organizing for Innovation : Beyond Burns and Stalker's Organic Type, *Sociology*, Vol.16, pp.555-577.
Keynes, J. M. (1973) *The Collected Writtings of John Maynard Keynes*, Vol.XIV, Macmillan.
Khandwalla, P. N. (1974) Mass Output Orientation of Operations Technology and Organizational Structure, *Administrative Science Quarterly*, Vol.19, pp.74-97.
Lawrence, P. R. and Lorsch, J. W. (1967) *Organization and Environment*, Harvard University Press.
Luthans, F. & Stewart, T. I. (1978) The Reality or Illusion of a General Contingency Theory of Management : A Response to the Longenecker and Pringle Critique, *Academy of Management Review*, Vol.3, pp.683-687.
MacIntyre, A. (1981) *After Virtue : A Study in Moral Theory*, University of Notre Dame Press (篠崎 栄訳『美徳なき時代』みすず書房, 1993年。)
野中郁次郎・加護野忠男・小松陽一・奥村昭博・坂下昭宣 (1978) 『組織現象の理論と測定』千倉書房。
沼上 幹 (2000) 『行為の経営学』白桃書房。
Schoonhoven, B. C. (1981) Problems with Contingency Theory : Testing Assumptions Hidden within the Language of Contingency "Theory", *Administrative Science Quarterly*, Vol.26, pp.349-377.
Taylor, Ch. (1985) *Human Agency and Language*, Cambridge University Press.
占部都美編 (1979) 『組織のコンティンジェンシー理論』白桃書房。
Woodward, J. (1965) *Industrial Organization*, Oxford University Press.
山脇直司 (1999) 『新社会哲学宣言』創文社。

桑原光一郎氏論攷へのコメント

齊 藤 博

　桑原氏の報告は，コンティンジェンシー理論の誕生から衰退までの経緯を振り返り，特に衰退のプロセスと要因に焦点を当てた考察だった。当該理論は，1970年代，経営学における中心的話題の一つだった。

　テーマから，一時代を風靡した研究潮流を振り返ることで，今日の経営学研究に対するヒントや教訓を探ることを意図したものであろうと理解する。

　コンティンジェンシー理論は，唯一最善の組織構造は存在せず，組織の環境と構造の適合関係によって組織の業績が向上するという前提に基づくアプローチである。これは，かつて Merton が指摘した，不安定な環境下では官僚制が有効とは限らない，という官僚制の逆機能の問題意識を受け継いだものといえる。

　この研究の端緒は，普遍的な管理原則の遂行と企業の業績の関係性を探った Woodward によって開かれ，Barns&Stalker がその先駆的研究で「機械的組織」と「有機的組織」の相違を明らかにし，理論の命名者である Lawrence&Lorsch が「分化」と「統合」のコンセプトを打ち出した。桑原氏は，このあたりの経緯を実に要領よく的確にまとめていた。

　コンティンジェンシー理論は，1970年代の組織論の支配的なパラダイムとしての地位を占めるに至ったが，ほぼ同時期に，コンティンジェンシー理論の理論的前提や経験的な妥当性に対する批判もあった。氏は，Child や Aldrich&Pfeffer，Hannan&Freeman らの批判を丹念に整理していた。

　最後に，桑原氏はそれらの批判を受けて応えた研究例として，Khandwalla，Schooboven，Hull&Hage の研究を挙げた。それらが，理論精緻化のため統計的手法を重視したあまり，膨大なデータの集積・分析に偏向し，環境決定論的な色彩を帯びて行ってしまったことが理論の衰退につ

ながったという。そして，組織の主体的・戦略的行動の研究にもっと目を向けるべきだったと結論づけた。

　報告を聞き終えて心残りが一つある。「今なぜ，コンティンジェンシー理論を再考すべきなのか？」　この点に対する氏の明確な説明が聞きたかった。今日環境変化はますます急激さを増している。変化に適応するため，企業が組織変革を図る際に，コンティンジェンシー研究で見出された「分化と統合」，「有機的構造と機械的構造」という概念は今日でも有効であろう。今日の状況において，それらを巡る議論を新たに展開することが求められているのではないか。桑原氏の今後の一層の考究を期待したい。

24 「自己愛性パーソナリティ傾向」が組織市民行動に与える影響に関する研究
――傾性的アプローチによる高業績人材の発掘とマネジメントへの提言――

日 詰 慎一郎

1. 問題の背景

　低迷する日本経済とその構造改革の影響による急速な変化は，企業にも経営スタイルの変革を求めている。ホワイトカラーを取り巻く環境に目を向けると，経営状況は依然，悪化傾向にあるため，教育・研修制度の充実，人材育成の体制整備は非常に困難であるのが現実であろう。このため企業側では，人材の競争力自体に対する関心が高まっている。そして大企業を中心に組織管理また人的資源管理の変革が進行している。
　この人材の競争力強化に関する変革で，代表的なのがホワイトカラーの評価・処遇形態である成果主義の導入である（守島 1999）。成果主義は，労働に対する評価・報酬をより短期的な個人成果に連動させる人的資源管理上の施策である。この施策では，短期的な不満や納得性の欠如を従来のように長期的な雇用関係によって調整することが不可能な以上，個々の評価・処遇決定での人事考課の各段階を公正に行う手続き的公正（procedural justice）が，満足感や納得性を確立していく上でより重要となる。つまりホワイトカラー側には，「横並び」や「ぶら下がり」の受動的な姿勢でなく，個人性，短期性を意識した積極的な業績貢献が，そして企業側には，従来曖昧な形態であった評価・処遇の公正性確立が要求されるのである。

2. 問題意識

　成果主義における評価・処遇結果に対する公正性や満足感の認知は，人事考課プロセスなどの制度的側面からの影響を受けるであろう。しかし同時に公正性や満足感は，主観的認知でもある。

　職務満足が満たされる心理プロセスは，環境的要因と個人の内的な傾性的要因（dispositonal factors）が，個人の心理プロセスに作用し，それが充足された場合に，職務満足感が認知される（渡辺他編著 1998）。このことから，満足感や公正性は傾性的要因からの影響にも考慮する必要性が示唆される。つまり人間がより深層部分で持つパーソナリティ・スタイルがその組織行動に影響を与えると推測される。そして特にその業績への影響を検証し，マネジメントに関する提言を行うのが本研究のテーマである。

　本研究では，パーソナリティ・スタイルとして自己愛性パーソナリティ（narcissistic personality）を取り上げた。同パーソナリティは臨床的に，社会的成功をおさめた者や，高生産的な人材に多く見られ（DSM-IV 1994），人材の競争力に関心を向ける企業ニーズにも応えるものであると考える。実際，今日のビジネスリーダーであるジャック・ウェルチ氏やビル・ゲイツ氏を自己愛性的特長を有する「ナルシスティック・リーダー」であると指摘する声もある（Maccoby 2000）。そして業績への影響を検証するため組織市民行動（organizational citizenship behavior : OCB）に注目した。組織市民行動とは，任意の行動で，正式な職務の必要条件または報酬制度により承認されていない，それによって企業組織の効率的機能を促進する業績の質的側面を捉える概念（Organ 1988）で，実証研究の結果からも職務業績と密接な関係の存在が支持されている（西田 1997）。

3. 先行研究レビュー

(1) 公正性，職務満足，組織市民行動に関する研究

　公正という価値観が組織機能を効率化し，従業員が職務に対する満足度

(job satisfaction)を高める上で果たす役割を重視する認識が広まり，1980年代後半から研究が行われるようになった。そして給与などの分配的公正（distributive justice）のみならず，その決定過程の手続き的公正も満足度に影響を与えることが示唆されている（Folger & Knovsky 1989, Greenburg 1986, Landy, et al. 1978 & 1980, MacFarlin & Sweeney 1992, Scarpello & Jones 1996）。

また職務満足度と組織市民行動の間には，一貫して相関関係が支持されている（BateMan & Organ 1983, Motowildlo 1984, Smith, et al. 1983, 田中他 1998）。そして大渕（1996）や田中他（1998）の研究では，分配的公正と手続き的公正は，職務満足度を規定し，コミットメント変数を介し組織市民行動を規定する要因であることが報告されている。

(2) 傾性的アプローチと自己愛性パーソナリティに関する研究

1980年代初頭に登場した傾性的アプローチでは本来，心理学が解明しようとしてきた人間が深層部分に持つ素因，パーソナリティ，行動の傾向といった独自性，差異を再度綿密に測定・観察し，その組織行動に対する影響を明らかにしようとする動きである（渡辺 1998）。

Judge, et al.（1998, 1999）の研究では，パーソナリティといった狭義の特性や態度に関する傾性要因が組織での職務意識や職務態度に影響を与えることが支持されている。

しかしながら自己愛性パーソナリティとその組織行動に関する研究は非常に少ない。その数少ない先行研究例として，米国巨大企業が経済環境への適応に失敗する事例を取り上げ，その原因に経営上層部の自己愛傾向を指摘している Levinson（1994）の研究や，Rhodealt, et al.（1998）の自己愛性パーソナリティと自尊心の不安定さの関係を検証したものがあり，自己愛性パーソナリティが組織行動を規定する可能性が示唆されている。

4．研究方法

(1) 調査対象

1999年9月中旬から1999年10月上旬の期間に質問紙調査（無記名自己記入

式)を実施した。調査対象は,外資系企業12社(林産2社,金融3社,鉱物2社,通信1社,コンピュータ1社,食品1社,製薬1社,コンサルティング1社)の協力を得て,有効回答者数は208名(有効回答率68.9%)であった(表1)。

表1

項目	平均	標準偏差	最大値	最小値	内訳
企業数	—	—	—	—	外資系企業12社
性別	—	—	—	—	男性 121名,女性 86名(計207名)
年齢(歳)	36.7	7.64	61	23	20代(33名),30代(100名),40代(59名),50代(7名),60代(2名)
職位	2.02	1.18	5	1	一般(98名),係長・主任クラス(34名),課長クラス(43名),部長クラス(21名),それ以上(6名)
勤続年数(年)	6.44	5.83	26	1未満	0～5年未満(108名),5～10年未満(43名),10～15年未満(28名),15～20年未満(17名),20～25年未満(5名),25年以上(2名)
転職回数(回)	1.56	1.38	6	0	0(50名),1(66名),2(42名),3(29名),4(10名),5(5名),6(3名)

(2) 使用尺度

独立変数として,佐方(1986)の自己愛人格目録(Narcissistic Personality Inventory:NPI),田中他の手続き的公正,分配的公正尺度,職務満足度にはMSQ短縮版,そして従属変数として西田(1997)の組織市民行動尺度を使用した。

5.結 果

(1) 尺度の検証と相関関係分析

各尺度は,主成分分析により構成概念を確認後,検出された下位尺度毎に信頼性係数を検討した。結果 $\alpha = .871$ 以上であり,構成概念の妥当性も概ね先行研究に則ったものであった。また自己愛性パーソナリティは「肯定的自己概念」と「自己顕示・耽溺」の2主成分に分類された。

変数間の相関関係についても,公正感と職務満足度,職務満足度と組織市民行動,自己愛性パーソナリティと他変数の間に有意な正の相関関係が確認された(表2)。

表2

		1	2	3	4	5
1	自己愛性パーソナリティ	1.000				
2	組織市民行動	0.161 *	1.000			
3	職務満足	0.154 *	0.370 **	1.000		
4	分配的公正	−0.019	0.135	0.532 **	1.000	
5	手続き的公正	0.228 **	0.246 **	0.518 **	0.444 **	1.000
〈デモグラフィック要因〉						
6	性別(男性=1, 女性=2)	−0.111	0.090	−0.035	−0.059	−0.143 *
7	年齢	−0.028	0.322 **	0.087	0.128	0.106
8	勤務年数	0.056	0.149 *	0.057	0.026	0.095
9	役職	0.090	0.226 **	0.157 *	0.201 **	0.226 **
10	転職回数	−0.121	0.078	−0.05	−0.034	−0.166 *

** : $p<.01$, * : $p<.05$

(2) 階層的重回帰分析

　組織市民行動を従属変数とし，形成的アプローチに則り，第1段として生物学的要因（年齢・性別），第2段で性格の自己愛性パーソナリティ（肯定的自己概念，自己顕示・耽溺），第3段では職務満足の規定要因である公正性，そして最後に組織市民行動の規定要因である職務満足度を独立変数として投入し階層的重回帰分析を行った。その結果，同パーソナリティは組織市民行動を規定する有意な要因として予測力を示すことが支持された（表3）。

表3

	従属変数：組織市民行動			
独立変数	Model 1	Model 2	Model 3	Model 4
年齢	0.339	0.297	0.262	0.271
性別(男=1, 女=2)	0.086 **	0.061 **	0.068 **	0.069 **
肯定的自己概念		0.286 **	0.271 **	0.234 **
自己顕示・耽溺		−0.062	−0.097	−0.111
手続き的公正			0.168 *	0.051
分配的公正			0.077	−0.068
職務満足				0.349 *
R^2	0.113 **	0.180 **	0.221 **	0.291 **
調整済み R^2	0.103 **	0.161 **	0.194 **	0.262 **
$\triangle R^2$	—	0.067 **	0.041 *	0.070 **

** : $p<.01$, * : $p<.05$

(3) 自己愛性パーソナリティの4タイプ

自己愛性パーソナリティの2主成分（肯定的自己概念，自己顕示・耽溺）の得点をクロス集計により4グループに分類した。その結果，一元配置分散分析・多重比較の有意差により，各グループに異なる特徴が検証された（図1）。特にナルシスト型（高：肯定的自己概念，高：自己顕示・耽溺）と謙虚型（高，低）は，平均得点以上の組織市民行動であり，その職務業績との関連性から，企業にとり注目に値する人材グループと考えられる。

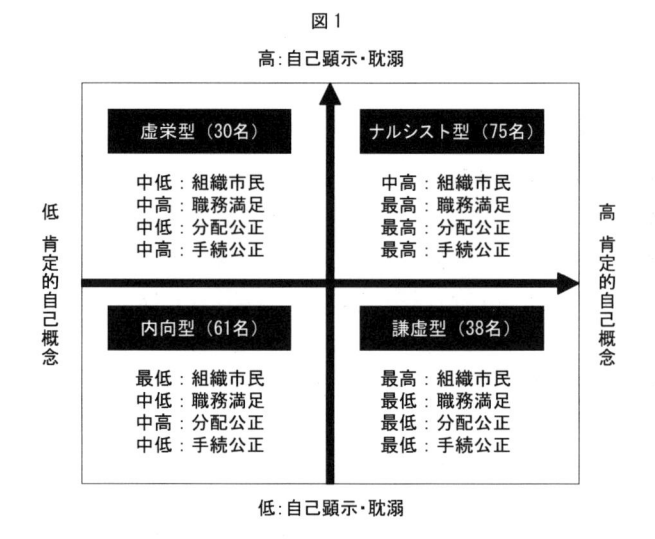

図1
高：自己顕示・耽溺

	低 肯定的自己概念		高 肯定的自己概念
虚栄型（30名）	中低：組織市民 中高：職務満足 中低：分配公正 中高：手続公正	ナルシスト型（75名）	最高：組織市民 最高：職務満足 最高：分配公正 最高：手続公正
内向型（61名）	最低：組織市民 中低：職務満足 中高：分配公正 中低：手続公正	謙虚型（38名）	最高：組織市民 最低：職務満足 最低：分配公正 最低：手続公正

低：自己顕示・耽溺

6. 考　察

本研究は，傾性的アプローチによる探索的研究であった一方で，今後の研究において検討されるべき点も多い。それらをまとめると次の3点が指摘できる。① 調査対象の問題：企業間の人事制度の違いや特徴をコントロールした調査環境の設定，② 自己愛性パーソナリティの測定尺度の問題：最新版 DSM-IV（1994）に基づく尺度開発の必要性，③ 他変数・モデルとの関係についての検証：組織市民行動研究モデルに頻繁に見られる組織コミットメント等を含めた統合モデル検討の必要性。

7. 提 言

　考察で指摘した研究上の制限はあるものの，本研究での結果は，初歩的ではあるが，従来の人的資源管理を補完し，経営組織に関するより効果的かつ精緻なマネジメントへの貢献を示唆するものと考える。ついては本研究結果から以下の2つの提言を行う。
　(1)　高業績人材の発掘のための提言
　本研究結果から，ナルシスト型と謙虚型の人材が，組織市民行動をよく行うことが支持された。このことから，採用・選抜等の終盤での判断材料の一つとして，これらの特徴を有する人材を積極的に確保することが人材マネジメント上有効であると考えられる。
　(2)　高業績人材の効果的マネジメントに関する提言
　ナルシスト型の人材は，職務意識・態度全般で高水準だが，組織市民行動に関しては，内向型と平均値に有意差が確認されなかった。このためより高い水準で職務業績を求めるストレッチが可能であると推測される。ついては近年，新人材育成手法として注目されるコーチングが，マネジメント上効果的と考えられる。コーチングとは，傾聴，観察，方向性の提示，モデルとなることを通じてパフォーマンスを改善することを目的としている手法である（Bovard et al. 2000）。
　一方，謙虚型の人材は，最高水準の組織市民行動を示すが，他項目では最低値を示している。ついては，業績より，公正な職務環境を提供するための手続き的公正等に重点を置き職務満足度を高めていくことが，マネジメント上効果的と考えられる。また支援，体験させる，保護する，友人となる，モデルとなることを通じて，組織の目指す方向に向かわせるメンタリング（Bovardet et al.）も高業績者の育成には有効であろう。

8. 終わりに

　デフレ時代，グローバル・コンペティション，規制緩和，雇用の流動化，

リストラクチャリング，買収・提携・合併，フラット化，アウトソーシングといった厳しい経営状況が奔流となって企業に変革を迫っている。

そしてその裏で同時に「リストラ」という言葉が，いつのまにか中高年社員の「首切り」と同義語となっており，若手・中堅社員といえども，企業に所属してさえすれば給与が自動的に増えるといった認識では，いつなんどきその余波が及ばないともいえない状況になっている。

しかしながら，本研究によって明らかにされたのは，企業のコストや機械の一部のような存在ではなく，性格や感情を持つ社員像である。このことから，成果主義が求められる時代だからこそ，社員の「個人」としての尊厳を尊重する経営のあり方が重要なのではないだろうか。

参考文献（一部抜粋）

APA (1994) DSM-IV. 658-661.
Bateman T. S. & Organ. D. W. (1983) "Job satisfaction and the good soldier : The relationship between affect and employee "citizenship", *Academy of management Journal*, Vol.26, 587-595.
Folger, R. & M. A. Konovsky (1989) "Effects of procedural and distributive justice on reaction to pay raise decisions," *Academy of Management Journal*, Vol.32. 115-130.
Judge. T. A., Thoresen, C. J., Pucik, V. & Welbourne, T. M. (1999) "Managerial Coping With Organizational Change : A Dispositional Perspective," *Journal of Applied Psychology*, Vol.84 (1), 107-122.
Levinson, H. (1994) "Why the Behemoths Fell : Psychological Roots of Corporate Failure," *American Psychologist*, Vol.49 (5), 428-436.
MaCFarlin, D. B. & Sweeney, P. D. (1992) "Distributive and Procedural justice as predicators of satisfaction with personal and organizational outcomes," *Academy of Management Journal*, Vol.35, 626-637.
守島基博 (1999)「ホワイトカラー・インセンティブ・システムの変化と過程の公平性」『社会科学研究』東京大学社会科学研究所紀要 50 (3). 81-100.
西田豊昭 (1997)「企業における組織市民行動に関する研究—企業内における自主的な行動の原因とその動機—」『経営行動科学』Vol.11 (2), 101-122.
Organ, D. W. (1988) *Organizational citizenship behavior : The good soldier syndrome*. Lexington, MA : Lexington Books.
佐方哲彦 (1986)「自己愛人格の心理測定—自己愛人格目録 (NPI) の開発—」『和歌山県立医科大学進学課程紀要』Vol.16, 77-86頁。
Smith, C. A, Organ, D. W., & Near, J. P. (1983) "Organizational citizenship behavior : Its Nature and antecedents," *Journal of Applied Psychology*, Vol.68, 653-663.
田中堅一郎・林洋一郎・大渕憲一 (1998)「組織シチズンシップ行動とその規定要因についての研究」『組織行動科学』Vol.12 (2), 125-144頁。
渡辺直登 (1998)「精神分析・深層心理学を導入した組織論—再び人間の本質研究に向かいつつある組織心理学—」『CREO』Vol.10 (2), 59-66頁。

日詰慎一郎氏論攷へのコメント

幸 田 浩 文

　日詰氏は，近年の人事・賃金制度改革の中で，より多くの企業で導入されている，ホワイトカラーの「（短期的）成果主義」的な評価・処遇形態の対象となる組織行動に着目する。そこで描かれる（ホワイトカラーの）人材像は，従来のような「横並び」や「ぶら下がり」的な受動的な態度をとる従業員ではない。かれらは，たんに自分に与えられた役割を遂行するだけでなく，組織全体の視点に立ち，組織のためになる態度や配慮を「自発的」に行おうとする，（組織に属する）「よき市民」である。すなわち「組織市民行動」（Organizational Citizenship Behavior；以下，OCB）を取る人材である。

　次に日詰氏は，この組織市民行動に強い影響を与えると推測されるものとして，「肯定的自己概念」と「自己顕示・耽溺」の2つの成分からなる「自己愛性パーソナリティ」という傾性的要因を取り上げ，外資系企業12社に勤務する日本人ホワイトカラー302名を対象とする質問紙調査を実施した。その結果から，自己愛性パーソナリティが職務満足とOCBを規定する有意な要因であることを明らかにした。また2つの主成分の得点から，① 職務満足は低くOCB最低の「内向型」，② 職務満足は中くらいOCBも中くらいの「虚栄型」，③ 職務満足は最低でOCBは最高の「謙虚型」，そして④ 職務満足は最高でOCBも高い「ナルシスト型」の4つのグループに分類した。こうした研究成果から，著者は，③ 謙虚型と ④ ナルシスト型のパーソナリティをもつ人材を採用・選抜することで高業績が期待できるとともに，こうした人材を効果的に育成する手法について提言する。

　本報告は，自己愛性パーソナリティの2つの成分の高低が，職務満足ならびにOCBにどのような影響を与えているかを明らかにすることで，成果主

義時代の高業績人材の発掘と育成手法を展望する。著者によれば，自己愛性パーソナリティは，例えば，ジャック・ウェルチやビル・ゲイツのような，多くの成功者にみられる性格特性であるという。謙虚型ならばともかく，自信家で自己顕示欲の高いナルシスト型の人材が，同僚を支援するとか，不快な環境になっても不平を言わずに従おうとする態度，すなわちOCBを取るとは考え難いのだが，そうした性格の持ち主がOCBを取る傾向が高く，そうした行動は高い業績に結びつくという点がユニークである。ただ，こうした結論が，個人の内的な傾性的要因よりも外的環境からもたらされる環境的要因が強く作用すると推察される，わが国企業においても有効であるのか興味のあるところである。

　厳しい企業環境の下，高業績をもたらす新しい人材像が求められる昨今，本研究はそうした人材の発掘と育成方法を1つの示唆を与えてくれるものと評価したい。今後，わが国企業にも調査対象の場を広げ，報告者の仮説がより明確に実証されることを期待する。

25 「ギデンズ構造化論」の組織における ミクロ・マクロ・リンク問題への応用 可能性

間 嶋　　崇

1. はじめに

　本稿筆者は，①個人行為と組織の相互影響関係（本稿では，これを組織におけるミクロ・マクロ・リンクまたはミクロ・マクロ・リンク問題と呼称する）をうまく説明・分析するモデルの構築，そして②そのミクロとマクロのリンクをお互いにとって望ましい状態にするためのマネジメントの役割の解明，この2つに関心を持っている。さらに具体的に言えば，本稿筆者は，企業組織の不祥事といった事象に纏わるそれ（不祥事の発生・回避・克服の仕組みをミクロ・マクロ・リンクの視点から紐解くモデルを構築し，そこでのマネジメントの役割を明らかにする）に関心を持っている。現在は，企業不祥事という具体的な事象を取り扱う前段階として，その基礎となるような，広く様々な場面に適用しうる個人行為と組織の相互影響関係（ミクロ・マクロ・リンク）のモデル作りを，組織文化論を用いて行っている（本稿ではミクロ・マクロ・リンク問題の組織文化論的解明と呼称）。

　本稿では，その研究の一端として，まず社会学者ギデンズ（A. Giddens）の構造化論（Structuration Theory）を取り上げ，それを組織文化論へ応用する試みが組織におけるミクロ・マクロ・リンク問題の組織文化論的解明（分析モデル作り）に対していかなる有効性と問題点を持っているかを検討する。そして，次にその問題点（行為と組織文化のリンクは明確だが，組織文化と組織の間のリンクが不明確，つまりミクロ・マクロ・リンクモデルと

して不完全であるという問題）を構造化論およびその礎となっている記号論の検討を通して解決し，そして同時にその解決から同理論がミクロとマクロの関係をリンクという二元論的な関係としてではなく，「相互浸透」とでも言えるような二元論を超えた関係として表わしていることを指摘する。最後に，なお残る問題点について若干の指摘を加える。

2．組織におけるミクロ・マクロ・リンクとは如何なるものか？
　—組織文化を介したミクロ・マクロ・リンク分析モデルに不可欠な5つの過程—

　本稿筆者は，組織文化（本稿では，組織において共有される意味と価値のシステムと定義）を介したミクロ・マクロ・リンク（個人行為と組織の相互影響関係）を以下のような5つのプロセスを繰り返すものと捉える。そして，ミクロ・マクロ・リンクの分析モデルを構築するには，そのモデルが5つの過程全てを包含する必要があると考えている[1]。

　つまり，本稿筆者にあって組織文化を介したミクロ・マクロ・リンクとは，① 当該組織・個人への環境からの影響→② マネジメントによる組織文化生成（① を受け，とりわけトップが文化の意図的なデザイン，およびそのデザインした文化をメンバーへ浸透させるための動機づけや指導などを行なう）→③ メンバーによる自生的な組織文化生成（② を受けた組織メンバーたちが，日々の活動を通して ② で創られた組織文化の強化または創り直しを行う）→④ 組織文化の再帰的影響（③ までで創られた組織文化が今度は逆に全ての組織構成員の次なる行為を創り出す）→⑤ ④ までのダイナミズムの結果としての組織の創発，という5つのプロセスを辿り，繰り返していくものなのである。

3．「ギデンズ構造化論」の組織におけるミクロ・マクロ・リンク問題への応用
　—その有効性と問題点—[2]

　本稿筆者は，上述の5過程を含む分析モデルを構築しようと試行錯誤して

いく中で，モデル構築に大変興味深い議論を提起するギデンズの構造化論に行き着いた。本節では，その構造化論を検討し，そのミクロ・マクロ・リンク問題の組織文化論的解明への有効性と問題点を明らかにしていくことにしたい。しかしまずその前に，基本概念である社会システムや個人行為に関するギデンズの捉え方について簡単に押さえておくことにしよう。

ギデンズによれば，社会システムとは「組織化された規則と資源」としての構造によって，「特定の時代や社会といった限定された時間－空間関係の中に構造化」[3]される社会的相互行為のシステムであり，組織はその社会システムの1種類と捉えられている。次に，ギデンズによれば，行為とは「変更可能な対象世界への介入」[4]であり，行為者とは不完全かつ暗黙的ではあるが構造の内容を知り，その構造にただ従うだけでなく，構造を「使って」，社会や組織の創造・強化・変革を主導する積極的な行為主体である。

さて，これらを踏まえた上で，構造化の概念について考察していくことにしよう。ギデンズによれば，構造化の概念が意味するのは「構造の二重性（duality of structure）」である。ギデンズは社会構造を社会システムの特性として組織化された規則と資源と把握し，その「社会構造は人間の行為作用によって構成されているだけではなく，同時にそうした構成をまさに《媒介するもの》である」[5]とする。つまり，社会構造は，個人行為によって創られるものである一方で，同時にそのような社会構造を創る個人行為を再帰的に創り出す二重の性格（二重性）を持つものなのである。ギデンズの構造化とは，つまり行為と構造の相互影響関係を表すものなのである。

さらに，ギデンズの構造化論では，行為と社会構造の間を取り結び構造化を促す重要な役割を果たすものとして様相（modality）という概念が登場する。彼によれば，この様相とは，「行為者が相互行為を発生させる際に依拠するもの」[6]であり，同時に「相互行為システムの構造的構成要素を再生産する媒体でもある」[7]のである。また，この行為，様相，構造には，図1のように各々3つの次元があるとされている。

この構造化論は，既に多くの組織論者によって組織論に応用され，組織への応用可能性は概ね証明されている。また，この構造化論は，あくまで組織構造を取り上げた理論であるが，組織文化論への応用（構造概念の文化概念

図1　ギデンズの構造化論（構造・様相・相互行為）

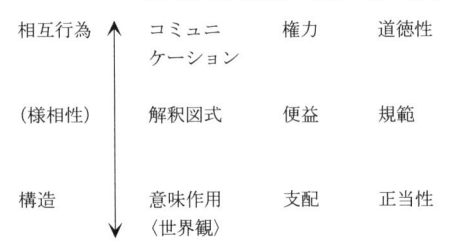

相互行為	コミュニケーション	権力	道徳性
（様相性）	解釈図式	便益	規範
構造	意味作用〈世界観〉	支配	正当性

出所：Giddens., A, *New Rules of Sociological Method*, Hutchinson, 1976.（松尾精文・藤井達也・小幡正敏訳『社会学の新しい方法基準――理解社会学の共感的批判――』而立書房, 1987, 175頁。）

への置換）も比較的容易である。さらに図１から分かるように，同論は，権力や支配と道徳や世界観などの間の影響関係を議論できる理論となっており，上述した筆者の具体的関心事（企業組織の不祥事の分析）にも面白い知見を与えてくれそうな理論であるといえる。

　では，上述の５つの過程に照らしてみてどうであろうか？　同論は，ミクロ・マクロ・リンク問題の分析モデルの基礎として有効だろうか？　まず構造化論を組織論へ応用した先達の意見を取入れることで，①〜④に関しては概ねクリアできる。つまり，同論は，行為と組織文化の間のリンクにはかなりの説明力（有効性）を持っていると言える。しかし，構造化論は，行為と組織文化の相互影響関係は明確であるが，その後の⑤組織の創発の過程に繋がる説明がぼやけていて，そのため行為－文化－組織というリンク全体の関係が不明確であるという大きな問題を抱えていた。

4．前章において提起された問題点の解決と新しい展開
　　　　―二元論（リンク）から二重性（相互浸透）へ―

　このような問題が生起する大きな原因は，構造化論において，構造（文化）と社会システム（組織）の概念上の区別は上述のように明確であるものの，その２つが構造化のロジックとうまく絡んでいないようにみえるという点にあると考えられる。しかし，この問題は，ギデンズの議論及びその背景

にある記号論まで遡って検討することで解決しうる。

　ギデンズは，理論の発想の背景として記号論をよく用い，構造とシステムの関係についても，記号論の統辞的関係と範列的関係のロジックを用いて説明している[8]。統辞的関係とは，例えば文のような意味作用の生じる記号の直線的な結合関係（記号が時間的あるいは空間的に線条的に配列される関係）を指す。また範列的関係とは，記号間の代替性（等価あるいは対立）のある関係を指している。図2に示されるように，文は，範列的関係にある記号（単語）の集合から記号（単語）を選択し，それを統辞的な結合関係の下に結びつける行為（発話あるいは筆記）により，出来上がる全体である。これは，まさに，行為－構造－社会システムの関係（筆者の関心から言えば，行為－文化－組織の関係）を表している。つまり，範列的集合（構造）から選ばれ，統辞的性格に秩序立てられた記号（行為）の集合（勿論，単なる行為の寄せ集めを指してはいない）として現実に立ち現れるのがシステム（社会あるいは組織）であるというわけである。行為はたとえそれに還元し得なくとも構造に従った途端に社会システムの構成要素そのものとなり，2つは全くの別物ではなく，切り離し得ない不可分な関係にあるということがここで改めて理解できる。さらに，図2からだけでは明確に把握出来ないが，ここで構造化論のポイントとなるのは，範列的集合（構造）から記号（行為）を選ぶのが個人行為者によってだけでも社会システム（組織）によってだけ

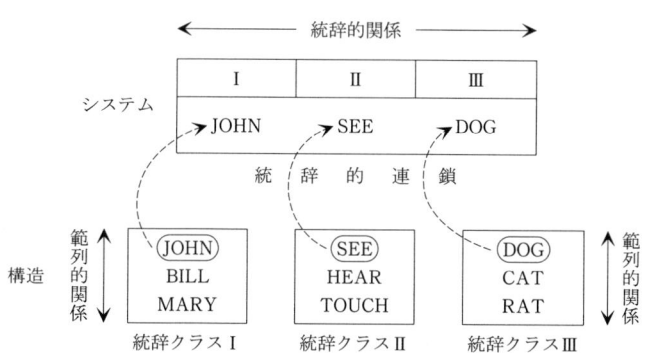

図2　統辞的関係と範列的関係

	統辞的関係		
	I	II	III
システム	→JOHN	→SEE	→DOG
	統　辞　的　連　鎖		
構造	(JOHN) BILL MARY	(SEE) HEAR TOUCH	(DOG) CAT RAT
	統辞クラスI	統辞クラスII	統辞クラスIII

（範列的関係）

出所：池上嘉彦著『記号論への招待』岩波新書，1984，147頁，を加筆修正。

でもないという点である。つまり，構造に対する知識を持つ行為者が様相を利用して行為を選び取り，その選び出した行為を相互に結びつけていくことでシステムを創るのみならず，逆にその秩序立てられた相互行為によって構成されたシステムの状態が即座に構造そして様相を通じて行為者の次なる行為を決定していくのである。

このように記号論を踏まえて構造化論を検討してみると，行為と構造の関係だけでなく，不明確であった行為─構造（文化）─組織というリンク全体がかなり明確なものになり，本稿筆者の求める分析モデルとしての構造化論の有効性が更に増したように思う。しかし，ここで得られる知見は，それだけに止まらない。ギデンズの示す行為と組織の関係は，行為と組織のどちらかが一方的にもう一方を創るのではなく，どちらもが創る側であり且つ創られる側であり，さらには一方を創ることがイコール自らを創ることになるという相互が浸透した二重の関係にあることを示している。この二重性は，前章で提起した問題の解決も然る事ながら，それを越えて主体対客体や主意主義対決定論といった二元論の克服をも試みている[9]。さらには，リンク（連結）という言葉の利用に再考を迫るものでもある。

5．おわりに

ギデンズ構造化論は，このように本稿筆者の問題意識に大変興味深い示唆を与えてくれる。しかし，この試みにも組織文化概念の扱いの安直さや経営学としての政策提言能力への疑問など，克服すべき問題が山積しており，更なる検討が必要なことは言うまでもない。

注
1） 拙稿（2002）「個人行為と組織文化の相互影響関係に関する一考察─A.ギデンズの構造化論をベースとした組織論をヒントに─」経営学史学会第10回全国大会予稿集，5月，85頁。
2） 詳細は，上掲論文，86-91頁。
3） Giddens, A. (1979) *Central Problems in Social Theory : Action, Structure and Contradiction in Social Analysis,* The Macmillan Press.（友枝敏雄・今田高俊・森重雄訳『社会理論の最前線』ハーベスト社，1989年，69，298頁。）
4） *Ibid.,*（前掲訳書，60頁。）
5） Giddens., A. (1976) *New Rules of Sociological Method,* Hutchinson.（松尾精文・藤井

達也・小幡正敏訳『社会学の新しい方法基準―理解社会学の共感的批判―』而立書房, 1987年, 174頁。)
6) Giddens, A., *op. cit.*, 1979（前掲訳書, 87頁。)
7) *Ibid.*（前掲訳書, 87頁。)
8) Giddens, A. (1979) *op. cit.*（前掲訳書, 69, 71頁。); 友枝敏雄 (1998)『モダンの終焉と秩序形成』有斐閣, 133頁；池上嘉彦 (1984)『記号論への招待』岩波新書, 145-147頁。
9) Giddens, A. (1979) *op. cit.*（前掲訳書, 5頁。)

主要参考文献

Giddens., A. (1976) *New Rules of Sociological Method*, Hutchinson.（松尾精文・藤井達也・小幡正敏訳『社会学の新しい方法基準―理解社会学の共感的批判―』而立書房, 1987年。)
Giddens, A. (1979) *Central Problems in Social Theory: Action, Structure and Contradiction in Social Analysis*, The Macmillan Press.（友枝敏雄・今田高俊・森重雄訳『社会理論の最前線』ハーベスト社, 1989年。)
池上嘉彦 (1984)『記号論への招待』岩波新書。
友枝敏雄 (1998)『モダンの終焉と秩序形成』有斐閣。
拙稿 (2002)「個人行為と組織文化の相互影響関係に関する一考察―A. ギデンズの構造論をベースとした組織論をヒントに―」経営学史学会第10回全国大会（於 明治大学）予稿集, 5月, 17-19頁。

間嶋　崇氏論攷へのコメント

加　藤　茂　夫

　組織は個人（人間）によって創造され，また同時にその個人は組織によって育まれる。個人と組織の相互の関係がどのように捉えたらより鮮明になるのか，そしてその関係においてマネジメントはいかなる役割を果たすべきなのか？　これらの課題について間嶋　崇氏は，社会学からの言葉を借りてミクロ・マクロ・リンク問題として把握し研究している。

　これは，経営組織論の問題としてこれまで大いに議論され続けてきた古くて新しい，いわば組織論の基本的・根源的な（永遠の？）課題でもあろう。間嶋氏の研究は，この組織論の根源的な課題であるミクロ・マクロ・リンク問題を組織文化論という切り口から解き明かそうとする非常に壮大な挑戦である。

　間嶋氏は，これまでも，ミクロ（個人行為）とマクロ（組織）のリンクが組織文化を媒介にして行なわれるのではないかと考え，既存の組織文化論を研究してきた。しかし，彼によれば，いずれも彼自身の問題意識を満たすものではなく，今回の報告は，その後の試行錯誤の末に辿り着いたギデンズの構造化論をベースとしたミクロ・マクロ・リンク分析モデルの紹介であり，またそのモデルの精練に関する議論であった。

　間嶋氏によれば，ギデンズの構造化論（「社会構造は，個人行為によって創られるものである一方で，同時にそのような社会構造を創る個人行為を再帰的に創りだす」という構造の二重的性格を様相という媒介概念を用いながら示す理論）は，ミクロ・マクロ・リンク分析モデルの構築に非常に有効な理論にみえる。しかし，構造化論をベースとするには，1つ大きな問題（構造化と社会あるいは組織そのものとの関係が不明確）があった。彼は，構造化論の背景にある記号論にまで遡ることでこの問題を克服し，構造化論のミ

クロ・マクロ・リンクを紐解くモデルとしての有効性をさらに高いものにしてみせたのである。

　間嶋氏の議論は，冒険心に富んでいて興味深い。しかし，当日フロアからのご指摘にもあったように2つの課題があるように思う。まず，① 議論が組織文化論ありきであること。ミクロ・マクロ・リンクを紐解く道具がなぜ組織文化論なのか？　組織文化論でなければならない理由をより明確に示す必要があるように思う。次に ② 彼自身の問題意識をさらに明確にしていく必要があること。彼の問題は，抽象的でどこか机上の問題に止まっている感がある。もっと具体的な問題と，そしてさらには，より身の上の（自身の抱える何らかの）問題とリンクさせていくことが，さらに優れた研究者になるためには必要なのではないだろうか。なお一層の研鑽を期待したい。

第Ⅵ部　経営哲学学会小史

経営哲学学会創設の経緯と
その後の10年間（1984〜1993）の実態と展望

島　袋　嘉　昌

1．序—本学会創設前史

　第二次世界大戦は1945年8月15日に終戦となった。これに伴って日本の政治，経済，文化等のすべては革命的変化を生ずるようになった。日本的価値を吟味なしに否定し，経済復興へ一億総突進の風潮が漲ぎっていた。

　これらに対する反論はなく単細胞的な国民運動の実態であった。悲しいことである。

　私は北満州その他，国の内外の戦場で数度に亘る死の渕をさ迷ってきた。戦友の80パーセントは戦死した。ここでは，これらを詳細に述べるスペースがない。

　生と死，生物と生命，理と情，価値とは，これらについて冷静に考える時間がなかった。いや，なかったのではなく，その時間を作らず，思考停止の状態であった。

　でも生きていかなくてはならないので，私は外務省（大臣官房人事課兼終戦連絡中央事務局）に運よく採用され，国家公務員となった。何の感動もない下僕であった。そして現場の実態を見せつけられて我慢できなくなって2ヶ月後退職し，再出発を決意した。

　この前史は本学会創設に深い関連を持っているので若干私事にも触れることをご容赦願いたい。

　ここでの問題意識は，新しい価値に基づいて，いかに正しく生き抜くかが個人的にも，日本国民全体でも，さらに企業経営においても最大の課題であった。

終戦後の日本国民としての羅針盤となるいわゆる「生命論的経営哲学の創造と実態」を探究したい。

これが，本学会の創設前史のねらいであり，基本的なキーワードであると私は考えている。

2．本学会創設の経緯

昭和20年代は，なりふり構わずに闇商人達が跋扈した時代であった。一方，日本の経営実態もアメリカ経営学の導入で多忙を極めていた。敗戦国の常として戦勝国の経済運営方針に左右されていたこともその重要な要因であった。

とくに，アメリカ的人事管理の技術的な指導が多く，職務評価技術等がその代表的ケースの一つであった。経営的に見た場合，職務評価技術は重要な課題ではあるが，それらを受入れる基本的職務組織が整備されていない段階で新しいシステムを導入してもその効果は期待できない。

ミスマッチが多く，コスト的にも多くの問題点が露出してきた。そこで，日本経営学会でも，昭和30年代初頭ではアメリカ経営学の反省を統一論題で取り上げて吟味したことは評価されてよい。

しかし，その後，本格的に反省されたかというとかなりのミスマッチがあったと言われている。国家戦略と経済戦略あるいは資本力の格差等で多くの問題点が出ていた。

これらの問題点を経営学ないし経営哲学の観点からより経営科学的な接近を試みたい。

これらの問題点につき，継続的に研究調査を進めるために経営哲学学会を創設することとなった。

3．本学会創設時における産業界の実態

本学会創設前史で明らかにした通り，当初，経営哲学に関する基礎的認識から十分ではなかった。しかし，これまでに，これらの問題に関連した真摯

な提言や見解がかなり公開されている。

　まず，本学会の機関誌（コンセンサス・マネジメント，創刊号，1986.1)では，日本興業銀行特別顧問，国際大学理事長，臨時教育審議会会長代理の中山素平氏は「現代企業に経営哲学の魂を入れよ」と提言されている。

　昭和32年，経済同友会は「企業民主化試論…修正資本主義の構想」を第二次大戦後の経営理念ないし経営哲学として提唱し，さらに，その後「経営者の社会的責任の自覚と実践」を推進された。

　さらに，日本的特徴として日立造船の永田敬生氏（当時，社長）が昭和37年に「100万人の経営」を打ちだしている。その異例的な進め方を労働協約で締結している。その第4条に，労使合意についての労使協議制を成文化している。これはやはり労使の信頼関係の確立が重要であるからである。

　「住友信託銀行の経営理念とその実践について」，桜井修社長は次のように述べている。（前掲誌，H0.2，1988.3）

　「伝統的な金融業一般は，量的追求にエネルギーを投入しすぎてきたのではないだろうか。垣根論争ないし，デイレギュレーション（自由化）に見られる技術論争を乗り越えて，信託の真の理念を守ってさえいればその存在感があると言われている。」

　最後に経営哲学学会とも密に関連を持っていたキヤノンの賀来社長の共生論と倫理国家論は産業界だけでなく学界へも大きな影響力を与えた。

　賀来龍三郎社長の企業類型の第4類型は，世界人類に貢献し社会的責任を果たす企業であると指摘されている。単なる言葉でなく実践されてきた。キヤノンの中興の祖として尊敬された賀来社長が近年他界された。大変残念である。

　賀来社長のような共生理論で文字通り一流企業に仕上げたことは，経営技術と経営哲学の融合が成功したケースとして特筆に値するものである。

　しかし，わが国におけるこのような優良企業はそれほど多くはない。固有名詞を上げるまでもなく過去には著名企業であったのが実に不真面目な企業運営をしている例が多過ぎる。恥かしい限りである。

　政治家，経営者，研究者も同罪な面もある。関係者は強く反省しなければならない。

4．本学会創設時における学界の実態

　文献学的には，江戸時代から問題意識を持った経営者，研究者もかなり指摘できるが実態理論としての経営哲学を吟味すると問題が多い。
　この学会創設に当っては藻利重隆教授，山城　章教授，高宮　晋教授，高田　馨教授等のアドバイスを頂いた。しかし，途中で色々な問題点が指摘され，かなり苦しんだのも事実である。難産児が生れた。
　でも必ずしも論理的に問題を指摘されたものではないものもあった。これが当時の学界の心情的レベルであった。もう20年前のことである。ところがこの問題に対する若手研究者の問題意識が急増して，現在会員数が当初の3倍増となったことは，役員諸公の盡力の賜であり，また経営哲学に関する歴史的な前進であると考えている。
　喜ばしい限りである。会員の皆様，ありがとう！

5．本学会の今後の展望と期待

　統一テーマは当初，経営哲学に関する基本的な問題に集約されていた。（統一論題参照）今後は異例的なケースについて綿密な調査，聞取り等の信憑性あるいは調査技術等にも今一つ工夫が必要である。
　各種企業や経済団体とも共同研究を進めていくことも重要課題である。あるいはテーマを pan・pacific に限定し詳細な現場分析をも配慮した研究の展開が必要である。

6．結

　経営哲学とは物事を決定する場合の基礎理論ないし羅針盤となる共通の価値認識が要求される。
　新しい文明は物質文明から生命文明へさらに精神文明へと流れている。21世紀は精神文明の時代であると言われているが実はまだそこまで行っていな

い。生命文明の途中下車をしているような感じがする。

　基本的に経営哲学の問題は教育革命から入らなければ根本的解決にはならない。時間をかけてエンドレスに問題解決のパッションを堅持し実践していくことである。これが「生命論的経営哲学の創造と実態」である。

経営哲学学会の経過——近年の動向——

三 戸　　公

　経営哲学学会・第13回全国大会が1993年に開かれたとき，私は代表理事に選任され，2002年9月の第19回大会の役員改選の時までの2期・6年間，その任にあたった。その間における当学会について，私記を求めに応じて書く。

　第13回大会は立教大学で開かれたが，この大会を期に，長く欠席を続けていたこの学会を退会しようと，心に決めて出席した。ところが，私の出席しなかった総会では学会運営をめぐって激しい質疑応答の末，理事の中に辞任・退会の申出まであり，その承認というような事態が起こり，その後で行われた役員改選で私も理事に選ばれたことを聞かされ，そして新理事会に出席要請があった。新理事会で代表理事に選出され固辞したが，いつまでも会が終わらないので引き受けた。

　過去は現在に至り未来に進むが，同時に新しい未来が現在を起点として開かれている。過去の経過はそれはそれとして，この学会は経営哲学の学問的深化・拡大に励まし合って進むことに喜びをともに感じる集団でありたい。その為には，何をどうすればよいか。まずは，いかなる統一論題を設定し，それに最適な報告者を選ぶかである。そして，大会をもち報告論集・年報の発行である。その為に，プログラム委員会を設け，この委員会が勉強会の雰囲気や研究会の性格をもったものとなればよいと願った。そして，プログラム委員会をつくった。

　次に私は，統一論題として是非とも「経営哲学とは何か」を問う大会をもちたいと思った。この学会は「経営哲学」の創造・調査研究の発展，教育の普及を目的としている。だが，「経営哲学」そのものを統一論題としたことは一度もない。このような動向はひとりこの学会だけのことではなく，経営

学関係の諸学会のみならず全学会の一般的動向でもある。だが，哲学は根源的に事物を問いつめてゆく学問である。経営哲学学会は経営哲学の何たるかを問わないかぎり，その存在意義は不確かなものとなる。

だが，「経営哲学とは何か」を統一論題とする学会を開くことは直ちには実現しなかった。第14回大会において，当番校帝塚山大学大会委員長長浜穆良教授，統一論題「地球環境問題と経営哲学」であった。第15回は当番校名桜大学で，委員長は宮平　進教授であったが，健康の為に上間隆則教授と交替された。そこでは「経営哲学と地域の活性化」がほとんど決まっていた。そして，統一論題を「経営哲学とは何か―方向と課題―」とした大会が，第16回・中央学院大学・委員長生田富夫学長のときにようやく実現した。

この第16回大会は，異常と言ってよい程の学問的熱気を帯びたものとなり，それは終了時まで続き，終了時まで席を立つ者はほとんど無かった。その雰囲気が，第17回大会において，関口　功教授が委員長となって新潟経営大学で開催されたときの統一論題を「経営哲学を問う―21世紀を迎えて―」と選定せしめた。そして更に，なお足らずとして第18回大会が廣瀬幹好教授を委員長として関西大学で開催されたときの統一論題を「経営哲学と科学―経営哲学の存在を問う―」と選定せしめた。

第17回・第18回の両大会はシンポジウムをもたなかった。第16回大会におけるシンポジウムで，報告内容の多様性とともに経営哲学とは何かについての共通認識が報告者相互間において極めて乏しく，そのことは司会者もまた同じである，ということが分かったからである。したがって，第19回大会には3回にわたって開かれた経営哲学そのものを問うた報告者全員をパネリストとしたシンポジウムの特別大会としようという気運が生れ，それが厚東偉介教授を委員長とする早稲田大学において「経営哲学の新たなる探究―総括的シンポジウム大会―」として開催された。

都合7回にわたって開かれたプログラム委員会は，多岐・多様にわたった報告の全てを，経営哲学の意義・領域と方法・課題の3部門に分類し，各報告者はそのいずれかの部門に配して，その部門に即してあらためて予稿を求めてシンポジウムを持つことにし，その討議と総括の困難を考慮して各部門ごとにもつシンポジウムの司会者は各3名を配した。特別な内容の大会の準

備は委員長の旺盛な意欲でもって開催され，進行し，終了した。

　さて，「経営哲学とは何か」を問うた４回に及ぶ大会の成果はいかなるものであったであろうか。それは，この学会の20周年記念事業の１つとして決められている記念出版の論集の内容によって自ら示されることになろう。どこまで，経営哲学とは何かについての共通認識・理解が形成せられているであろうか。経営哲学そして哲学の新しい出発となるようなものとして結実することを願っている。

　なお，この６年間，各地域部会も定期的に開かれ，会員数も290名から320名になった。そして，日本語文献を読みうる海外研究に特別会員として年報を送るように決めた。「真水を入れよう」という提案もあり，西田幾多郎に関して数冊の書物で著名な小坂国継教授ほかの加入をみたこと，緻密にして壮大な〈新科学理論〉で衝撃的な論陣をはっておられる吉田民人教授の２度にわたる登壇は特記するに値しよう。

　上述のことを含めて，学会の運営の一切が順調に進められ，しかもその間一度も会費値上げをすることもなく健全財政が保たれたのは，会務の全てを担ってこられた事務局担当常任理事大平浩二・石井脩二両教授の能力と献身のおかげである。当番校の特色に立ちつつそれぞれに記憶に残る大会を実りあるものとして開催して下さった各大会委員長とりわけシンポジウム大会を担当された厚東教授のご苦労に，厚く御礼申し上げる。役員の方々にはもちろん会員御一同の支援に感謝の意を表する。

　仕残したこと，とりわけ組織作りについてはようやく構想をもつところまでで，時が経過した。次期役員の方々にお任せする以外にない。

経営哲学学会統一論題と報告者

(報告者の所属機関は、大会当時のものです)

経営哲学学会第1回全国大会『経営哲学の基本問題』
昭和59年（1984年）9月8日　東洋大学（甫水会館）
（注：特別講演を除き、経営哲学学会第1～3回全国大会で報告された論題は全て統一論題。）

時代と管理―「個と全体」の諸相として―	村田　晴夫（武蔵大学）
フォレットとバーナード―その機能論について―	榎本　世彦（岩手大学）
経営哲学の基本問題―現代科学思想と経営学―	佐野　守（愛知学院大学）
エルトンメイヨー―初期の思想について―	原田　実（九州大学）
優良企業の社風と歴史	上野　喬（東洋大学）
川崎造船所和議事件と平生釟三郎	柴　孝夫（京都産業大学）
地域特性に根ざす経営理念 ―沖縄県に進出した本土企業との比較―	上間　隆則（琉球大学）

経営哲学学会第2回全国大会『現代の経営理念』
昭和60年（1985年）10月1日～2日　琉球大学

伝統産業に生きる人々―越後上布史に学ぶ―	佐田　玄治（会津短期大学）
近代日本の経営理念―歴史的概観―	浅野　俊光（朝日大学）
東南アジアの経営風土 ―産業化の進行にともなう変容の方向―	伊藤　禎一（東京国際大学）
経営理念の現代的課題	佐野　守（愛知学院大学）
不平等の経営理念	渡辺　利得（京都産業大学）
ドラッカーの経営権力について	田代　義範（西南学院大学）
労使関係に表われる価値観・日米比較 ―労使関係についての組合役員の意識―	伊禮　恒孝（琉球大学）

経営哲学学会第3回全国大会『現代企業と経営哲学』
昭和61年（1986年）9月7日～8日　京都産業大学

アルベルト・プレスマンの思想と行動 ―オランダ航空会社発展史の一こま―	上野　喬（東洋大学）
女子労働と労務管理	筒井　清子（京都産業大学）
経営における人間・社会問題 ―ドイツ経営社会政策論の展開―	佐護　譽（九州産業大学）
経営理念と企業イメージに関する実証的研究	佐野　守（愛知学院大学）
比較研究パラダイムに関する一考察	新城　俊雄（沖縄国際大学）

経営哲学学会第4回全国大会『経営哲学の創造―その理論・実践の課題―』
　　昭和62年（1987年）8月31日～9月1日　明治大学（駿河台校舎）

経営理論と経営理念―経営理念論の役割―	中谷　哲郎（北九州大学）
経営哲学の創造 　―とくに経営倫理学との関連において―	高田　　馨（大阪大学）
「科学体系」と「経営哲学」の再吟味 　―経営哲学の創造をめざして―	島袋　嘉昌（東洋大学）
祈りの経営と価値観	佐々木　直（㈱ダスキン　取締役）
本田技研の経営理念	杉浦　英男（本田技研工業㈱　常任相談役）
私の経営理念 　―これからの経営者の生きる道―	西野嘉一郎（㈱芝浦製作所　相談役）

経営哲学学会第5回全国大会
『経営哲学の創造―グローバル時代における経営革新―』
　　昭和63年（1988年）9月21日～22日　明治学院大学（白金校舎）

人の国際化と経営理念	二神　恭一（早稲田大学）
経営哲学の創造―ソ連のケース―	大島　國雄（青山学院大学）
自己意識化する経営	奥田　健二（上智大学）
グローバル時代における新しい経営哲学	賀来龍三郎（キヤノン㈱　代表取締役会長）
新しい展開期を迎えた海外経営―現状と課題―	石井　　治（三ツ星ベルト㈱　社長室長）

経営哲学学会第6回全国大会『新しい時代の行動原理と経営革新』
　　平成元年（1989年）9月29日～30日　愛知学院大学

グローバル化時代に求められる経営者行動と異文化 　コミュニケーション	林　　吉郎（青山学院大学）
経営理念と組織文化	加護野忠男（神戸大学）
環境の変化と経営者	根本　正夫（豊田合成㈱　取締役会長）
流通の革新性と経営感	西川　俊男（ユニー㈱　取締役会長）
企業の活性化と経営者の役割	清水　龍瑩（慶應義塾大学）

経営哲学学会第7回全国大会『変容する日本的経営と経営哲学』
　　平成2年（1990年）9月14日～15日　早稲田大学（本部キャンパス）

マーケティング経路形成と経営者	渡辺　利得（京都産業大学）

家の論理と倫理	三戸　公	（中京大学）
日本の経営理念にあらわれた価値観について	間　宏	（早稲田大学）
経営倫理と儒学思想	金　海天	（高麗大学校）
会社合併にまつわる課題	庄司　昊明	（リンテック㈱代表取締役社長）
外資系企業の経営とその課題	小山　八郎	（スミスクライン ビーチャム ジャパン リミテッド 代表取締役会長）

経営哲学学会第8回全国大会『国際化時代の企業観と経営哲学』
平成3年（1991年）9月20日～21日　九州産業大学

韓国企業の経営理念に関する一考察	金　正錫	（江原大学）
日本自動車産業の国際化と現地化をめぐる戦略理念の変遷と課題	下川　浩一	（法政大学）
社会貢献志向の経営思想	野藤　忠	（西南学院大学）
企業文化度を基準にした新しい企業概念を構想する	梅澤　正	（東京経済大学）
国際化時代の企業観と経営哲学―日ソ比較―	大島　國雄	（青山学院大学）
グローバリゼーションと経営理念	土屋　守章	（東京大学）

経営哲学学会第9回全国大会『新経営哲学の創成と実践』
平成4年（1992年）9月1日～2日　専修大学（神田校舎）

組織倫理学提唱―組織の活性と人間の活動―	村田　晴夫	（武蔵大学）
企業倫理の方法と実践 　―構成主義哲学・科学理論からの接近―	鈴木　辰治	（新潟大学）
管理思考の呪縛	北野　利信	（愛知学院大学）
共生の理念と実践	賀来龍三郎	（キヤノン㈱取締役会長）

経営哲学学会第10回全国大会『転換期における経営哲学の探求』
平成5年（1993年）12月4日～5日　愛知学院大学

大転換プログラムとしての経営哲学	日置弘一郎	（京都大学）
新しい経営指導原理の構築―その可能性と条件―	菊池　敏夫	（日本大学）
企業リストラ時代と経営哲学の転換 　―自動車産業リストラのケースを中心に―	下川　浩一	（法政大学）

経営哲学学会第11回全国大会『変革期の経営哲学と経営戦略―コーポレート・ガヴァナンスをめぐって―』
平成6年（1994年）9月21日～22日　明治学院大学（白金校舎）

コーポレートガバナンスの背景としての企業倫理	斎藤　弘行	（東洋大学）
明治維新期における住友・広瀬宰平の企業者活動 　―その戦略と理念―	作道洋太郎	（大阪国際大学）

日本的経営とコーポレート・ガヴァナンス	小沼　　敏（中部大学）
コーポレート・ガヴァナンスの国際比較と日本型システム―その方向の探究―	菊池　敏夫（日本大学）
変革期において日本型経営はどう対応すべきか　―人事管理を中心として―	梅津　祐良（日本タッパウェアー㈱）

経営哲学学会第12回全国大会
　『現代日本の経営哲学―経営システムの再構築をめざして―』
　　平成7年（1995年）9月19日～20日　青山学院大学（青山キャンパス）

経営戦略と正義	小林　俊治（早稲田大学）
わが国経営システムの再検討	井上　薫（神戸学院大学）
資本投資戦略の再構築	蜂谷　豊彦（青山学院大学）
商店街の立地管理的考察：マーケット・エリアの形成過程を中心にして	渡辺　利得（京都産業大学）
メガコンペティションに勝ち残る『感動の経営』	高原慶一朗（ユニチャーム㈱）

経営哲学学会第13回全国大会
　『新しい経営哲学の探求―情報，雇用，環境をめぐって―』
　　平成8年（1996年）9月7日～8日　立教大学（池袋キャンパス）

情報化と企業倫理	島田　達巳（都立科学技術大学）
インテグリティ志向の経営理念と倫理戦略　―新しい経営哲学の創造と倫理の実践―	水谷内徹也（富山大学）
企業における倫理判断手続き　―統合社会契約論の応用―	高　巌（麗澤大学）
女性雇用と経営哲学　―男女雇用機会均等法施行10年を振り返って―	筒井　清子（京都産業大学）
環境，情報，そして状況	三戸　公（中京大学）

経営哲学学会第14回全国大会『地球環境問題と経営哲学』
　　平成9年（1997年）9月13日～14日　帝塚山大学

地球環境問題と知足・共生経営	西岡　健夫（追手門学院大学）
廃棄物処理マネジメントの指導理念	真船洋之助（日本大学）
組織のコスモロジーと経営哲学　―「地球環境問題」のリアリティーを求めて―	三井　泉（帝塚山大学）
環境会計の発展　―エコバランスを利用する環境会計の展開―	宮崎　修行（国際基督教大学）
「21世紀の選択」　―沖縄は日本の先進的モデルになれるか―	宮平　進（名桜大学）

経営哲学学会第15回全国大会 『経営哲学と地域の活性化』
平成10年（1998年）10月31日〜11月1日　名桜大学

東アジアの共生資本主義と儒教的経営	金　　日坤	（釜山大学名誉教授・釜山發展研究員）
ゼロエミッション―自然生態系に学ぶ経営思想―	伊波　美智子	（琉球大学）
地球開発と企業の役割	吹田　尚一	（敬愛大学）
地球環境と経営の逆説的二重構造	渡辺　利得	（京都産業大学）
経営多元主義と環境経営―超越理論の実践―	村山　元英	（千葉大学）
台湾企業の現況と展望	劉　　成基	（中華民国企業管理顧問協会）

経営哲学学会第16回全国大会 『経営哲学とは何か―方向と課題―』
平成11年（1999年）10月16日〜17日　中央学院大学

「経営」の概念とその文明論的意味	中條　秀治	（中京大学）
科学としての経営学と経営哲学	大平　浩二	（明治学院大学）
経営哲学について―方向と課題―	村田　晴夫	（桃山学院大学）
子供のための経営哲学	日置弘一郎	（京都大学）
経営哲学研究の類型と経営学説研究	小笠原英司	（明治大学）
経営哲学への企業文化論からのアプローチ	梅澤　正	（東京経済大学）

経営哲学学会第17回全国大会 『経営哲学を問う―21世紀を迎えて―』
平成12年（2000年）10月21日〜22日　新潟経営大学

経営における科学と哲学	三戸　公	（立教大学・中京大学名誉教授）
経営哲学の現在―20世紀から21世紀に向けて―	庭本　佳和	（流通科学大学）
新世紀の経営哲学をもとめて	厚東　偉介	（早稲田大学）
大文字の第二次科学革命：経営哲学との関連を含めて	吉田　民人	（中央大学）
経営哲学者に求められるもの	高　　巌	（麗澤大学）
経営哲学の役割と実践への適用原則―21世紀における経営哲学の一方向の確立をめざして―	鈴木　辰治	（新潟大学）

経営哲学学会第18回全国大会 『経営学と科学―経営哲学の存在を問う―』
Management and Science－On Management Philosophy－
平成13年（2001年）9月15日〜16日　関西大学（100周年記念会館）

経営学の研究方法と学的性格　―経営哲学の存在を問う―	増田　茂樹	（愛知産業大学）
経営哲学の旅路―歩く学問：東西南北―	村山　元英	（中京大学）
経営哲学と企業の社会性―企業とNPOのコラボレーションを中心にして―	大滝　精一	（東北大学）

管理の正当性 　―官僚制組織における支配権力との関連で―	稲村　　毅（神戸学院大学）
組織離れ時代における経営哲学の根源―欧米における日本的経営の実質的定着化に関連して―	大橋　昭一（大阪明浄大学）

経営哲学学会第19回全国大会『経営哲学の新たなる探究・総括的シンポジウム大会』
　平成14年（2002年）9月28日～29日　早稲田大学（西早稲田キャンパス）

1．経営哲学の課題	庭本　佳和（甲南大学） 大滝　精一（東北大学） 大橋　昭一（大阪明浄大学）
2．経営哲学の領域と方法	中條　秀治（中京大学） 大平　浩二（明治学院大学） 小笠原英司（明治大学） 梅澤　　正（東京経済大学） 増田　茂樹（愛知産業大学） 稲村　　毅（神戸学院大学）
3．経営哲学の意義	村田　晴夫（桃山学院大学） 日置弘一郎（京都大学） 厚東　偉介（早稲田大学） 村山　元英（中京大学）
4．経営哲学の新たなる探究	三戸　　公（立教大学・中京大学名誉教授） 吉田　民人（東京大名誉教授） 村上陽一郎（東京大名誉教授／国際基督教大学）

経営哲学学会第20回全国大会『日本の経営哲学は死んだか？』
　平成15年（2003年）9月13日～14日　中京大学

テーマ1．日本の経営哲学は死んだか？ 　1．日本の経営哲学は死んだか？	村田　晴夫（桃山学院大学） 庭本　佳和（甲南大学） 横倉　　尚（武蔵大学）
2．日本学と経営哲学の基層	三井　　泉（帝塚山大学） 北澤　方邦（信州大学名誉教授） 日置弘一郎（京都大学）
テーマ2．日本の経営哲学 　　　　―日本型経営を未来に問い直す― 　3．日本の経営哲学，そして世界の経営哲学 　4．"もう一つの"グローバリズムを探す	高　　　巌（麗澤大学） 金山　　権（桜美林大学） 石井　康彦（愛知産業大学） グレゴリー・クラーク（多摩大学） 村山　元英（中京大学） 馬越恵美子（桜美林大学）

あとがき

『経営哲学とは何か』が，刊行でき，うれしい。本書の刊行の契機は本書で述べられている通りである。「経営哲学学会」で島袋嘉昌先生のあとを引き受けた三戸　公先生が「経営哲学学会」の代表理事として在任中，「経営哲学とは何か」という統一論題で3回にわたる大会を開催した。

第19回大会を，厚東偉介を実行委員長，早稲田大学商学部教授・藤田　誠を事務局長として，早稲田大学がその開催を引き受けた。第16回・第17回・第18回の3回の大会で，興味深い報告がなされたが，時間の関係もあり，このテーマについてシンポジウムは，その後の全国大会のために慎重に残されていたのであった。このテーマは，この学会の存在それ自体に関わる基本的なテーマである。この3回のそれぞれのテーマでシンポジウムだけを課題にした大会を一日も早く開催したいと思い，厚東は，その開催を引き受けることにした。厚東は当時，学会の役員でもあった。『厚東君，役員だろう，シンポジウムで十分な質疑応答がなされていないのは問題ではないかね』という声を直接聞いたことも，この思いにいっそうの拍車をかけた。

何回にもわたって開催されたプログラム委員会では，シンポジウムだけで大会を開催することは無謀ではなかろうかと，危惧の念が何人かから表明されたことは確かであった。シンポジウム以外に，新しい報告者を選び，新たな報告して頂くという案も出された。「経営哲学とは何か」というテーマでシンポジウム大会を開催して，もし会員諸氏が，『新鮮味が無い！』ということで，大会がそれほど成功しないようであれば，まさに「経営哲学学会」それ自体の存在意義が疑われるべきだとの思いが強かった。その思いが「経営哲学学会第19回全国大会の挨拶」で，『統一論題は「経営哲学の新たなる探究」です。第19回大会はこの統一テーマのもとで「大シンポジウム大会」を開催することになりました。』……『シンポジウムを大会のメインのテーマに掲げて「大会を開催」することは，経営哲学学会はもとより，他の学会

でもなかったであろう。……いずれにせよ,「前代未聞の大冒険」である。』との言葉になったのであった。

　当時の代表理事,三戸　公先生が,『やるのなら,本格的にやらにゃぁいかん』ということで,シンポジウム大会開催のため,獅子奮迅の勢いで準備を開始された。この3回の統一論題は基本的には「経営哲学とは何か」であったが,それぞれ「方向と課題」「21世紀を迎えて」「経営学と科学」がついていた。この3回のサブタイトルでシンポジウムを開催するのではなく,この3回全体を整然とした視座で包括するような課題のもとで,シンポジウムを開催すべきだとのお考えで,この3回の大会の報告者の内容を,80歳になられる先生が,率先垂範して,まとめ直したのであった。この3回のサブタイトルで開催すれば良い程度に考えていた厚東の安易さを思い知らされただけでない。このように仕事を考え,自らが陣頭指揮をして進めるという直接の温かい指導を受けたと,心から嬉しく思った。三戸　公先生には,厚東の大学院在籍当時から,学会や何回にもおよぶ合宿をふくむ研究会でいろいろ指導を受けて来たので,先生の学問にかける熱意・情熱は熟知していた。この準備の過程で,三戸先生のもとで大会開催を引受けて本当に良かったと,その思いはいっそう強まった。『少しでも,このシンポジウム大会が実り豊なものになるように』という,三戸先生の熱意は,まさに学会の共通財産でもあり,シンポジウムの司会をなされた先生方は何回もプログラム委員会に招かれた。

　今回のシンポジウムには,三戸先生を通じて,会員外の碩学者である,吉田民人先生と村上陽一郎先生をお招きし,三戸先生をふくめて興味深いシンポジウムも開かれた。この成果は何としても公開すべきだと思った。

　当時「経営哲学学会」の事務局を担当していた日本大学大学院・グローバルビジネス研究科教授・石井脩二先生の大変気持ちの良い研究室で何回もプログラム委員会が開かれ,検討を重ねた。石井脩二教授も大変忙しかったであろう。学会の幹事,鹿嶋秀晃・平野賢哉・藤沼　司の諸氏も参加してその資料なども準備してくれた。この学会の事務局を長い間引き受けていた,明治学院大学の大平浩二教授もプログラム作成のために,三戸先生から参加を

勧められた一人であった。『プロジェクト・チーム』として機能していたのであった。こうして，本書の基礎になるシンポジウム大会が準備され，開催された。

　大会開催の準備は事務局長の藤田　誠教授が，実際の細々とした仕事をすべてこなして下さった。その実行力にすべて依存して大会は開催された。そのためもあって，この大会は，手前褒めで恐縮であるが，成功を収めたと言われ，実行委員会は労が報いられた。

　シンポジウムの記録がこのような『本』になって刊行されるのは，2日間にわたる何時間もの録音テープから，これを文字化するという，本当に気の遠くなるような忍耐強い作業が必要であった。文字化したものを，報告者に渡し，それに赤を入れ，訂正するという，何度にもわたるこの繰り返しの往復作業が不可欠である。本書刊行の基礎になるこの直接の仕事をして下さったのは，明治学院大学・大学院経済学研究科経営学専攻前期課程の柳沼江美さん，明治学院大学・経済学部学生の山口敦子さん，この2名であった。この2名の学生諸君は当時，明治学院大学・経済学部教授，大平浩二先生のゼミに在籍していたということもあり，このように面倒で，根気の要る仕事を快く引受けて下さったのである。この2名の学生諸君の誠意のあるお力添えと大平先生のお二人に対する温かい励ましが無ければ，本書の刊行は有り得なかったと断言できる。通常の『論集』に終わってしまったことは間違いない。編集委員会を代表して，ここに心からの感謝の言葉を申し上げたい。本当に有り難うございました。

　2002年秋から三戸　公先生の後を引き継いで，経営哲学学会の代表理事になられた大平浩二先生と，本書の刊行のための編集委員会のメンバー，櫻美林大学教授，金山　権先生，帝塚山大学教授，三井　泉先生が本書の刊行を積極的に支援して下さった。校正のために学期末の忙しい中で，2泊にもおよぶ合宿まで行った。大変楽しい雰囲気であったが，朝早くから夜遅くまでかかり，大変であった。疲れたことは確かである。

　2002年9月28－29日に開催の経営哲学学会第19回大会で，録音その他開催

を手伝って下さった当時の学生諸君，早稲田大学大学院商学研究科博士課程に在籍の白　寅秀君，早稲田大学大学院商学研究科修士課程の中倉正雄君，早稲田大学商学部の4年のゼミ学生，青柳秀之君，石川圭太君，堀　秀司君，丸木絵里子君，南　太朗君らの支援にもこの場をかりて，感謝とお礼を述べたい。

　最後になったが，大学院在籍当時からお世話になり続け，さらにこのようなタイプの本の刊行という無理なお願いをお引受け頂いた，文眞堂の前野弘氏，前野　隆氏には心からの御礼の言葉を申し上げたい。

　本書はこのような方々の熱意と好意に支えられて刊行されたものである。

　経営哲学学会第20回全国大会は2003年9月13－14日に，中京大学で，中條秀治教授を実行委員長として，櫻井克彦教授，村山元英教授の両篤学者とともに開催される。ここでも再び，経営哲学が探究される。興味深いテーマと素晴らしい報告者が揃い，シンポジウムが開催される。これ以外にも，学会の会員外であるが，日本文化の研究では第一人者の北澤方邦先生，多摩大学（前）学長として活躍なされているグレゴリー・クラーク先生をお招きして，報告とシンポジウムも開かれる。第21回大会の準備もそろそろ始まりつつある。

　本書刊行の基礎になった過去4年間にわたる充実した大会が，今後も継続し，経営哲学学会を基礎にして，今後300年，400年にわたる本格的な探究の旅が始まることを願わずにはいられない。本書が契機となり，この領域が少しでも開拓されるなら，これに優る喜びはない。

　　　　　　　　　　2003年8月　　　　　　編集委員会を代表して

　　　　　　　　　　　　　　　　　　　　　　厚　東　偉　介

経営哲学とは何か

2003年9月13日　第1版第1刷発行　　　　　　　検印省略
2006年4月28日　第1版第2刷発行

編　者　経 営 哲 学 学 会

発行者　前　野　眞 太 郎

　　　　東京都新宿区早稲田鶴巻町 533
発行所　株式会社 文　眞　堂
　　　　電話 03（3202）8480
　　　　FAX 03（3203）2638
　　　　http://www.bunshin-do.co.jp
　　　　郵便番号(162-0041) 振替00120-2-96437

組版・モリモト印刷／印刷・モリモト印刷／製本・イマキ製本所
Ⓒ2003
定価はカバー裏に表示してあります
ISBN4-8309-4464-1　C3034